Der Allgemeine Hannoversche Klosterfonds
und die Klosterkammer Hannover

Schriften zum

STAATSKIRCHENRECHT

Herausgegeben von
Axel Frhr. von Campenhausen
und Christoph Link

Band 2

PETER LANG
Frankfurt am Main · Berlin · Bern · Bruxelles · New York · Oxford · Wien

Andreas Franitza

Der Allgemeine Hannoversche Klosterfonds und die Klosterkammer Hannover

Untersuchung zur rechtsgeschichtlichen Entwicklung

PETER LANG
Europäischer Verlag der Wissenschaften

Die Deutsche Bibliothek - CIP-Einheitsaufnahme

Franitza, Andreas:

Der Allgemeine Hannoversche Klosterfonds und die Klosterkammer Hannover : Untersuchung zur rechtsgeschichtlichen Entwicklung / Andreas Franitza. - Frankfurt am Main ; Berlin ; Bern ; Bruxelles ; New York ; Oxford ; Wien : Lang, 2000
(Schriften zum Staatskirchenrecht ; Bd. 2)
ISBN 3-631-36241-2

Gedruckt mit freundlicher Unterstützung
der Klosterkammer Hannover.

ISSN 1437-3149
ISBN 3-631-36241-2

Vorwort

Die vorliegende Arbeit wurde im Sommersemester 1995 an der Philosophisch - Theologischen Hochschule St. Georgen / Frankfurt am Main als Diplomarbeit im Fach Kirchenrecht (Staatskirchenrecht) verfaßt. Dank gebührt Professor DDr. Reinhold Sebott S. J. für die Annahme des Themas und Dr. Thomas Schüller, der die Zweitkorrektur erstellt hat.

Die Verleihung des Förderpreises des »Freundeskreises St. Georgen e. V.« für herausragende Diplomarbeiten des Studienjahres 1994-1995 hat die Veröffentlichung dieser Arbeit angeregt. Für die Drucklegung ist der Text überarbeitet und ergänzt sowie durch neuere Literatur erweitert worden. Hinzugefügt wurde eine kurzer Exkurs über die Verwaltung der Forsten des Allgemeinen Hannoverschen Klosterfonds, die im Jahre 1998 eine grundlegende Neuerung erfahren hat.

Herzlich danke ich dem stellvertretenden Kammerdirektor der Klosterkammer Hannover, Herrn Regierungsdirektor Hans-Heinrich Anke, der die Entstehung dieser Arbeit durch das zur Verfügung stellen von Quellenmaterial, insbesondere unveröffentlichter Rechtsgutachten, sowie von seltener Literatur und durch bereitwillige Auskunftgabe ermöglicht hat, und dem damaligen Präsidenten der Klosterkammer Hannover, Professor Dr. Axel Freiherr von Campenhausen, für ihre freundliche Unterstützung.

Professor Dr. Axel Freiherr von Campenhausen und Professor Dr. Christoph Link danke ich für ihr Interesse an dieser Arbeit und deren Aufnahme in die Reihe »Schriften zum Staatskirchenrecht«. Ermöglicht wurde diese Veröffentlichung durch einen großzügigen Druckkostenzuschuß der Klosterkammer Hannover, wofür ich insbesondere Regierungsdirektor Hans-Heinrich Anke danken möchte.

Frau stud. theol. Carmen Tiedemann, Frau Dr. Isabel Kröpil und Frau Rechtsreferendarin Charlotte Groschupf danke ich für die vielfältige Hilfe bei der Erstellung des Manuskriptes. Ebenfalls zu Dank verbunden bin ich meinen Malteserkollegen Tim Herkentrup, Johannes Mönninghoff und Marc Wawroschek.

Garbolzum, Sommer 2000 Andreas Franitza

Inhaltsverzeichnis

Abkürzungsverzeichnis

Die Abkürzungen richten sich nach HILDEBERT KIRCHNER, *Abkürzungsverzeichnis der Rechtssprache*, [4]1993, bzw. *Abkürzungsverzeichnis der Theologischen Realenzyklopädie*, hrsg. von KRAUSE/MÜLLER, seit 1977; im übrigen gelten die folgenden Abkürzungen:

ADB	Allgemeine deutsche Biographie
AHK	Allgemeiner Hannoverscher Klosterfonds
AkathKR	Archiv für katholisches Kirchenrecht (Z)
BayVBl.	Bayrische Verwaltungsblätter (Z)
BGBl.	Bundesgesetzblatt
ebd.	ebenda
FS	Festgabe, Festschrift, Gedächtnisschrift, Gedenkschrift
GBl.	Gesetzblatt
GermBen	Germania Benediktina
GG	Grundgesetz der Bundesrepublik Deutschland
GS	Gesetzessammlung
GVBl.	Gesetz- und Verordnungsblatt
HannGS	Hannoversche Gesetzessammlung
HRG	Handwörterbuch zur Deutschen Rechtsgeschichte, hrsg. von ERLER/KAUFMANN, seit 1971
JGNKG	Jahrbuch für niedersächschsische Kirchengeschichte
JöR NF	Jahrbuch des öffentlichen Rechts, neue Folge
KirchE	Entscheidungen in Kirchensachen seit 1946, begründet von HERING/LENTZ, hrsg. von LENTZ/PIRSON/BALDUS
KlK	Klosterkammer Hannover
LThK	Lexikon für Theologie und Kirche, [2]1960, hrsg. von RAHNER
LV	Landesverfassung
MBl.	Ministerialblatt
NDB	Neue deutsche Biographie
nds.	niedersächsisch(es)

NV	Niedersächsichsische Landesverfassung von 1993
o. J.	ohne Jahresangabe
OVG	Oberverwaltungsgericht
PrGS	Preußische Gesetzessammlung
PrOVG	Preußisches Oberverwaltungsgericht
PrOVGE	Entscheidungen des (bis 1981: Kgl.) Preußischen Oberverwaltungsgerichts
PrVBl.	Preußisches Verwaltungsblatt (Z)
RdErl.	Runderlaß
RDHS	Reichsdeputationshauptschluß
RGBl.	Reichsgesetzblatt
Sb.	Sonderband
StGH	Staatsgerichtshof
TRE	Theologische Realenzyklopädie, hrsg. von KRAUSE/MÜLLER, seit 1977
VNV	Vorläufige Niedersächsische Landesverfassung von 1951
WRV	Weimarer Reichsverfassung
ZevKR	Zeitschrift für evangelische Kirchenrecht (Z)
ZNds	Niedersachsen / Zeitschrift für Heimat und Kultur (Z)
ZögU	Zeitschrift für öffentliche und gemeinwirtschaftliche Unternehmen
ZRGkan	Zeitschrift der Savigny-Stiftung für Rechtsgeschichte, Kanonistische Abteilung (Z)

0 Einführung

Der Allgemeine Hannoversche Klosterfonds ist eine Stiftung des öffentlichen Rechtes mit selbständiger juristischer Persönlichkeit. Diese Stiftung, die eine der größten in Norddeutschland ist, wurde im Jahre 1818 vom damaligen Prinzregenten Georg, dem späteren König Georg IV., auf Vorschlag des hannoverschen Kabinettsministers v. Arnswaldt errichtet, zusammen mit der Klosterkammer Hannover, der eigens zu seiner Verwaltung gegründeten Behörde.

> »Eine Besonderheit ist das ehrfurchtgebietende Alter des Klosterfonds und der unverändert arbeitenden Klosterkammer Hannover sowie insbesondere die kirchlich geprägte Zielsetzung seiner Arbeit. [...] [und mit] seiner Institution ragt ein Stück landesherrlichen Kirchenregiments des 16. Jahrhunderts in die moderne Zeit. Bemerkenswert ist die verfassungsrechtliche Kuriosität, daß mit dem AHK sich ein Institut des konfessionellen Territorialstaats in den modernen, religiös neutralen Verfassungsstaat hinüberretten konnte.«[1]

Das Stiftungsvermögen besteht aus Gütermassen geistlicher Herkunft, die trotz Reformation, Gegenreformation und Säkularisation ausschließlich den ursprünglichen Zwecken verwandten Bestimmungen erhalten geblieben sind. Die Entwicklung, die sich dergestalt nur in den welfischen Landen vollzogen hat und in ihrer Form einmalig ist, beschreibt *Krusch* in seiner immer noch maßgeblichen Arbeit aus dem Jahre 1919 folgendermaßen:

> »Die gewaltigen Stürme, welche den mittelalterlichen feudal-klerikalen Staats-Organismus seit Anbruch der Neuzeit erschütterten, die Reformation, der dreißigjährige Krieg und die französische Revolution, haben die großen geistlichen Gütermassen, die unser Vaterland einst durchsetzten, fast spurlos hinweggefegt, und nur noch in der historischen Erinnerung lebt der Spruch: ›Unter dem Krummstab ist gut wohnen‹. Allein die welfischen Fürsten haben der Versuchung widerstanden [...], so hütet noch heute die Klosterkammer den Güterschatz der alten Klöster und Stifter, treu den Pflichten, die einst die Kirche ihrem obersten Schutzvogt dem römischen König und Kaiser auferlegte.«[2]

Doch nicht nur den Güterschatz der im Laufe der Zeit ausgestorbenen oder aufgelösten Klöster und Stifte hütet die Klosterkammer, einige Klöster und Stifte haben die »gewaltigen Stürme« überstanden und bestehen fort: Sie gehören zu den Besonderheiten der hannoverschen Lande, heute Teil des Bundeslandes Niedersachsen. Für 15 der insgesamt noch 17 bestehenden evangelischen Damenklöster und -stifte ist die Klosterkammer Hannover zuständig, fünf dieser Klöster sind Bestandteil des Allgemeinen Hannoverschen Klosterfonds.

---

[1] CAMPENHAUSEN, AXEL FRHR. VON: »450 Jahre Klosterfonds«. In: ZNds 92 (1992) 42.

[2] KRUSCH, BRUNO: Die hannoversche Klosterkammer in ihrer geschichtlichen Entwicklung, ihre Ziele und Zwecke und ihre Leistungen für das Wohl der Provinz / Sonderabdruck aus den 'Mitteilungen des Universitätsbundes Göttingen' 1 (1919). Hannover : Schulze, o.J., 3.

Wenn auch das Stiftungsvermögen nicht mehr als kirchliches Vermögen anzusehen ist, so ist es doch eine Vermögensmasse, die in großen Teilen unmittelbar kirchlichen Zwecken zu dienen hat: gemäß dem Grundsatz »Haftungsnachfolge bei Gesamtrechtsnachfolge« bestehen Rechtsansprüche seitens der evangelischen und katholischen Kirchen. Hat auch das preußische Oberverwaltungsgericht im Jahre 1910 festgestellt, daß der Allgemeine Hannoversche Klosterfonds Staat und Kirche als Dritter gegenübersteht, so ergibt sich hier ein außergewöhnlicher Fall des Staatskirchenrechts: eine selbständige Stiftung öffentlichen Rechts, die unter der Rechtsaufsicht des Landesministeriums steht, ist der Kirche gegenüber zu Leistungen verpflichtet. Die Gründung des Allgemeinen Hannoverschen Klosterfonds ist einerseits ein in sich einmaliger Vorgang, andererseits dagegen die folgerichtige Konsequenz einer Entwicklung, die schon weit vor der Reformation begonnen hat, durch diese forciert und im reformatorischen Geiste umgestaltet wurde.

Diese Untersuchung will die Institution, die im Bereich der ehemaligen preußischen Oberprovinz Hannover tätig ist, bekannt machen. Sie gliedert sich in zwei Teile. Im ersten Teil wird die Entwicklung der sich heute bietenden historischen Gestalt des Klosterfonds und, soweit sie ihn betrifft, seiner Verwaltungsbehörde, der Klosterkammer, nachgezeichnet. Ziel dieser Darstellung ist nicht, einen vollständigen geschichtlichen Überblick zu geben, sondern unter rechtsgeschichtlicher Hinsicht maßgebliche Vorgänge zu beschreiben. Aus diesem Grunde ist auch in die vorreformatorische Zeit und damit in das Jahrhundert vor der Entstehung des Klosterfonds, die, wie noch zu zeigen ist, auf das Jahr 1542 datiert werden muß, zurückzugreifen. Nur vor dem Hintergrund des vorreformatorischen landesherrlichen Kirchenregiments und dem Gedankengut der Reformation lassen sich die Entstehung und die eigenständige Entwicklung des Klosterfonds verstehen. Im weiteren Verlauf wird die Entwicklung des Klosterfonds und die allmähliche Herausbildung und Verselbständigung der ihn verwaltenden Behörde beschrieben. Eine Zäsur erfährt die bisher kontinuierlich fortschreitende Entwickung durch die Säkularisation. Im Königreich Hannover ist die Antwort auf die Säkularisation im Gegensatz zu allen anderen deutschen Staaten die Errichtung des Klosterfonds und der Klosterkammer im Jahre 1818 gewesen. Die damals geschaffene Einrichtung besteht bis heute fort, in ihrer historischen Entwicklung unangetastet und mit rechtlich einmaligem Charakter. Besondere Beachtung verdient das Vermögen des Klosterfonds. Einerseits ist es das Substrat der Stiftung, andererseits ist es auch seine Aufgabe: beides, Stiftungsmasse wie Stiftungszweck, sind untrennbar miteinander verbunden.

Im zweiten Teil wird die Rechtsnatur des Allgemeinen Hannoverschen Klosterfonds, und, soweit dafür erforderlich, die der Klosterkammer untersucht. Zunächst wird die Entwicklung der Rechtsauffassung bezüglich des Klosterfonds beschrieben, die sich kontinuierlich entwickIt hat. Die Bandbreite der möglichen Rechtsgarantien, die in den verschiedenen Gutachten zu finden sind, zeigen die komplexe rechtliche Gestalt der Institution des Klosterfonds auf. Einen vorläufigen Abschluß der Entwicklung der Rechtsauffassung stellt das Urteil des Niedersächsischen Staatsgerichtshofs vom 13. Juli 1972 dar. Als vorläufig ist das Urteil deswegen zu bezeichnen, weil es sich nur auf eine mögliche Rechtsposition bezieht. Das Urteil schützt zwar in umfassender Weise die Einrichtung des Klosterfonds und der Klosterkammer, aber es verhindert nicht alle staatlichen Zugriffsmöglichkeiten auf sie. Daher schließt sich an die Betrachtung des Urteils des Staatsgerichtshofes die Frage an, ob es nicht doch eine weiterreichende und umfassendere Möglichkeit des Bestandsschutzes geben kann. Ihr folgt in einem kurzen Exkurs ein Überblick über die Verwaltung der Klosterforsten des AHK.

Am Schluß der Untersuchung steht eine Zusammenfassung der sich ergebenden Rechtspositionen in bezug auf den Klosterfonds.

1 Grundlagen

1.1 Voraussetzungen des landesherrlichen Kirchenregiments[3]

Die Maßnahmen des Klosterregiments der Herzogin Elisabeth von Calenberg-Göttingen haben ihre Wurzeln im vorreformatorischen Kirchenregiment einerseits und den Gedanken der Reformation andererseits. In Fortsetzung des bisherigen vorreformatorischen Kirchenregiments unter Einbeziehung reformatorischer Gedanken hat sie ein eigenes Klosterregiment entwickelt, dessen Grundanliegen von allen nachfolgenden Landesherren, denen das Fürstentum Calenberg-Göttingen angefallen ist, durchgehalten wurde. Wenn auch zeitweilig faktisch gegenteilig mit den Klöstern verfahren wurde, so blieb doch ihre Rechtsposition unangetastet und trug sich unter den verschiedenen Regierungen bis zur Säkularisation durch. Schließlich mündete die Entwicklung über Umwege der zentralen Verwaltung der Klostereinkünfte in der Bildung des Allgemeinen Hannoverschen Klosterfonds durch Prinzregent Georg im Jahre 1818.

---

[3] Vgl.: BRENNEKE, ADOLF: »Das Kirchenregiment der Herzogin Elisabeth während ihrer vormundschaftlichen Regierung im Fürstentum Calenberg-Göttingen«. In: *ZRGkan* 14/1925, 62-160, hier bes. 125-143; LIERMANN, HANS: *Handbuch des Stiftungsrechts: I. Band: Geschichte des Stiftungsrechts*. Tübingen . J. C. B. Mohr (Paul Siebeck) 1963, 124-169; SCHULZE, REINER: »Stiftungsrecht«. In: *HRG* IV, 1980-1990; WEIß, J.: »Reformation«. In: *HRG* IV, 460-468; CAMPENHAUSEN, AXEL FRHR. VON: *Staatskirchenrecht*. München : C. H. Beck, ^{3}1996, 12-25; DERS., 450 Jahre Klosterfonds, 279-283; DERS.: »Evangelische Klöster in Niedersachsen, die Reformation und die staatliche Aufsicht«. In: KLOSTER WALSRODE / KLOSTERKAMMER HANNOVER (Hrsg.): *1000 Jahre Kloster Walsrode*. Walsrode : Gronemann, 1986, 31-50, hier: 32-36; DERS.: »Die kirchlichen Stiftungen in Vergangenheit und Gegenwart«. In: *JGNKG* 82 (1984) 113-143, hier: 115-128; gekürzt abgedruckt in: DERS.: »Die kirchlichen Stiftungen, ihre Bedeutung in Vergangenheit und Gegenwart«. In: HAUER, ROLF (Hrsg.) u. a.: *Stiftungen in Vergangenheit und Gegenwart*. Band 5. Tübingen : J. C. B. Mohr (Paul Siebeck) 1986, 57-82; DERS.:»Aktuelle Fragen des kirchlichen Stiftungswesens«. In: *ZevKR* 13 (1967/68) 115- 138, hier: 124-130; DERS. (Hrsg.): *Der Allgemeine Hannoversche Klosterfonds und Klosterkammer Hannover*. Unter Mitarbeit von Anke, Hans Heinrich, u. a. Hannover : Schlütersche, 1999, 11-12 [Zit.: Klosterfonds/1999]; KRUMWIEDE, HANS-WALTER: »Kirchengeschichte: Geschichte der evangelischen Kirche von der Reformation bis 1803«. In: PATZE, HANS (Hrsg.): *Geschichte Niedersachsens* / Band 3, Teil 2. Veröffentlichungen der historischen Kommission für Niedersachsen und Bremen; 36. Hildesheim : Lax, 1983, 1-216, hier: 101-111; KLOSTERKAMMER HANNOVER: »Klosterfonds und Klosterkammer Hannover«. In: *ZNds* 82 (1982) 17-60, hier: 17-20.

1.1.1 KLÖSTERLICHE STIFTUNG UND REFORMATION

Zu Beginn der Betrachtung der Auswirkungen der Reformation auf die Stellung der Klöster ist festzustellen, daß diese nicht mit der vorreformatorischen Entwicklung des landesherrlichen Kirchenregiments bricht, sondern dieses fortsetzt:

> »Auch beim Stiftungsrecht läßt sich wie auf vielen anderen Gebieten des Lebens feststellen, daß zwischen dem 15. und 16. Jahrhundert, zwischen vor- und nachreformatorischer Zeit, keine scharfe Zäsur vorhanden ist, sondern alles, was die Reformation im 16. Jahrhundert bewirkt hat, bereits im 15. Jahrhundert, zumindest in den Grundlagen, vorhanden gewesen ist«.[4]

So hat sich der staatliche Ausgriff auf kirchliches Eigentum, das in ihm schon immer Begehrlichkeit erweckt hat, fortgesetzt. Immer mehr hat der Einfluß des Landesherrn zugenommen, bis er dann schließlich in der Säkularisation zur Zeit der Französischen Revolution seinen Höhepunkt erreicht hat. Im Zeitalter der Reformation ist korrekterweise nicht von »Säkularisation«, sondern von »Verweltlichung« oder »Sequestrierung« zu sprechen, da der Staat nicht wie in der Säkularisation die Stiftungen gänzlich einverleibt, sondern unter Aufrechterhaltung ihrer Rechtsform seinen Interessen dienstbar gemacht hat[5].

Durch die Reformation erfolgte die Überführung der Klöster zu der ihnen von der evangelischen Seite zugewiesenen, vermeintlich ursprünglichen Bedeutung. Dies geschah durch die Kirchen- und Klosterordnungen, die von den Landesherren in Wahrnehmung der obersten Kirchengewalt, des IUS EPISCOPALE, als Notbischof erlassen wurden und die Grundlage für die kirchliche Neuordnung bildeten. Auch wenn sich nach und nach eine neue Kirche konstituierte, so verstand sich diese als »die Umwandlung eines Kirchenwesens in ein anderes«[6].

Weil das Klosterleben nach Ansicht der Reformatoren grundsätzlich im Widerspruch zum Wort Gottes steht, wird es abgelehnt[7]. Unter Berufung auf die »ursprünglichen Zwecke« der Klöster wird ihnen die Aufgabe der Schulbildung und Armenfürsorge zugewiesen. Zum einen sind das sicherlich Aufgaben der Klöster gewesen, aber sie sind sicher nicht immer allein zu diesem Zweck gegründet worden. Vielmehr sind diese Tätigkeiten Ausfluß des klösterlichen Wir-

---

4 LIERMANN, Stiftungsrecht, 125.

5 Der Begriff »Säkularisation« ist erstmalig im Jahre 1646 bei den Vorverhandlungen zum Westfälischen Frieden gebraucht worden. Nachweis bei LIERMANN, Stiftungsrecht, 125, Anm. 2.

6 H. STEITZ, zit. nach WEIß, Reformation, 463.

7 »Der theologische Kerngedanke, den Luther in zahlreichen Schriften immer neu erklärt hat und der in den reformatorischen Bekenntnisschriften ausführlich dem herkömmlichen Verständnis entgegengestellt wurde, geht dahin, daß das Ordensgelübde eine Form der Werkgerechtgkeit ist, die das Verständnis des Evangeliums blockiert«. v. CAMPENHAUSEN, Evangelische Klöster in Niedersachsen, 34.

kens, begründet etwa durch die Ordensregeln. Zum anderen hatte auch die evangelische Seite ein starkes Interesse, den Rückfall der Stiftung des Klosters an den Stifter oder die Einverleibung in den fürstlichen Fiskus zu verhindern.

> »Wichtig ist für unseren hannoverschen Bereich festzuhalten, daß die Wittenberger Reformatoren keineswegs die Auflösung der Klöster forderten. Sie konnten lediglich dem Mönchtum keinen besonderen, Gott besonders wohlgefälligen Stand zuerkennen.«[8]

In bezug auf die Calenberger Klöster geschah diese Neuordnung dadurch, daß die Konvente reformiert wurden und die evangelische Lehre annahmen. Die Einführung der Reformation sah auch die Überwachung der Vermögenslage der einzelnen Klöster, wie die Überwachung der Verwendung ihrer Ausgaben vor[9].

Der Verlauf dieser Entwicklung führte dann über die Einsetzung fürstlicher Verwalter an den Klöstern zu einer zentralen Rechnungslegung und schließlich zu einer Zusammenfassung des Vermögens, wie erstmalig bei der Schenkung der Göttinger Klöster durch Herzog Friedrich Ulrich an die Universität Helmstedt geschehen, wenngleich hier auch andere Motive von wesentlicher Bedeutung sind[10]. Aber das ist keine Neuerung der Reformationszeit, schon in vorreformatorischer Zeit ist unter Ausnutzung der Vogteigewalt erheblich Einfluß auf das Klostergut wie auch auf die inneren Verhältnisse des Klosters genommen worden. Bei den kirchlichen Korporationen traf diese Einflußnahme des Landesherren besonders die Frauenklöster, die sich dem begehrlichen Zugriff des Landesherrn weit weniger zur Wehr setzen konnten als die Männerklöster.

Wenn auch der Zugriff auf kirchliche Stiftungen durch die weltliche Obrigkeit viel verbreiteter war als der auf das Vermögen kirchlicher Korporationen, weil diese als sich selbst gehörende, einfach daliegende Vermögensmassen wesentlich leichter in die Gewalt zu bekommen waren als Korporationsvermögen, »vor das der Korporation angehörige natürliche Personen schützend hintreten können«[11], so blieben die Klöster nach wie vor begehrenswerte Objekte, und das aus verschiedenen Gründen. Oft waren die Klöster mit großen Vermögensmassen ausge-

---

8 v. CAMPENHAUSEN, 450 Jahre Klosterfonds, 282.

9 Siehe den entsprechenden Abschnitt in der Visitationsordnung für das Fürstentum Calenberg-Göttingen von 1542. Abgedruckt bei: SEHLING, EMIL (Hrsg.): *Die evangelischen Kirchenordnungen des XVI. Jahrhunderts* / fortgeführt vom Institut für evangelisches Kirchenrecht der Evangelischen Kirche in Deutschland zu Göttingen. Band VI/I, Niedersachsen, I. Hälfte, Die Welfischen Lande, 1. Halbband: Die Fürstentümer Wolfenbüttel und Lüneburg mit den Städten Braunschweig und Lüneburg / bearbeitet von A. Ritter und A. Sprengler. Tübingen : J. C. B. Mohr (Paul Siebeck) 1955, 860.

10 Die Verhinderung der drohenden Restitution scheint hier ausschlaggebend gewesen zu sein. Siehe dazu Kapitel 2.2.3 und 2.2.4.

11 LIERMANN, Stiftungsrecht, 128.

stattet, deren Besitz erstrebenswert schien. Mit der Besitznahme oder Verfügungsgewalt über das Kloster durch den Landesherren wurde die Einflußnahme des bisherigen Stifters, sofern er noch lebte, oder des alten Schutzherrn zurückgedrängt: die Rechte der Gewaltenausübung im Klosterbereich (etwa niedere Gerichtsbarkeit oder Abgabenerhebung) gingen dann auf die Landesherrlichkeit über, die auf diese Weise ihre Territorien allmählich erweiterten. Am Ende dieser Entwicklung steht dann die Führung des Klosters wie eines fürstlichen Kammergutes, wenn auch die alte Rechtsform nicht angetastet wurde.

Die Art und Weise, wie die so in die Hand des Fürsten gekommenen Güter gebraucht wurden, läßt auf den Wert schließen, den die Zeit der Stiftung zumaß. Zumeist wurden die Stiftungen dem Staatsfiskus zugeschlagen. Herzog Ernst der Bekenner von Lüneburg ist in geradezu paradigmatisch konsequenter Weise gegen die Klostervermögen vorgegangen. Er hat diese nicht einfach nur sequestriert, unter staatliche Verwaltung genommen, sondern gegen den Widerstand der Klosterinsassen einfach okkupiert und die Vermögen eingezogen. Bezeichnenderweise ging über ihn der Spottvers um: »Alles was nur der Pfaffen, Münich und Nonnen mag sein, nehme ich alles unter einen guten, evangelischen Schein.«[12] An dieser Stelle wird auch die besondere Leistung der Herzogin Elisabeth von Calenberg erkennbar, die durch ihre Behandlung der Klöster einen ganz anderen Weg eingeschlagen hat, den ihre Nachfolger beibehalten haben und der über Zwischenstufen zur Entwicklung des Allgemeinen Hannoverschen Klosterfonds geführt hat.

Der staatliche Zugriff brachte aber nicht nur eine Ausbeutung der Klöster in landesherrlichem Sinne, sondern führte zu einem doppelten Stiftungsschutz. Zum einen wachte der Staat darüber, daß kein anderer auf das von ihm beanspruchte Vermögen Einfluß bekam und bewahrte es so vor Zugriff; zum anderen führte der Rechtsverkehr mit dem Kloster, von dem der Landesherr etwas zu erhalten suchte, zu einer Anerkennung als selbständige Rechtspersönlichkeit.

Die Auseinandersetzungen über die Rechte und den Einfluß auf die Stiftungen führten ebenfalls dazu, daß man sich grundsätzlich Gedanken über die Vereinbarkeit der Stiftung mit dem Anliegen der Reformation machte. Dem Grundgedanken der Reformation widersprechende Stiftungen sind, sofern sie nicht an die Stifter oder deren Erben zurückgefallen sind, in »gemeinen Kästen«[13] aufgegangen oder unter Wahrung ihrer rechtlichen Selbständigkeit nach der Reformation weiterge-

---

[12] Zit. bei: LIERMANN, Stiftungsrecht, 136.

[13] Der gemeine Kasten ist eine Art Sammelvermögen aus Stiftungen, die ihren Sinn nach der Reformation verloren hatten, wie etwa Meßstiftungen und Stiftungen an Heilige. Dieses Vermögen wurde zur Armenfürsorge verwandt, in Folge ergaben sich aber Probleme mit der Handhabung der Verwaltung und Zuteilung. Vgl.: LIERMANN, Stiftungsrecht, 133, 147-151.

führt worden, wenn auch unter (zunehmend) zentraler Verwaltung. Zu den Stiftungen, die bestehen bleiben konnten, zählten die Klöster, wenn man als ihre eigentliche Aufgabe die Bildung und Armenfürsorge betrachtete, wie in der Reformation geschehen; die Kirchenordnung von Calenberg-Göttingen[14] aus dem Jahre 1542 ist dafür ein anschauliches Beispiel.

Die konservative Haltung der Reformation gegenüber den überkommenen kirchlichen Stiftungen, zu denen auch die Klöster zählen, liegt auch darin begründet, daß diese als DEO DICATUM, als »Weihtum Gottes«, angesehen wurden[15].

> »Das schützte sie nach wie vor, selbst wenn ihre Zweckbestimmung vom reformatorischen Standpunkt aus nicht mehr anerkannt werden konnte, vor einer profanen Enteignung. Man zentralisierte sie lediglich und verwendete ihre Einkünfte für andere kirchliche Zwecke, etwa das Schulwesen oder die Armenfürsorge, die damals noch in erster Linie als kirchliche Aufgaben angesehen wurden.«[16]

Jetzt begann man auch zwischen öffentlichen und privaten Stiftungen zu unterscheiden: »Öffentliche Stiftungen« waren diejenigen, die öffentliche Zwecke verfolgten und als schutzwürdig vom Staat erhalten wurden, wohingegen bei privaten Stiftungen der Staat kein derartiges Interesse hatte. Weil die Klöster durch ihre Tätigkeit auf dem Caritas- und Bildungssektor von öffentlichem Interesse waren, blieben sie bestehen, wurden aber von innen heraus in evangelische Ein-

---

[14] Dort heißt es dazu: »Es hat in vorigen Zeiten mit den Klöstern ein gar viel ander gestalt gehabt, als es itzo hat. Denn es waren etwa schulen, da die jugend in rechtschaffner lere zu rechtschaffnen gottsdiensten, zu guten sitten und aller erbarkeit gezogen ward. [...]. Und wens noch die gestalt hette, wer wölte denn hart dawider sein? Aber es ist volgendes fein seuberlich der satan zugefaren und hat [...] einen sonderlichen Stand draus gemacht [...]. Wiewol, wenn die klöster schule weren, darin knaben und jungfrauen zur gottseligkeit, freien künsten, zur zucht und erbarkeit gezogen würden, künten wir auch den gehorsam gegen die fursteher nicht verwerfen. Denn wo die jugent im zaum gehalten werden sol, da mus freilich auch zwang sein und gehorsam.« SEHLING, EMIL (Hrsg.): *Die evangelischen Kirchenordnungen des XVI. Jahrhunderts* / fortgeführt vom Institut für evangelisches Kirchenrecht der Evangelischen Kirche in Deutschland zu Göttingen. Band VI, Niedersachsen, I. Hälfte, Die Welfischen Lande, 2. Halbband: Die Fürstentümer Calenberg-Göttingen und Grubenhagen mit den Städten Göttingen, Northeim, Hannover, Hameln und Einbeck, Die Grafschaften Hoya und Diepholz, Anhang: Das Freie Reichsstift Loccum / bearbeitet von A. Ritter und A. Sprengler. Tübingen : J. C. B. Mohr (Paul Siebeck) 1957, 780-782.

[15] So formulierte Herzogin Elisabeth von Calenberg im Unterricht an ihren Sohn Erich II. folgendermaßen: »Weil es Almussen sein, in Gots Ehre der Kirchen zu gut gegeben, lasset man sie pillich bei der Kirchen in pillichen, christlichem Breuchen pleiben.« Zit. nach: KRUSCH, BRUNO: *Die hannoversche Klosterkammer in ihrer geschichtlichen Entwicklung, ihre Zwecke und Ziele und ihre Leistungen für das Wohl der Provinz* / Sonderabdruck aus den ›Mitteilungen des Universitätsbundes Göttingen‹ 1 (1919). Hannover : Schulze, o. J., 40.

[16] LIERMANN, Stiftungsrecht, 134.

richtungen überführt: es erfolgte keine Einverleibung des Kirchengutes, sondern es kam zu einer Umwandlung im evangelischen Sinne. Diese Umwandlung war kein harter Bruch mit Bestehendem, wie die Reformation sich zunächst auch als eine Bewegung innerhalb der alten Kirche verstanden hat. Sie erfolgte in der Regel dadurch, daß von innen her ein Konfessionswechsel erfolgte, indem die Klosterkonvente die neue Lehre annahmen. So blieb die Rechtsform bestehen, die Fortführung des klösterlichen Lebens und der Verwaltung geschah aber in neuem, evangelischen Geist.

Die rechtliche Grundlage für den obrigkeitlichen Eingriff in das Stiftungswesen war das IUS REFORMANDI des Augsburger Religionsfriedens von 1555, das den evangelischen Reichsständen die Möglichkeit eröffnete, die Reformation in ihrem Gebiet einzuführen. Allerdings »ist die Reformation im Hinblick auf das Stiftungswesen erstaunlich konservativ geblieben«[17]: Es ist nicht zu radikalen Umbrüchen, sondern zu sich allmählich vollziehenden Reformen gekommen. Weil das Kirchengut als »Weihtum Gottes« angesehen wurde, tastete man im Fürstentum Calenberg-Göttingen die Klöster nicht an, »weil es Almussen sein, in Gots Ehre der Kirchen zu gut gegeben«[18], wie es Herzogin Elisabeth formuliert hat. Diese Einstellung bewirkte auch, daß man die Stiftungen zentralisierte, um sie leichter reformieren zu können. Aus diesen Ansätzen hat sich eine zentrale Verwaltung und Aufsicht des Vermögens gebildet, begonnen mit der Anweisung der Visitationsinstruktion, das Klostervermögen zu inventarisieren[19]. In späterer Zeit hat diese Entwicklung, die als rechtlich korrekt zu bewerten ist, zur Bildung des Klostervorrats und der Klosterkammer geführt.

Selten wurde dergestalt einwandfrei mit dem Klostervermögen verfahren; in der Regel kam es zur Sequestrierung, die wie im Falle Lüneburg oftmals bis zur vollständigen Okkupation reichte. Stiftungen, die nicht den Vorstellungen der Reformation entsprachen und nicht umgewandelt werden konnten, stellten die Reformatoren vor Probleme. Melanchton hatte 1525 entschieden, diese an den Stifter zurückzugeben, aber eventuelle Erben zurückzuweisen. Bucer hatte 1538 die Theorie entwickelt, sie als Eigentum der Gemeinde zu behandeln, dazu aber fehlten die juristischen Grundlagen. Das lutherische Kirchenrecht hat in den ersten Jahrhunderten die Rechtspersönlichkeit der Kirchengemeinde nicht herausarbeiten können. Ein Rückfall der Stiftungen mußte jedoch dringend verhindert werden, da ihre Finanzmittel für evangelische Zwecke dringend benötigt wurden, insbesondere für die Besoldung evangelischer Predigerstellen.

---

17 LIERMANN, Stiftungsrecht, 133.

18 Zit. nach: KRUSCH, Klosterkammer, 40.

19 Visitationsordnung für die Klöster im Fürstentum Calenberg-Göttingen von 1542. Abgedruckt bei SEHLING, Evangelische Kirchenordnungen VI/I/2, 860.

Im ganzen herrschte in der Reformationszeit die Auffassung vor, bei Anerkennung des Stiftungszwecks die Stiftung zu erhalten, bei Fortfall jedoch die Stiftung für möglichst ähnliche Zwecke zu nutzen. Das unter fürstliche Verwaltung gelangte Kirchengut sollte bei Fortfall des Stiftungszweckes nicht für profane, sondern nur für kirchliche Zwecke, zu denen man Unterrichts- und Wohltätigkeitszwecke rechnete, verwendet werden. Auf diesem Wege überlebten viele Stiftungen als Rechtspersönlichkeit[20] die Reformationszeit, wenn auch die Zentralisation der Stiftungen vielfach tiefgreifende Veränderungen brachte.

Die Lösung war eine Umwandlung des Stiftungszwecks gemäß den Formen des kanonischen Rechts. Es wurde eine Innovation statt einer Aufhebung vollzogen: Das Vermögen der untergegangenen juristischen Person des kirchlichen Rechts wurde anderen kirchlichen Zwecken gewidmet, so daß die Stiftung als solche nicht an die Stifter oder eventuell Anspruch stellende Erben zurückfiel und der evangelischen Sache nutzbar blieb. Die juristische Theorie des Reformationszeitalters achtete also den Stifterwillen weiter und respektiete den Stiftungszweck.

Die formale Anerkennung des Stiftungsgutes als Kirchengut erfolgte durch den Zusammenschluß der Evangelischen Fürsten im Schmalkaldischen Bund 1540. Dort wurde beschlossen,

> »die Kirchengüter in folgender Ordnung zu verwenden: 1. Unterhaltung der Pfarrer, Prediger und anderer Kirchendiener, 2. zur Bestellung und Versehung der Schulen, 3. zur Unterstützung der Armen, zur Unterhaltung und Aufrichtung von Spitälern und Gemeinen Kästen«[21].

Damit war die grundsätzliche Eigenschaft der geistlichen Güter als Kirchengüter nach wie vor anerkannt. Allerdings ermächtigte eine Generalklausel die weltliche Obrigkeit, die Stiftungsüberschüsse nach eigenem Ermessen zu verwenden. In der Verfolgung dieser Möglichkeit dehnte sich dann dieses Ermessen dergestalt auf das Klostervermögen aus, daß es wie im Falle des Herzogs Ernst im Fürstentum Lüneburg schließlich im Staatsfiskus völlig untergangen ist.

Alte Stiftungen, die noch bestanden und deren Zwecke nicht reformationswidrig waren, erfuhren in einer rückläufigen Bewegung wieder eine Bestätigung ihrer Zweckbestimmung, was zu Respektierung und Anerkennung der einzelnen Stiftung führte. Auf diese Weise wurde die Notwendigkeit der Klöster als Einrichtungen für Unterricht und Wohltätigkeit und damit das Kirchengut als zweckgebunden für Kirche, Schule, Armenfürsorge rechtlich anerkannt.

---

[20] So sind beispielsweise die Güter der Lüneburger Frauenklöster unter Herzog Ernst 1529 zum Kammergut eingezogen worden, die Rechtspersönlichkeit wurde aber nicht angetastet. Bis heute sind die einzelnen Klöster, jetzt evangelische Damenstifte, rechtlich selbständige Subjekte, die nur der Rechtsaufsicht durch das Land unterliegen. Siehe auch Kapitel 4.1.6.

[21] Zit. nach: LIERMANN, Stiftungsrecht, 150.

Die wieder genauer gefaßte Zweckbestimmung der Stiftungsvermögen erfolgte nach und nach überall dort, wo keine Verschmelzung der Vermögenssubstanz mit Vermögensmassen anderer Zweckbestimmung erfolgt war. Durch diese Maßnahme hatten die Kirchenvermögen wieder die Rechtsposition erlangt, die sie in vorreformatorischer Zeit innegehabt hatten: »die Aufnahme der kanonischen Rechtsanschauung, daß die einzelnen kirchlichen Institute juristische Personen und als solche Eigentumssubjekte der entsprechenden Zweckvermögen seien«[22].

Einerseits war dem Ausgriff der Staatsgewalt auf das kirchliche Vermögen abgewehrt, weil dessen juristische Selbständigkeit durch die herrschende Rechtstheorie (wieder) anerkannt worden war, andererseits hinderte das die Landesherrlichkeit nicht, durch Erlasse und Gesetze die Kirchengüter durch Unterstellung unter ihre Verwaltung faktisch doch in ihre Verfügungsgewalt zu bekommen[23].

1.1.2 VORREFORMATORISCHES LANDESHERRLICHES KLOSTERREGIMENT IM HERZOGTUM BRAUNSCHWEIG-LÜNEBURG[24]

Die faktisch nicht realisierte, aber immer als Ideal vor Augen stehende Selbstbestimmung der Klöster und Stifte in inneren wie äußeren Angelegenheiten bildet den Ausgangspunkt der Geschichte des landesherrlichen Klosterregiments, an deren Ende die unumschränkte Verfügungsgewalt des Landesherren über die Klöster in seinem Herrschaftsgebiet steht.

> »Das Ideal des Mönchtums war die vollkommene Freiheit von der weltlichen Gewalt wie vom Diözesanzwang, die unmittelbare Stellung unter König und Reich,

---

[22] O. V. GIERKE, zit. nach LIERMANN, Stiftungsrecht, 156. Hiermit ist interessanterweise der Fall der Rezeption kanonischer Rechtstheorie durch das reformatorische, evangelische Kirchenrecht gegeben.

[23] In bezug auf den Streit zwischen den Konfessionen über den Besitz und die Verwaltungszuständigkeit brachte der Westfälische Friede 1648 eine endgültige Entscheidung. In Art. V. § 15 bestimmte er, daß die im Normaljahr 1624 innegehabte Verwaltung beibehalten werden solle. Für die Klöster im Fürstentum Calenberg-Göttingen bedeutete das die rechtliche Rücknahme der Restitution. Siehe dazu auch Kapitel 2.2.3.

[24] Vgl.: KRUSCH, Klosterkammer, 4-19; KLOSTERKAMMER HANNOVER (Hrsg.): *Klosterfonds und Klosterkammer Hannover*. Hannover : Benatzky, [1975 ?], 14-17; STALMANN, ALBRECHT: *Die Hannoversche Klosterkammer*. Hannover : Lax, 1948, 6-7; KRUMWIEDE, Kirchengeschichte, 102-111; SCHNATH, GEORG: »Von der Entstehung der Territorien bis zur Entstehung des Landes Niedersachsen«. In: SCHNATH, GEORG (Hrsg.) u. a.: *Die Entstehung des Landes Niedersachsen*. Freiburg-Würzburg : Ploetz, ^{3}1979, 19-66, hier 23-27; V. CAMPENHAUSEN, Die kirchlichen Stiftungen, 121-128. Ausführlich dazu: BRENNEKE, ADOLF; BRAUCH, ALBERT: *Geschichte des Hannoverschen Klosterfonds* / 1. Teil: Vorgeschichte (Vor- und nachreformatorische Klosterherrschaft und Geschichte der Kirchenreformation im Fürstentum Calenberg-Göttingen). 1. Halbband: Hannover, 1928; 2. Halbband: Hannover 1929.

später unter den päpstlichen Stuhl; es erstrebte also die freie Wahl der Äbte, Äbtissinnen und Pröpste, sowie der Vögte, der weltlichen Organe zur Vertretung und zum Schutze der Klöster und zur Ausübung der Jurisdiktionsrechte innerhalb der Klosterimmunität. Immunität und Königsschutz bildeten die höchsten Ziele der Klosterleute, die sie durch echte und gefälschte Privilegien zu erreichen suchten, und schon die Klostergründer sorgten für die Freiheit ihrer Stiftungen, Bischöfe, Grafen und Edelherren, denen mit Grund und Boden die Vogtei, die alte Grafschaftsgewalt, zustand.«[25]

Doch waren die Klöster von diesem angestrebten Ideal in der Regel weit entfernt. Meist waren die Klostergründer schwache lokale Gewalten oder nicht in der Nähe des Klosters präsent, um im Notfall für ihre Stiftung einzutreten. So ist es nur zu verständlich, daß sich diese Klöster, wie auch die Königsklöster, deren eigentlicher Schutzherr viel zu weit weg war, um sie schützen zu können, nach anderen Schutzherren umsahen und sich unter den Schutz eines Vogts begaben, von dem sie sich Hilfe versprachen. Andererseits wußten die Stifter auch um die möglichen Folgen ihrer Abwesenheit für die Klöster: Damit die Klöster diese relative Freiheit nicht gegen den Willen des Stifters nutzten, wurden sie unter die Aufsicht eines Vogts gestellt. So war das Vogteiverhältnis zunächst ein ambivalentes: das Gleichgewicht konnte leicht zu der einen oder anderen Seite ausschlagen:

» [...] die Vogtei erbte aber in der Familie der Gründer fort und geriet nach ihrem Aussterben nicht immer in die richtigen Hände; vielfach spielten sich die Vögte als die Herren auf, an deren Beseitigung den Fürsten wie den Klöstern gleichmäßig gelegen sein mußte. Es waren nutzbare Rechte, welche den Grafen und Edelherren aus der Vogtei erwuchsen, Hebungen aus der hohen Gerichtsbarkeit, Abgaben und Dienste von den Schutzbefohlenen und Hintersassen, und verständlich war es, wenn die Familien der Klostergründer nur ungern auf eine solche Einnahmequelle verzichteten [...]. Das Streben der Klöster mußte andererseits darauf gehen, sich von den Vögten zu befreien, die statt ihnen Schutz zu gewähren, ihren eigenen Vorteil suchten, und in diesem Kampfe durften sie auf die Unterstützung der Herzöge rechnen, welche die Vogteien zur Ausgestaltung ihrer Territorialrechte gut gebrauchen konnten, aber auch auf die der Bischöfe, die dem gleichen Ziele, nur als geistliche Landesfürsten mit ungleicher Energie und daher geringerem Erfolge nachjagten.«[26]

Durch das Erlöschen der Grafengeschlechter fiel die Vogteigewalt an den Herzog, doch oftmals waren die herzöglichen Vögte nicht besser als die gerade abgelösten gräflichen, so daß dem Kloster nun gegen die Benachteiligung durch diese beigestanden werden mußte. Verzichtete der Herzog auf die Vogteirechte an

---

[25] KRUSCH, Klosterkammer, 4.

[26] KRUSCH, Klosterkammer, 6.

einem Kloster, so fiel die Vogteigewalt dem Abt zu; letztendlich aber »aufhalten ließ sich [...] der Aufsaugungsprozeß der Herzöge nicht«[27].

Um sich der andauernden Bedrückung durch die Inhaber der Vogteigewalt zu erwehren, suchten die Klöster Schutzprivilegien zu erlangen; zu den Schutzversprechungen der Könige kamen nun die der Päpste, die an der Erhaltung der geistlichen Freiheit und der Selbständigkeit der Klöster Interesse hatten. Diese Schutzprivilegien beschränkten sich jedoch nicht nur auf das geistliche Gebiet und den Schutz des Klosters, sondern berührten auch die weltlichen Machtverhältnisse, so daß mit Ausweitung der Schutzprivilegien sich diese selbst widersprachen.

Aber weder Kaiser noch Papst oder Bischöfe vermochten den notwendigen Schutz zu gewähren; nach dem Tode der Stifter ging deren Vogteigewalt auf die sich immer stärker ausbildende Landeshoheit des Landesherren über: Die unterschiedlichen Freiheiten der Klöster glichen sich immer mehr an, bis sie schließlich alle in gleichem Maße von der Landesherrschaft abhängig waren. In verschiedenen Urkunden haben es die Herzöge von Braunschweig-Lüneburg als ihre Pflicht bezeichnet, die Gotteshäuser, insbesondere die von ihren Vorfahren gestifteten, zu beschützen und im Zuge der Wahrnehmung dieses Schutzes ihre Herrschaft über die Klöster allmählich ausgedehnt. Ein beredtes Beispiel dieser Ausübung ist die Teilung des Herzogtums Braunschweig-Lüneburg im Jahre 1267: Die Herzöge verfügten eigenständig über die Aufteilung der Klöster und nahmen die Lehenszuweisung der Abteien und Propsteien selbst vor.

Seit dem 14. Jahrhundert jedoch gewann im Herzogtum Braunschweig-Lüneburg der Prälatenstand als Gegenspieler der Herzöge und ihrer in Anspruch genommenen Vogteigewalt Einfluß. Besonders auf den Landtagen konnten die Prälaten, meist mit den Städten zusammen, über die Bewilligung von Steuern oder Sonderabgaben die Vogteigewalt der Herzöge über die Klöster zugunsten ihrer eigenen Gewaltenausübung einschränken[28]. Ein Beispiel dafür ist der Prälatenbrief von 1392; in ihm mußten die Herzöge von Lüneburg wegen größerer Geldbewilligungen dem äußeren Druck der Prälaten nachgeben und ihnen ihre Privilegien bestätigen sowie die Verpflichtungen der Klöster den Fürsten gegenüber streng begrenzen.

Dennoch waren die Klöster trotz gewisser Rechte den Landesherren durch den von ihnen geleisteten Schutz zu Gegenleistungen verpflichtet:

---

[27] KRUSCH, Klosterkammer, 8.

[28] Vgl.: BRENNEKE, ADOLF; BRAUCH, ALBERT: *Geschichte des Hannoverschen Klosterfonds: Zweiter Teil: Die Calenbergischen Klöster unter Wolfenbütteler Herrschaft 1584-1634* / Veröffentlichungen der Historischen Kommission für Niedersachsen Nr. 12: Geschichte des Hannoverschen Klosterfonds, Zweiter Teil. Göttingen : Vandenhoeck & Ruprecht, 1956, 157. [Zit.: Brenneke/Brauch: Calenberger Klöster].

»Wie die Klöster für den Schutz ihres Güterbesitzes allmählich auf die Landesherren allein angewiesen waren, so konnten umgekehrt auch diese gewisse Leistungen von ihnen beanspruchen, von Pflicht, wie von Bitte wegen, regelmäßige wie außerordentliche. Alle ihre schönen Immunitätsprivilegien wurden den Klöstern durch die rauhe Wirklichkeit entkräftet, und eine grundsätzlich anerkannte Klosterimmunität hat es hierzulande nicht gegeben. Die Klöster waren also nach dem Prälatenbrief von 1392 verpflichtet zum Wagendienst, der Herbergspflicht der Herzöge und ihrer Beamten und der Abgabe einer Pfründe beim Regierungsantritt oder bei der Heirat des Fürsten, [...], zur Beköstigung der fürstlichen Jäger und Hunde.«[29]

Oftmals wurden die Leistungen der Klöster von den Landesherren aus Geldmangel verpfändet, bisweilen sogar mehrfach.

Gegen Ende des 14. Jahrhunderts war der Mediatisierungsprozeß so gut wie abgeschlossen, und mit der Vogteigewalt ging auch der Gerichtsstand der Klöster auf den Fürsten über.[30] Anläßlich der Landesteilung des Hauses Braunschweig zwischen den Söhnen von Herzog Wilhelm d. J. im Jahre 1495, durch die die Fürstentümer Calenberg und Wolfenbüttel entstanden sind, wurden die »umbelegenen Klöster« als Besitzstand des Herzogtums nach den Schlössern und Städten und vor den Dörfern aufgezählt. Der 1495 an die beiden Herzöge ergangene kaiserliche Lehensbrief verlieh ihnen die in den jeweiligen Fürstentümern »belegenen Klöster« mit den »Regalien, Lehn und Weltlichkeit«, so daß diese nun eine rechtliche Grundlage besaßen, von »ihren« Klöstern zu sprechen. Dieser Brief führte alle Klöster unterschiedslos auf das Lehensrecht zurück und bot die rechtliche Grundlage für ein landesherrliches Klosterregiment, das somit schon lange vor dem Beginn der Reformation bestand.

Die herzogliche Gewalt hatte die des Königs abgelöst und in der gleichen Weise in die inneren Verhältnisse der Klöster eingegriffen, sofern sie es für notwendig erachtet hatte. Vor allem in den Frauenklöstern, bei denen die äußere Verwaltung durch einen Propst geführt wurde und von dessen ökonomischer Tüchtigkeit der Fortbestand des Klosters abhing, griff die Landesherrschaft ordnend ein:

»Es sind also in einzelnen Fällen von der Landesherrschaft mit Willen der Stifter weltliche Klosterverwalter schon lange vor Luthers Auftreten eingesetzt worden, und schon in katholischer Zeit hat jene einen gewaltigen Einfluß auf die Klosterverwaltung auszuüben vermocht.«[31]

Die Klöster bestanden aber nicht nur aus dem geistlichen Bereich; mit ihren äußeren Angelegenheiten, die neben dem weitläufigen Haushalt teilweise auch Niedergerichtsbarkeit, gutsherrliche Gerechtsame über die Zinsmeier, Hebungen in- und ausländischer Gefälle, Bauangelegenheiten und Forstsachen beinhalteten, wa-

---

29 KRUSCH, Klosterkammer, 10-11.

30 Vgl.: BRENNEKE/BRAUCH, Calenberger Klöster, 204-207.

31 KRUSCH, Klosterkammer, 13.

ren sie in ihrem Bereich mit der Wahrnehmung weltlicher Aufgaben betraut und mußten wie die anderen Stände für das Land Lasten tragen. Durch Fehden, schlechte Wirtschaftsführung und aufwendige Reisen bedurfte die Landesherrschaft großer Mittel. Wie die anderen Stände mußten auch die Klöster Beiträge leisten, vor allem die Prälaten pflegten die ihnen auferlegten Steuern auf ihre Hintersassen abzuwälzen.

So gesehen bestand die Immunität der Klöster nur auf dem Papier, wenn sie unter Wahrung ihrer Selbständigkeit im Sinne des Lehensherrn dienstbar gemacht wurden. Aufgrund der doppelten Steuerbelastung durch weltliche wie durch geistliche Herren lag auf den Klöstern eine hohe Finanzlast. Selbst bei guter Haushaltsführung wäre sie nur schwer zu tragen gewesen, doch im ausgehenden Mittelalter war es um die Klöster schlecht bestellt und geistlicher wie wirtschaftlicher Verfall gingen miteinander einher und führten zu einem Niedergang des Klosterlebens.

Die notwendigen Reformbestrebungen setzten mit der Windesheimer Kongregation des Augustinerordens schon im 15. Jahrhundert ein; im Gebiet des heutigen Niedersachsen sind sie für die Klöster besonders mit dem Namen Johannes Busch verbunden, der mit Unterstützung durch den Braunschweiger Herzog Wilhelm d. Ä. eine Reform der niedersächsichen Klöster begann. Besonderen Einfluß auf die Klöster erlangte die Bursfelder Union (Bestätigung der Generalkapitelsbeschlüsse 1451 durch den Kardinallegaten Nikolaus von Kues), der fast alle Benediktinerklöster Norddeutschlands beigetreten waren. Zu ihr gehörten vor der Reformation achtzehn norddeutsche Benediktinerabteien.

»Kern des Reformwerks der Bursfelder Kongregation war die Wiederbelebung echt benediktinischen Mönchtums durch eine straffe Disziplin und die liturgische Erneuerung«[32]. Die Durchsetzung der Bursfelder Reform hatte zur Folge, daß sich in vielen Klöstern »seit der Einführung der Reform Jahrhunderte hindurch eine hervorragende monastische Disziplin feststellen«[33] ließ; Inhalt und Durchsetzung der Reformen sind aus den Generalkapitelsreszessen der Bursfelder Union ersichtlich. Entgegen der in der Literatur über Klosterfonds und Klosterkammer immer noch vertretenen, wahrscheinlich auf *Krusch* zurückgehenden, Auffassung, die Reformation sei von den geistlich und wirtschaftlich verfallenen Klöstern nur zu bereitwillig angenommen worden, ist festzustellen, daß »nur in einem einzigen Kloster der [Bursfelder] Kongregation in Niedersachsen [...] die Reformation freiwillig und auf Betreiben des Abtes eingeführt« wurde, es aber in »allen anderen Abteien - einschließlich Bursfelde - [...] eines erheblichen Druckes von außen, meist von Seiten des Landesherrn bedurfte«, um die Reformation durchzu-

---

[32] P. MIKAT. Zit. nach: FAUST, ULRICH: »Benediktinisches Mönchtum in Norddeutschland«. In: *GermBen* VI (1979) 31.

[33] FAUST, Benediktinisches Mönchtum, 31.

führen[34]. Die von *Krusch* erhobene Behauptung von Auflösung und Niedergang der Klöster der Bursfelder Union in den braunschweigisch-lüneburgischen Landen zur Zeit der Reformation trifft nachweislich nicht zu[35].

1.2 Geschichtlicher Ort der Entstehung: Die welfischen Lande[36]

1.2.1 Die Entstehung der welfischen Territorien

Der Ort, an dem die Entwicklung, die zur Bildung des Klosterfonds geführt hat, ihren Anfang nimmt, sind die welfischen Lande zur Zeit der Reformation. Das welfische Herzogtum Braunschweig-Lüneburg entstand als staatsrechtliches Gebilde im Jahre 1235, als Herzog Otto das Kind, Enkel Heinrichs des Löwen, seine Eigengüter, die seit Heinrich dem Löwen nur Privatbesitz der Welfen waren, dem Reich übertrug und als Reichlehen zurückerhielt. Der Stammbesitz Heinrichs des Löwen war wieder zu einem Reichsfürstentum geworden. Nach dem Tode Ottos im Jahre 1252 wurde das Herzogtum zunächst von seinen Söhnen gemeinsam regiert, 1267 dann zwischen Johann dem Gütigen, der die nördlichen (lüneburgischen) Lande und Albrecht dem Langen, der die südlichen Gebiete (Braunschweig, Einbeck, Göttingen und Grubenhagen) erhielt, geteilt. Beide Hauptstädte galten aber als Besitz des einen Hauses und beide Fürsten führten, wie auch die Herrscher der durch weitere Teilungen entstehenden Fürstentümer, den Titel eines Herzogs zu Braunschweig und Lüneburg. Bis zur letzten Teilung im Jahre 1635 wurden die Herrschaften immer wieder zwischen und innerhalb der bestehenden Häuser geteilt, so daß zeitweilig sechs Linien nebeneinander bestanden, da die Welfen das Herzogtum nicht als Reichslehen, sondern als Privat- und Familienangelegenheit betrachtet und von daher gleichberechtigt zwischen den Erben aufgeteilt haben.

---

34 Faust, Benediktinisches Mönchtum, 31.

35 »Das Bild, welches die im Staatsarchiv befindlichen Protokolle der Jahreskapitel der Bursfelder Kongregation am Beginn der Reformation dieses Landes von den Klöstern liefern, zeigt sie in voller Auflösung und der Schmerzensschrei über den Niedergang [...] muß [...] mit Wehmut erfüllen.« Krusch, Klosterkammer, 19.

36 Vgl.: v. Campenhausen, 450 Jahre Klosterfonds, 279; Ders.: Klosterfonds/1999, 11-12; Klosterkammer, Klosterfonds, 11-12; Brüning, Kurt: »Das Land Niedersachsen«. In: Brüning, Kurt (Hrsg.): *Handbuch der historischen Stätten Deutschlands* / Zweiter Band: Niedersachsen und Bremen. Stuttgart : Kröner, ^{2}1960, XVII-LXXXV, hier: XLIXff.; Schnath, Entstehung, 19ff.; Ders.: »Das Schicksal des Klosterguts in den frühen Welfenlanden und seine besondere Rechtsstellung im heutigen Lande Niedersachsen«. In: *Blätter für deutsche Landesgeschichte* 109 (1973) 265-269, hier: 265-266.

1.2.2 DIE WELFISCHEN TERRITORIEN ZUR ZEIT DER REFORMATION

Zur Zeit der Reformation bestehen in den welfischen Landen vier Linien: das Haus Lüneburg und das Haus Braunschweig mit den Linien Grubenhagen, Wolfenbüttel und Calenberg.

Im Fürstentum Lüneburg regiert seit 1478 Herzog Heinrich der Mittlere[37]. Als über ihn im Verlauf der Hildesheimer Stiftsfehde, die das Fürstentum an den Rand des finanziellen Ruins getrieben hatte, 1521 die Reichsacht verhängt wird, kommt die Herrschaft nach Abfindung anderer Söhne an seinen Sohn Ernst, genannt »der Bekenner«, da er auf den Reichstagen zu Speyer (1526/1529) und zu Augsburg (1530) in der vordersten Reihe protestanischer Fürsten stand. Herzog Ernst hatte in Wittenberger Studienjahren Luther kennengelernt und sich für dessen Lehre entschieden. Die Reformation begann im Fürstentum Lüneburg im Jahre 1524 in der Residenzstadt Celle; sie wurde vom Landesherrn zunächst geduldet, ab 1526 dann öffentlich unterstützt. 1527 wurde auf dem Landtag die Reformation für Klöster, Stifte und Pfarren beschlossen und der Herzog verschaffte sich das Patronatsrecht über ihm selbst wie fremden Herren unterstehenden Kirchen.

Wurde die Reformation teilweise freiwillig durchgeführt, so widersetzten sich besonders die Klöster seines Fürstentums, an deren Gütern Herzog Ernst gesteigertes Interesse hatte. Schon 1525, ein Jahr vor dem öffentlichen Bekenntnis zur lutherischen Lehre, versuchte er eine »Inventarisierung der Klostergüter und -einkünfte sowie Hinterlegung ihrer Kleinodien, Briefe und Siegel an einem sicheren Ort«[38] durchzusetzen, die aber von den Klöstern nicht weisungsgemäß durchgeführt wurde; ebenfalls wurden verschiedene Erlasse der Visitatoren mit schärfstem Widerstand beantwortet. Da Herzog Ernst in seinem Territorium bis auf drei Männerklöster alle anderern aufgelöst und eingezogen, die verbliebenen an Besitz und Privilegien stark beschnitten hatte, ging der Widerstand zumeist von den Damenstiften aus, von denen er einige als Versorgungsanstalten für adelige Töchter erhalten mußte.

Im Fürstentum Grubenhagen begann die Reformation erst nach 1532.[39] Der von 494-1551 regierende Herzog Philipp I. bekannte sich zwar schon 1526 durch Unterschrift zur evangelischen Sache, verschaffte aber der neuen Lehre in seinem Lande vorerst keinen Eingang, wahrscheinlich bedingt durch seinen Bruder, der Bischof von Paderborn und Osnabrück war, und die katholischen Nachbarterritorien: Calenberg (bis 1540), Wolfenbüttel (bis 1568) und das zu Mainz gehörende Eichsfeld. Nach dem Tode seines bischöflichen Bruders im Jahre 1532 begann

---

[37] SEHLING, Evangelische Kirchenordnungen VI/I/1, 483-491; SCHNATH, Entstehung, 27-28.

[38] SEHLING, Evangelische Kirchenordnungen VI/I/1, 485.

[39] SEHLING, Evangelische Kirchenordnungen VI/I/2, 1023-1027; SCHNATH, Entstehung, 28.

Philipp I. die evangelische Lehre in seinem Lande einzuführen; in einem Vertrag von 1537 verpflichtete er sich, die bis dahin hartnäckig Widerstand leistenden Kollegiatsstifter zu reformieren. Über das Kirchenregiment im Fürstentum Grubenhagen sind keine Einzelheiten überliefert; 1544 sind die kirchlichen Verhältnisse durch Übernahme wesentlicher Teile der Wolfenbüttler Kirchenordnung von 1543 erstmalig geregelt worden. Aus der Zusammenschau verschiedener Nachrichten ergibt sich, daß sich die Herzöge die kirchliche Oberaufsicht über das Kirchenwesen vorbehielten und nicht nur die säkularisierten Klostergüter, sondern auch die Pfarrgüter als ihr Eigentum ansahen und mit diesen nach eigenem Gutdünken verfahren sind. 1596 starb die Grubenhagener Linie aus und fiel an Wolfenbüttel, 1617 durch Aussterben der Wolfenbüttler Linie an Lüneburg.

Das Fürstentum Wolfenbüttel wurde 1495 durch die Teilung des Hauses Braunschweig von Heinrich d. Ä. begründet, auf ihn folgten die Herzöge Heinrich d. J. (1514-1568), Julius (1568-1589) und Heinrich Julius (1589-1613), nach dessen Tode der Wolfenbütteler Zweig an die Lüneburger Linie fiel.[40]

Herzog Heinrich d. J., Bruder der katholischen Bischöfe von Minden und Bremen, war ein entschiedener Gegner der Reformation und hat seine Einstellung gegenüber der neuen Lehre in verschiedenen Ausschreiben und Mandaten kundgetan, auch Luther in einem Flugschriftenwechsel bekämpft. Dieser hat gegen ihn die Schrift »Wider Hans Worst« verfaßt. 1542 ging der Schmalkaldische Bund gegen Heinrich d. J. vor und vertrieb ihn aus dem Land; vermutlich sind diese Maßnahmen nicht nur auf den Hilferuf verschiedener vom Herzog bedrängter Städte zurückzuführen, sondern auch auf die Feindschaft mit dem Landgrafen Philipp von Hessen, einem Onkel der Herzogin Elisabeth von Calenberg-Göttingen, mit dem sich der Herzog wegen der Vormundschaft für Erich II. von Calenberg-Göttingen zerstritten hatte. Katholischer und evangelischer Fürst standen sich hier gegenüber. Die vom Schmalkaldischen Bund betriebene Reformation hatte keinen Erfolg und wurde nach der Rückkehr von Herzog Heinrich d. J. im Jahre 1547 wieder aufgehoben, die katholischen Verhältnisse wiederhergestellt.

Herzog Julius führte sofort nach seinem Amtsantritt 1568 die Reformation im ganzen Lande durch, beraten durch den württembergischen Theologen Andreae. Im gleichen Jahr wurde eine Visitation durchgeführt, im Jahr darauf wurden eine Kirchenordnung und die von Andreae verfaßte Klosterordnung erlassen. Der Geltungsbereich dieser Kirchenordnung dehnte sich nach Anfall des Fürstentums Calenberg-Göttingen im Jahre 1585 auf dieses aus.

---

[40] Vgl.: SEHLING, Evangelische Kirchenordnungen VI/I/1, 4-11; SCHNATH, Entstehung, 28-32; BRÜNING, Das Land Niedersachsen, LI.

Mit der Kirchen- und Klosterordnung war die Rechtsgrundlage des reformatorischen Kirchenwesens im Herzogtum gegeben. Trotz der Abhängigkeit des Herzogs von der Bewilligung der Finanzen durch die Landstände sind die Ordnungen ohne Beratung der Landstände erstellt und veröffentlicht, aber 1570 durch die Stände gebilligt worden. »Durch die gleichzeitig gebilligte Umwandlung der Klöster in Schulen war das Reformationswerk des Herzogs Julius endgültig gesichert.«[41] Das durch die Kirchenordnung eingerichtete Konsistorium trat direkt nach Erlaß der Kirchenordnung in Tätigkeit; obwohl seine Aufgaben genau beschrieben waren, hat Herzog Julius sich bis zu seinem Tode alle wichtigen Entscheidungen, auch entgegen den Vorschriften der Kirchenordnung, vorbehalten.

Aus den bis 1600 erlassenen Verordnungen ist zu entnehmen, daß die Herzöge immer noch gegen die katholische Konfession vorgingen; »wo sich nur irgend eine rechtliche Handhabe fand, [sich] die Patronatsrechte über geistliche Institute zuschreiben«[42] zu lassen, taten sie dies. Die frei werdenden geistlichen und Klostergüter sollten zur Füllung des Gemeinen Kastens dienen. Bemerkenswert ist, daß sich im Fürstentum Wolfenbüttel auch im 16. Jahrhundert die Männerklöster immer noch als selbständige Körperschaft behaupten konnten, da der Herzog nur Mitverwalter einsetzen konnte, die auf die Äbte, denen auch die Wirtschaftsführung der Klöster oblag, keinen großen Einfluß hatten. Bei den Frauenklöstern war die Einflußnahme durch den Herzog wesentlich leichter, da er hier die die Wirtschaftsführung innehabenden Pröpste selbst ernennen konnte. »Noch 1603 beklagte sich Herzog Julius darüber, daß viele Landsassen und Untertanen vom Adel ihre Söhne in papistischen Schulen und Klöstern erziehen ließen.«[43] Insgesamt ist festzuhalten, daß sich die Reformation in den Klöstern nur sehr schwer hat durchführen lassen. Sowohl die Männer- als auch die Frauenklöster haben erheblichen Widerstand gegen die Reformation geleistet, noch 1585 wird von katholischen Zeremonien in einem Wolfenbütteler Kloster berichtet. Erschwert hat die Reformation auch, daß sich einige Klosterleute im katholischen Ausland aufgehalten haben oder Klöster durch besondere Rechtsverhältnisse dem landesherrlichen Zugriff entzogen waren. So verwundert es auch nicht, daß sich nach dem Restitionsedikt von 1629, wenn auch nur kurzfristig, wieder katholische Konventualen in den Klöstern fanden, die von den Reformatoren mühsam reformiert oder wieder vertrieben wurden.

Wenn auch die Kleinodien und andere Werte der Klöster in einem Gewölbe in Wolfenbüttel gelagert werden, wie es die Visitations-Instruktion von 1542[44], eine

---

41 SEHLING, Evangelische Kirchenordnungen VI/I/1, 6.

42 SEHLING, Evangelische Kirchenordnungen VI/I1, 9.

43 SEHLING, Evangelische Kirchenordnungen VI/I/1, 10.

44 Vgl.: SEHLING, Evangelische Kirchenordnungen VI/I/1, 20.

Einziehung der Klostergüter, anordnet, so ist in der Klosterordnung von 1568 ausdrücklich festgestellt, daß derjenige,der

> » die güter, so einmal zur ehr Gottes ergeben sind, der kirchen Gottes entzeucht un in sein eigen nutz verwendet, der wird gewislich ein nagenden wurm und ein bös gewissen, darzu keinen segen Gottes haben und mus am jüngsten tag deshalben einen schweren stand thun«[45].

Wie im reformatorischen Verständnis zur damaligen Zeit allgemein üblich, wurde auch in der Wolfenbütteler Klosterordnung die Auffassung verteten, daß die Klöster einst Schulen gewesen seien:

> »Einmal ist es offenbar, das die herrn und manslöster anfanges nichts gewesen sind, denn schulen, darinnen unter der zucht und lere eines gelerten manne (den man abt, das ist, einen geistlichen vater genennt hat) junge knaben gehalten und auferzogen, mit welchen beides, das weltliche regiment und die kirchen Gottes, nachdem ein jeder von Gott begabet und beruffen, bestelt und besetzt worden sind. [...]. Also sind auch die jungfrauenklöster anders nichts, denn zuchtheuser gewesen, [...].«[46]

Von 1585 bis 1613 hat das Fürstentum Calenberg-Göttingen an diesem reformatorischen Kirchenregiment[47] teilgehabt; nach dem Aussterben der Wolfenbütteler Linie ist das Fürstentum an die Lüneburger Linie gefallen, das es durch Erbteilung wieder als selbständiges Fürstentum Calenberg mit Residenz in Hannover hat erstehen lassen.

Im Fürstentum Calenberg-Göttingen hat sich eine andere Entwicklung vollzogen: Klöster und Stifter sind nicht sequestriert worden, sondern eigenständige Vermögensmasse unter gesonderter Verwaltung geblieben, wie im Folgenden zu sehen ist.

---

[45] Zit. nach: SEHLING, Evangelische Kirchenordnungen VI/I/1, 288.

[46] Zit. nach SEHLING, Evangelische Kirchenordnungen VI/I/1, 301-302.

[47] Die die Calenberger Klöster betreffenden Maßnahmen sind in Kapitel 2.2.1 beschrieben.

2 Entwicklung der Calenberger Klöster vom 15. Jahrhundert bis zur Gründung von Klosterfonds und Klosterkammer im Jahre 1818

2.1 Calenbergisches Landesherrliches Kirchenregiment[48]

2.1.1 Regiment unter Herzog Erich I. (1495-1540)

Der zur Zeit der Reformation im Fürstentum Calenberg, zu dem 1512 die Herrschaft Göttingen kam, regierende Herzog Erich I. war ein folgsamer Reichsfürst, geprägt von reichsverbundener Altgläubigkeit und ritterlichen Idealen. »Er mißbilligte den neuen Glauben als ständischen Ungehorsam gegen das Reich, nicht als Reformbestrebung oder als individuellen Gewissensentscheid; ...«[49] und behielt das bislang ausgeübte Kirchen- und Klosterregiment eher aus politischen denn aus religiösen Gründen bei. Die kirchlichen Organe vermochten keine Änderung zu erreichen, die Landesherrschaft sah keinen Anlaß zu einer Veränderung. Nach dem Tode seiner ersten Frau heiratete Erich I. 1525 Elisabeth von Brandenburg, Tochter des Kurfürsten Joachim II. von Brandenburg, eines Gegners der Reformation.

Schon zu Beginn der 1530er Jahre wurde, genährt durch Besuche bei ihrer protestantischen Mutter und der Bekanntschaft Luthers, vermutet, daß Elisabeth mit

---

[48] Vgl.: Aschoff, Hans-Georg: »Herzog Heinrich der Jüngere und Herzogin Elisabeth von Braunschweig-Lüneburg«. In: *JGNKG* 82 (1984) 53-75, hier: 61-64; Brenneke, Adolf: »Herzogin Elisabeth von Braunschweig-Lüneburg, die hannoversche Reformationsfürstin, als Persönlichkeit«. In: *JKNKG* 38 (1933) 140-170, hier: 149-165; ders., Kirchenregiment der Herzogin Elisabeth, 62-260; v. Campenhausen, 450 Jahre Klosterfonds, 280-281; ders., Klosterkammer/1999, 11-19; Friedland, Klaus: »Erich I., Herzog von Braunschweig-Lüneburg (Calenberg)«. In: *NDB* 4, 584; ders.: »Erich II., Herzog von Braunschweig-Lüneburg (Calenberg)«. In: *NDB* 4, 584-585; Janicke, Karl: »Erich I., Herzog von Braunschweig und Lüneburg«. In: *ADB* 6, 203-204; Klettke-Mengel, Ingeborg: »Herzogin Elisabeth von Braunschweig-Lüneburg (Calenberg)«. In: *NDB* 4, 443-444; Klosterkammer, Klosterfonds, 11-12; Klosterkammer, Klosterkammer/ZNds, 21-22; Krusch, Klosterkammer, 20-43; Rheden-Dohna, Armgard von: »Die Säkularisation der Hildesheimer Feldklöster und der Anfang der Klosterkammer Hannover«. In: *Niedersächsisches Jahrbuch für Landesgeschichte* 69 (1997) 281-299, hier: 295-296; Schnath, Entstehung, 26-27; Sehling, Evangelische Kirchenordnungen VI/I/2, 705; Sprengler-Ruppenthal, Anneliese: »Die Herzogin Elisabeth von Calenberg-Göttingen und der Landgraf Phillipp von Hessen«. In: *JGNKG* 82 (1984) 27-52, hier: 38-52; Stalmann, Klosterkammer, 7.

[49] Friedland, Erich I., 584.

der protestantischen Sache sympathisiere. Aus einem Brief an ihren Onkel, den Landgrafen Philipp von Hessen, geht hervor, daß sie sich schon 1538 Hoffnung auf den Anschluß ihres Landes an die Reformation machte: »Woltz mit gotz hulff dahin bringen, wir wolten mit unserem lant in ewern ewigilischgen bunt komen, so sult der teifel ir son tul werten, dan er hat nicht gutz im sin«[50]. Am 2. Februar 1538 gestattete sie, wenn auch geheim, in Neustadt am Rübenberge die evangelische Predigt. Offiziell bekannte sie sich zum protestantischen Glauben, indem sie am 6. April das Abendmahl unter beiderlei Gestalt empfing.[51]

In den großen Städten des Fürstentums hatte die Reformation bereits Einzug gehalten, Göttingen (1533), Hannover (1534) und Northeim (1539) haben Herzog Erich I. gegen die Bewilligung von Finanzmitteln die Einwilligung zur Einführung der Reformation abgetrotzt. Trotz seines Willens am alten Glauben festzuhalten, ist Erich I. nicht gegen Elisabeths Vorantreiben der protestantischen Sache eingeschritten. Das mag einerseits mit der für ihn vermuteten mangelnden persönlichen Stärke zu tun gehabt haben, andererseits wird sein Handeln auch von politischen Rücksichtnahmen bestimmt gewesen sein[52].

---

[50] Elisabeth von Calenberg-Göttingen an Philipp von Hessen, 28. Januar 1538. Staatsarchiv Marburg, Pol. Arch. Nr. 1594, Bl. 30f. Zit. nach: SPRENGLER-RUPPENTHAL, Herzogin Elisabeth, 35.

[51] Die Motive der Konversion werden kontrovers beurteilt. *Aschoff* nimmt an, daß der Konversion ein echtes religiöses Anliegen zugrunde gelegen habe, wenn auch der Zeitpunkt des Übertritts in einem größeren politischen Zusammenhang zu sehen sei (ASCHOFF, Herzog Heinrich, 63). *Sprengler-Ruppenthal* hebt mehr auf den Verwirklichungsdrang Elisabeths ab und spricht von einem Denken und Handeln »in leidenschaftlichem Tatendrang bereits über den Augenblick hinaus, der es ihr doch höchstens gestattete, für ihre Person den Übertritt zur evangelischen Lehre ins Auge zu fassen« (SPRENGLER-RUPPENTHAL, Herzogin Elisabeth, 35). *Brenneke* hingegen geht davon aus, daß die Konversion ganz und gar in politischem Zusammenhang geschehen sei und ein an den Landgrafen von Hessen und den Schmalkaldischen Bund gerichtetes Notsignal darstelle (BRENNEKE, Herzogin Elisabeth, 153).

[52] Die Person Erich I. wird widersprüchlich beurteilt. *Krusch* zeichnet das Bild eines weichen, beeinflußbaren Menschen (»Erich I. hatte in Glaubenssachen, wie auch in manchen andern Dingen, ein weites Herz und war wohl auch dem Einfluß seiner jungen und nicht unberedten Gattin nicht ganz unzugänglich« KRUSCH, Klosterkammer, 23). *Brenneke* hingegen geht eher davon aus, daß Erich I. den politischen Anforderungen nicht gewachsen war und sich dankbar Aufgaben hat abnehmen lassen (»Erich I. sehnte sich immer wieder nach Erlösung von seinem Machtdruck, aber die Interessen seines Hauses fesselten ihn doch stets von Neuem [...]. Da er selbst zu unfrei war, drängten die Verhältnisse geradezu auf das Emporkommen einer Nebenregierung hin, die Erleichterung bringen konnte. Elisabeth war es, die diese politische Nebenregierung halb mit, halb wider Willen Erichs in die Hand nahm, [...].« BRENNEKE, Herzogin Elisabeth, 153). Diesen Darstellungen ist seine Biographie engegenzuhalten: Erich I. ist von einer Pilgerfahrt nach Jerusalem zurückgekehrt, hat an verschiedenen militärischen Auseinandersetzungen, teilweise auf Seiten des Kaisers, dem

Am 30. Juli 1540 verstarb Erich I.; durch kaiserliches Mandat wurden Herzog Heinrich von Wolfenbüttel und Kurfürst Joachim I. von Brandenburg zum Vormund bestellt. Sie sollten darüber wachen, daß Erich II. katholisch erzogen werde und die Reformation im Fürstentum Calenberg-Göttingen nicht Fuß fassen könne. Entgegen diesen Vorgaben wurde Erich II. protestantisch und empfing am 8. August 1540 das Abendmahl. Im Januar 1541 gelang es Elisabeth, die Vormundschaft an sich zu bringen und auf dem 1. Landtag zu Pattensen am 5. Mai 1541 übernahm sie die Regentschaft für ihren unmündigen Sohn. Wie schwach ihre Position im Lande war, zeigt das Zugeständnis an die Landstände anläßlich einer Steuerbewilligung, das sie am 19. März 1542 gewährt hatte:

»[sc. sie mußte] Prälaten, Ritterschaft und Städten alle Freiheiten und Gerechtigkeiten bestätigen, jedem, er sei geistlich oder weltlich, die freie Verfügung über

---

er das Leben rettete, teilgenommen, seine Herrschaft politisch und militärisch gegen die Nachbarfürstentümer behauptet, und die Verwaltung nach Reichsvorbild in seinem Lande neu organisiert, wenn auch mit mäßigem Erfolg. Nicht unerheblich für das unentschlossene Vorgehen wird die außenpolitische Rücksichtnahme gewesen sein; Erich I. wollte einerseits die in der Stiftsfehde von Hildesheim eroberten Gebiete sichern, andererseits mußte er sich, um sich gegen die Interessen Heinrichs d. J. von Wolfenbüttel zu versichern, mit dem Protestanten Philipp von Hessen, dem Onkel seiner Frau, gut stellen. Von erheblicher Bedeutung für das Handeln Erich I. scheint der Einfluß Elisabeths auf diesen wie auch ihr eigenständiges Regieren innerhalb des Fürstentums gewesen zu sein: nach einer ehelichen Auseinandersetzung wegen der Mätresse Anna Rumschottel, die sie zusammen mit ihren Freundinnen der Hexeninquisition angezeigt und so von der Bildfläche hat verschwinden lassen, zwang sie ihren Mann dazu, das ihr als Leibzucht eingeräumte Amt Calenberg gegen einen Komplex einzutauschen, der fast das gesamte Amt Göttingen mit Residenz in Hannoversch Münden umfaßte. Dort errichtete sie eine geordenete, ökonomisch einträgliche Hofverwaltung und führte weitgehend unabhängig von ihrem Mann eine Art Nebenregierung. Im Kampf um die Vormundschaft für ihren Sohn setzte sie sich durch und regierte trotz schwacher Machtbasis fünf Jahre das Fürstentum für ihren Sohn: *Brenneke* spricht von der vom Machtprinzip gefärbten Religiosität als Triebfeder ihres Handelns (»Jetzt, dicht am Ziel ihrer Machtwünsche, erscheint sie nur von einem einzigen, bereits über dieses Ziel hinausgreifenden Gedanken besessen, den sie, [...], auf der Stelle in die Tat umsetzen will, nämlich durch den Erlaß einer evangelischen Kirchenordnung der verwahrlosten Kirche ihres Landes das Gepräge ihrer eigenen religiösen Ergriffenheit, ihres eigenen religiösen Erlebnisses zu geben. [...]. Da wird es doch erkennbar: im Zentrum ihres Willens steht jetzt die Religion, sie erscheint nun als Dominante ihres Lebens. Elisabeth hat im Luthertum den Totalsinn ihres Daseins ergriffen, und die Verwirklichung dieses ihres höchsten Wertes steht ihr über allen anderen Rücksichten. Zugleich aber wird klar: nicht überwiegend demütig und nur empfangend hat sie ihren höchsten Lebenssinn in sich aufgenommen, er treibt sie vielmehr zu Selbstbejahung und höchster Selbstanspannung. Ihre Religiosität ist gefärbt vom Machtprinzip. Elisabeth selbst ist bereit, um den höchsten Sinn zu verwirklichen, und in einem heroischen Aufschwung begriffen«. BRENNEKE, Herzogin Elisabeth, 155).

seine Meier und Güter verbriefen und in eine Beschwerdeinstanz gegen ihre eigene Person und ihre Amtmänner einwilligen«[53].

Ihren Sohn, dem von evangelischer Seite kein großes Vertrauen entgegengebracht und an dessen Treue zur protestantischen Sache gezweifelt wurde, charakterisiert *Krusch* folgendermaßen:

»Von den guten Eigenschaften der Eltern war wenig auf ihn übergegangen, weniger die Ritterlichkeit und offene, ehrliche Art des Vaters als seine unstete Abenteuerlust und sein sorgloser Lebensgenuß, nicht der Ordnungssinn und die männliche Entschlossenheit der Mutter, wohl aber ihre Unbedachtsamkeit und Leidenschaftlichkeit [...].«[54]

2.1.2 REGIMENT UNTER HERZOGIN ELISABETH (1540-1545)

Schon bald nach dem Tode Erich I. im Jahre 1540 hatte sich Herzogin Elisabeth von dem protestantischen Pfarrer und Theologen Corvinius eine Kirchen- und Klosterordnung[55] ausarbeiten lassen, die im Mai 1542 veröffentlicht wurde und am 2. November 1542 inkraft trat. Die Visitation, an der die Herzogin bisweilen persönlich teilnahm, begann am 17. November 1542 und dauerte bis zum 30. April 1543. Hatten auch zu Lebzeiten ihres Mannes Göttingen, Hannover, Northeim und einige andere Städte die Reformation angenommen, so traf dieses nicht für die ganze Landschaft zu[56]. Auch waren weder die bereits protestantischen Städte noch die andere Teile der Landschaft bereit, sich nun dem landesherrlichen Kirchenregiment und der Visitiation zu unterwerfen; ebenfalls wollte der Adel der Herzogin keine Ansprüche über Kirchen- und Klostergüter zubilligen.

---

53 KRUSCH, Klosterkammer, 30.

54 KRUSCH, Klosterkammer, 27.

55 Abgedruckt bei SEHLING, Evangelische Kirchenordnungen VI/I/2, 708ff.; vgl.: BRENNEKE, Herzogin Elisabeth, 155-164.

56 „Hinsichtlich der übrigen Landschaft verfärbte Elisabeth das Bild freilich stark, wenn sie behauptete, sie habe gar nicht die Macht, die Landschaft von ihrem Vorhaben zu drängen und dem einen Teil zu verweigern, was ihr lieber Herr dem anderen vordem habe nachgeben müssen. Nur aus dieser Ursache sei sie veranlaßt, der Landschaft einen einhelligen Gottedienst nach dem göttlichen Wort anzurichten. Elisabeth hat auch später an dieser Version festgehalten und sie wohl auch schließlich selbst geglaubt. [...]. Indessen betrieb Elisabeth weiterhin zähe die Durchführung der Reformation. [...]. Schwerer wog, daß die calenbergischen Stände durch das gewaltsame Vorgehen der Schmalkaldener gegen Heinrich [sc. von Braunschweig-Wolfenbüttel] und durch die nicht ohne Gewalttätigkeit vorgenommene Reformation in seinem Land mit ihren Sympathien auf die Seite der unterlegenen Welfen und der Altgläubigen getrieben wurden". SPRENGLER-RUPPENTHAL, Die Herzogin Elisabeth, 47-48. Vgl.: BRENNEKE, Herzogin Elisabeth, 159-160.

Dennoch hat Elisabeth die Reformation in ihrem Fürstentum durchgesetzt. Wie aus dem »Unterricht«[57] an ihren Sohn, einer Art politischem Vermächtnis, zu entnehmen ist, betrachtete Elisabeth den Landesherrn als den obersten Vogt der Kirchengüter, der diese niemals zum Eigentum, wohl aber zum Schutz hatte. In diesem Sinne hat sie zwar erheblichen Einfluß auf die Klöster genommen, diesen jedoch ihre Selbständigkeit belassen und sie nicht zum Kammergut eingezogen.

Die von Elisabeth veranlaßte Visitation der Klöster und die Einführung der Reformation sah die Abschaffung von Ordensregel, Ordenskleid, katholischen Gottesdiensten und Fastengeboten vor. Dem Mönchsstand wurde von den Reformatoren kein besonderer Verdienst zugemessen: die Klosterinsassen konnten darum frei gehen, durften aber auch bleiben; es konnten zwar weiterhin Novizen aufgenommen werden, aber zahlenmäßig nicht mehr als früher.[58] Die Visitatoren nahmen den Bestand an Silber, Wertsachen und Kleinodien auf und inventarisierten die Klosterurkunden, Stiftungsbriefe, Privilegien und Schuldverschreibungen der Klöster, die deren kostbarsten Besitz darstellten, und nahmen Einblick in die Vermögenslage der Klöster; so wurde das ganze Klostervermögen unter landesherrliche Aufsicht gestellt[59], die auch die Verteilung der Einkünfte regelte und Dotationen festlegte. Die Überschüsse aus der Klosterwirtschaft wurden zu mildtätigen, caritativen Zwecken verwandt. Die Herzogin ließ auch die Veräußerung und Verpfändung von Klostergut verbieten.[60]

Die Visitation stieß in den Klöstern auf teilweise erbitterten Widerstand. Konnten sich die Männerklöster leichter widersetzen, bisweilen die Visitatoren und die von ihnen verordneten Verwalter einfach hinauswerfen, so gelang dies den Frauenklöstern nicht. Lag die Vermögensverwaltung der Männerklöster in der Hand des Abtes, so war bei den Frauenklöstern ein Propst für die äußere Güterverwaltung zuständig, nur die inneren Angelegenheiten wurden von der DOMINA genannten Oberin des Konventes geleitet. Widerstand gegen die Kirchenordnung

---

57 Ausführlich dazu: BRENNEKE, Kirchenregiment der Herzogin Elisabeth, 143-160.

58 »Vom Klosterleben. [...] Dessgleichen, weil keusch zu leben nicht idermann gegeben ist, Sapientiae 8 (21), so gedenken wir niemand, der sich aus dem klosterleben geben wolte in ein ehelich leben, zu verhindern odder zu halten, gedenken aber auch sonst niemand derhalben zu verjagen.« Kirchenordnung für das Fürstentum Calenberg-Göttingen von 1542. SEHLING , Evangelische Kirchenordnungen VI/I/2, 779-780.

59 »Instructio, was die verordenten visitatores [...] in der christlichen visitation handelen solen. Anno 1542. Zum virzhenden sollen die fundationes, alle privilegia, alle inname ihrer gutter, siegel, brife, schuld, verphendung und was bei ihnen gelegt ist, zudem alle kirchenkleinodia zum treulichsten inventiren und aufzeichnen lassen [...].« Visitations-ordnung für das Fürstentum Calenberg-Göttingen. Abgedruckt in: SEHLING, Evangelische Kirchenordnungen VI/I/2, 860.

60 Vgl. Visitationsinstruktion 1542, Artikel 6. Abgedruckt in: SEHLING, Evangelische Kirchenordnungen VI/I/2, 857-858.

und die von ihr vorgesehenen Reformen wurden nicht geduldet: wer sich widersetzte, wurde des Amtes enthoben. Im Sinne der Visitatoren unfolgsame Pröpste wurden ausgetauscht, später sogar durch weltliche Amtsmänner ersetzt, was der Landesherrschaft gewaltigen Einfluß verschaffte. Auch durfte die Rechnungslegung des Propstes vor dem Konvent nur in Gegenwart fürstlicher Kommissare geschehen. Widersetzten sich Klosterobere, so wurde in Gegenwart der Visitatoren der Obere neu gewählt, allerdings durfte die Wahl nur auf solche Personen fallen, »die Gots wort geneigt« waren.[61]

Die Reformation brachte also nicht nur eine einschneidende Veränderung in der geistlichen Ausprägung der Klöster, sondern der Konvent verlor auch die selbständige Verwaltung seines Vermögens an den Landesherrn, der die Oberaufsicht übernahm in der Sorge für die »ordnungsgemäße Verwaltung der Klostergüter, auf ihre Zusammenhaltung und Vermehrung gerichtet, worin die ersten Keime der heutigen Klosterkammer zu erkennen sind«[62]. Die Amtmänner der Klöster haben für die Konvente Verwaltung und Register sowie die Aufsicht im äußeren Klosterbereich geführt, wie es die Pröpste und Vögte in vorreformatorischer Zeit getan haben. Der Besitz der Klöster ist nicht angetastet und die Korporationsrechte der Klöster sind nicht geändert worden, eine Sequestrierung wie in anderen Fürstentümern der Welfenlande hat nicht stattgefunden.

2.1.3 Regiment unter Herzog Erich II. (1545-1584)

Im »Unterricht« an ihren Sohn Erich II., der seit 1545 regierte, hatte Herzogin Elisabeth ihre Anliegen bezüglich der Klöster niedergelegt: die Klöster nicht zu verpfänden, verpfändete Klöster einzulösen, desolat gewordene Klöster zusammenzulegen und ihr Vermögen für PIAE CAUSAE zu verwenden. Unter *frommen Zwecken* verstand sie Ausgaben für Bildung, für Arme, Witwen und Waisen, für Stipendien, für Siechenhäuser und Spitäler; daß die Klostergüter besonderer Herkunft sind und in diesem Sinne verwandt werden müssen, erklärt sie selbst folgendermaßen:

---

[61] »Instructio, was die verordenten visitatores [...] in der christlichen visitation handelen solen. Anno 1542. Zum funfzehenden: Wo die probste, abte, dechan, capittelsherrn oder ander prelaten, desgleichen die dominae, ebtissen und priorissen aus mutwillen Gots wort widerstreben und unser ordenung nicht gemes leben wollen, sol uns von stund an angezeigt werden. Soviel dan die probste belanget, so sollen wir dieselbiegen durch die verordenten so bald abgesetzt haben und andere darzu verordenen. Sivil aber die ebte und jungfrauenkloster belanget, wo dieselbiegen auch wider Gots Wort streben, sol durch die personen daselbs Got angeruffen und in gegenwertigkeit der visitation ein ander abt oder domina, so Gots wort geneigt, erwelet werden, [...].« SEHLING, Evangelische Kirchenordnungen VI/I/2, 860.

[62] KRUSCH, Klosterkammer, 37.

»Weil es Almussen sein, in Gots Ehre der Kirchen zu gut gegeben, lasset man sie pillich bei der Kirchen in pillichen, christlichem Breuchen pleiben.«[63].

Ihr Sohn Erich II. verfuhr jedoch nicht in ihrem Sinne: bald nach seinem Amtsantritt verfügte der wieder katholisch gewordene Herzog im Jahre 1549 eine Kirchenvisitation zur Abschaffung der Reformation. 1555 mußte er zwar der Landschaft als Gegenleistung für eine Steuerbewilligung versprechen, sie bei der lutherischen Lehre zu belassen, aber ein Vorbehalt stellte den Stiftern und Klöstern die Religionsausübung frei, was bei diesen zur Rückkehr zur katholischen Kirche führte. Auch sonst hatte Erich II. nicht viel mit den Ansichten seiner Mutter gemein.[64] Er führte die Klöster wie seine Kammergüter, verpfändete sie nach Belieben und oktroierte ihnen schwere Leistungen wie umfangreiche Wagendienste und große Ablager auf; ihre Selbständigkeit jedoch tastete er nicht an. An der zentralen Rechnungslegung der Klosterverwalter und der Rechnungskontrolle durch fürstliche Kommissare hielt er aber fest.

Als Erich II. 1584 verstarb und das Fürstentum Calenberg-Göttingen im Erbgang an die Wolfenbütteler Linie fiel, waren die Konvente wieder katholisch geworden, die Klostergüter aufgrund der landesherrlichen Ausbeutung in ruinösem Zustand, doch als selbständige Personen anerkannt.

2.2 Die Calenbergischen Klöster unter Wolfenbütteler Herrschaft

2.2.1 Regierung der Herzöge Julius (1568-1589), Heinrich Julius (1589-1613) und Friedrich Ulrich (1613-1634)[65]

Nach dem Anfall des Fürstentums Calenberg-Göttingen an Wolfenbüttel kamen die Klöster wieder unter eine protestantische Landesverwaltung durch Herzog Julius.

Sofort nach seinem Regierungsantritt im neu hinzugewonnenen Fürstentum nahm dieser das Reformationswerk der Herzogin Elisabeth wieder auf. Durch fürstliches Mandat vom Februar 1585 wurde die Wiedereinführung der Reformation angeordnet sowie die Messe und alle anderen katholischen Gebräuche verboten.

---

63 Unterricht der Herzogin Elisabeth an ihren Sohn Erich II. Zit. nach: KRUSCH, Klosterkammer, 40.

64 »Einen deutlichen Ausdruck fand die Wende in der Religionspolitik in der Verhaftung Corvins und seiner mehrjährigen Gefangenschaft auf der Feste Calenberg.«. ASCHOFF, Herzog Heinrich, 69.

65 Vgl.: V. CAMPENHAUSEN, Klosterfonds/1999, 19-20; KRUSCH, Klosterkammer, 43-54; KLOSTERKAMMER, Klosterfonds, 19-23; STALMANN, Klosterkammer, 7-8.

Mit der Abschaffung des katholischen Kultus ging die Wiederherstellung der unter Erich II. tief verschuldeten und baulich verfallenen Klöster einher; schon im Dezember 1584 hatte Herzog Julius durch seine Räte von den Klöstern Besitz ergreifen lassen, im Juni 1585 nahm er selbst die Erbhuldigung der Klöster, ihrer Insassen und aller zu den Klöstern gehörenden Untertanen entgegen. Die Wolfenbütteler Kirchenverfassung wurde auf das Fürstentum Calenberg-Göttingen ausgedehnt, und gegen den Protest der großen Städte, die für sich selbst das Kirchenregiment beanspruchten, erfolgte 1588 eine Generalvisitation aller Kirchen und Klöster durch Vertreter des Herzogs. Dieser ließ sich die Ergebnisse vortragen und verfügte dann selbst das weitere Vorgehen.

In den Calenbergischen Klöstern waren die Frauenkonvente noch lutherisch, in den Göttinger Klöstern wieder katholisch; die Männerklöster widersetzten sich nach wie vor der Reformation. Auch die Wirtschaftsführung war in verheerendem Maße erfolgt, die Klöster standen vielfach vor dem Ruin. *Krusch* resümiert:

> »Das Bild, welches die Visitation von dem Zustand der Calenberger [sc. und Göttinger] Klöster enthüllte, war im allgemeinen kein erfreuliches, und von der Durchführung der Reformation war in ihnen nach einem halben Jahrhundert noch nicht allzuviel zu spüren; der Katholizismus hielt sich mit einer Zähigkeit, und der Kampf zwischen den beiden Konfessionen konnte dem religiösen Leben unmöglich zum Segen gereichen.«[66]

Das Hauptanliegen von Herzog Julius war zunächst, die ebenso wie seine Kammerämter stark verschuldeten Klöster im Fürstentum Göttingen-Calenberg von den drückenden Pfandlasten zu befreien, die Erich II. ihnen aufgeladen hatte. Wie ehedem Herzogin Elisabeth beanspruchte Herzog Julius als Landesherr und weltlicher Obervogt das Besetzungsrecht der Propsteistellen an den Klöstern und setzte zusätzlich fürstliche Kammerbeamte als Mitverwalter ein. Seit dem Jahre 1589 erfolgte die Rechnungslegung der Frauenklöster vor dem Herzog.

Nach dem Tode Herzog Julius setzte dessen Sohn Heinrich Julius die Herrschaft fort, war aber in wirtschaftlichen Angelegenheiten weit weniger geschickt als sein Vater. Nach wie vor wurde die Wirtschaftsführung der Klöster kontrolliert, und es erfolgte eine Rechnungslegung vor fürstlichen Kommissaren. Nach und nach häuften sich jedoch auf den Klöstern wieder Schuldenlasten, da sie dem Landesherrn Darlehen durch Pfandverschreibungen gegenüber Dritten gewährten. 1603 hatte Heinrich Julius den Versuch unternommen, die Verwaltung der Frauenklöster einem sowohl ihm wie auch dem Konvent verantwortlichen Verwalter zu übertragen.

Sein Sohn Friedrich Ulrich, ebenso fromm und schwach wie sein Vater, verpachtete dann 1619 die Klöster an einen Amtmann. Die Regierung Herzog Fried-

---

[66] KRUSCH, Klosterkammer, 49.

rich Ulrichs war von wenig Durchsetzungsvermögen geprägt. Besonders durch das eigenmächtige Handeln der von ihm eingesetzten Verwalter wurde dem Land schwerer Schaden zugefügt:

> »Aber der beste Wille konnte unter den Wirren des 30-jährigen Krieges nicht viel ausmachen, und das Regiment des ungetreuen Landdrosten Anton v. Streithorst und seiner Genossen, die berüchtigte Kipper- und Wipperwirtschaft stürzte das Land vollständig ins Verderben; der Herzog wurde von Wolfenbüttel entfernt, Hof- und Ratsstube mattgesetzt, und Ämter, Klöster und Gehölze nicht anders als ihr Eigentum zu ihrem Eigennutz gebraucht: so wurden mit dem Kammergut auch die Klöster in unerhörter Weise ausgesogen.«[67]

1622 wurden die korrupten Beamten abgesetzt und es wurde ihnen der Prozeß gemacht, die Klosterverwaltung wurde der geheimen Ratsstube übertragen, die oberste Inspektion vom Herzog für die Männer-, von der Herzoginmutter für die Frauenklöster wahrgenommen. 1625 erfolgte eine Visitation der Frauenklöster. Der Herzog suchte zwar die herruntergekommenen und teilweise verwüsteten Klöster in ihren früheren Zustand zu versetzen, jedoch fehlten ihm dazu die notwendigen Mittel. Aber selbst in Zeiten der Kriegsnot ist nichts von den geistlichen Gütern zu den Kammergütern gezogen worden; die Klöster bestanden als selbständige Vermögenssubjekte fort, wenngleich die Verfügungsgewalt der Klöster über ihre Güter durch die Oberaufsicht des Landesherren eingeschränkt war. Gerade durch die Darlehen, die die Klöster dem Landesherren gewährten, standen sich beide Rechtssubjekte in Gestalt von Schuldner und Gläubiger als gleichberechtigte Partner gegenüber.

2.2.2 Verwaltung der Klosterangelegenheiten unter Wolfenbütteler Herrschaft[68]

Die Verwaltung der Klosterangelegenheiten erfolgte entgegen der Wolfenbütteler Kirchenordnung, die sie dem Konsistorium zugewiesen hatte, durch Herzog Julius persönlich, der sowohl Aufsicht als auch Leitung der Klosterangelegenheiten übernommen hatte. Auch ist die Rechnungslegung nicht durch Kirchenräte, sondern durch Kammerschreiber erfolgt. Die Klostergeschäfte wurden durch fürstliche Beamte bearbeitet, die dafür aus den Klostereinnahmen bezahlt wurden. 1591 findet sich im Wolfenbütteler Rat der erste »Klostersekretär« genannte Beamte, der neben anderen Aufgaben die für sich getrennt behandelten Klosterangelegenheiten ausführt. 1616 wird erstmals ein »Hof- und Klosterrat« genannt. Die Stelle des Klostersekretärs war mit der des Kammer- und Amtsschreibers verbunden, zu

---

[67] KRUSCH, Klosterkammer, 52.

[68] Vgl.: KRUSCH, Klosterkammer, 54-55.

der dann später ein Hof- und Klosterrat gekommen ist, der aber auch andere Aufgaben als die der Klosterangelegenheiten versehen hat.

> »Zu dem nebenamtlichen Klostersekretär ist also später als nebenamtlicher Klosterrat ein juristisch gebildeter Beamter getreten, und diese beiden nebenamtlich bestellten Beamten der fürstlichen Zentralverwaltung, des fürstlichen Rats und der Kanzlei, sind die Vorläufer der Klosterkammer.«[69]

Die Kassenführung selbst verblieb jedoch bei den Klöstern, die ihre Einnahmen und Ausgaben selbst tätigten; eine Zentralisation des Kassenwesens der Klöster bestand noch nicht.

2.2.3 DAS RESTITUTIONSEDIKT KAISER FERDINANDS VOM 6. MÄRZ 1629[70]

Mitten in die durch Kriegswirren beeinträchtigte Regentschaft von Herzog Friedrich Ulrich fiel das kaiserliche Restitutionsedikt vom 6. März 1629. Es forderte die Rückgabe aller seit dem Passauer Vertrag von 1552 reformierten Kirchengüter an die katholische Kirche. Dieses Edikt wurde in rigoroser Weise durchgeführt. Man achtete nicht immer streng auf das Datum der Reformation; daher wurden auch die im Fürstentum Calenberg-Göttingen gelegenen Klöster, die während der Regentschaft Herzogin Elisabeths in der Zeit von 1540 bis 1545 reformiert wurden, rekatholisiert. *Krusch* konstatiert:

> »Nichts nutzte dem Herzoge die Berufung darauf, daß er die Klöster vom Kaiser zum Lehen trage, daß sie in seinen fürstlichen Territorien lägen, seiner landesherrlichen Obrigkeit unterworfen seien, und ihm in geistlichen und weltlichen Angelegenheiten die Jurisdiktion und das ius episcopale kraft des Religionsfriedens zustehe, da sie vor dem Passauischen Vertrage reformiert seien«[71].

Durch den Widerstand des evangelischen Lagers, unterstützt durch Gustav Adolf v. Schweden, erwies sich das Edikt aber bald als undurchführbar und wurde 1635 im Prager Frieden suspendiert: den Evangelischen wurden die bis 12.11.1627 eingezogenen Kirchengüter für 40 Jahre zuerkannt, im Westfälischen Frieden erfolgte dann der endgültige Verzicht auf das Restitutionsedikt und mit dem 1.1.1624 als Normaltag erfolgte die Garantie aller protestantischen Kirchengutserwerbungen.

Im Fürstentum Calenberg-Göttingen sind in Ausführung des Edikts durch kaiserliche Kommissare die Klöster für kurze Zeit rekatholisiert worden, so daß zumindest anfänglich vom Verlust der landesherrlichen Oberaufsicht über die Klöster

---

69 KRUSCH, Klosterkammer, 55.

70 Vgl.: KRUSCH, Klosterkammer, 54; KLOSTERKAMMER, Klosterfonds, 20; KRUMWIEDE, Kirchengeschichte, 107; BRENNEKE/BRAUCH, Calenberger Klöster, 309-319; HOKE, R.: »Restitution«. In: HRG IV, 947-949.

71 KRUSCH, Klosterkammer, 54.

und der Nutzungsmöglichkeit in eigenen, landesherrlichen Interessen ausgegangen werden mußte. In diesem Zusammenhang ist auch die Schenkung der sogenannten »Drei Göttinger Klöster« durch Herzog Friedrich Ulrich an die Universität Helmstedt zu sehen, die sich als Versuch beschreiben läßt, diese Klöster der Restitution zu entziehen, indem sie der Universität als einer anerkannten PIA CAUSA geschenkt wurden. Durch diese Schenkung, die von den Nachfolgern Herzog Friedrich Ulrichs nicht als rechtlich verbindlich anerkannt wurde, konnten die Klöster der Rekatholisierung nicht entzogen werden. Durch die Zusammenlegung der Klöster aber und die Entkleidung ihrer juristischen Persönlichkeit ist der erste Schritt in Richtung eines zentralisierten Klostervermögens unternommen worden. So hatte die Schenkung eine sicher nicht beabsichtigte, aber bis in die Gegenwart reichende Bedeutung erlangt.

2.2.4 Die Schenkung der drei Göttinger Klöster an die Universität Helmstedt vom 11. März 1629 durch Herzog Friedrich Ulrich[72]

Den entscheidenden Schritt, dessen Folgen letztendlich zur Entstehung der Klosterkammer geführt haben, hat Herzog Friedrich Ulrich vollzogen, indem er 1629 als Beitrag des Fürstentums Calenberg-Göttingen zur einzigen Universität der welfischen Lande in Helmstedt die bei Göttingen gelegenen, durch Kriegsfolgen verwüsteten und verschuldeten Klöster Weende mit Aushof Reinholdshausen, Mariengarten und Hilwartshausen mit Aushof Diemarschen geschenkt hatte.

Nach der Schenkungsurkunde vom 11. März 1629[73] wurden die drei Klöster mit allen Gütern und Aufkünften der Universität zwecks Unterhalt angewiesen und »erb- und eigenthümlich cediert«. Nach Abzug der Tilgung von Krediten und Aufwendung für die noch vorhandenen Klosterinsassen sollten die Einkünfte als Zuschüsse zu den ordentlichen Bezügen der Universitätsprofessoren verwandt werden. Die Universität erhielt Verwaltung und Administration der Klöster und das Recht der Stellenbesetzung unter Vorbehalt fürstlicher Zustimmung, ebenfalls das Recht der Vertretung der Klöster auf dem Landtag; Veräußerung und Verpfändung war allein dem Fürsten vorbehalten. Somit waren die Klöster gänzlich unter die Verwaltung der Universität, vorbehaltlich der landesherrlichen Obrigkeit und des IUS EPISCOPALE, gekommen. In der Einziehung der Klostersiegel, Füh-

---

[72] Vgl.: KRUSCH, Klosterfonds, 55-63; KLOSTERKAMMER, Klosterfonds, 20-21.; BRENNEKE/BRAUCH, Calenberger Klöster, 329-354; BRAUCH, ALBERT: *Die calenbergischen Klöster 1634-1714* / Überarbeitet von Annelies Ritter. In: Veröffentlichungen der Historischen Kommission für Niedersachsen und Bremen (Hrsg.) / Band XII / Geschichte des Hannoverschen Klosterfonds / Dritter Teil. Hildesheim : Lax, 1976, 15-18, 23-24, 31-35, 159-198, KRUMWIEDE, Kirchengeschichte, 107.

[73] Abgedruck bei KRUSCH, Klosterkammer, Anhang F, 105-111.

rung der Verwaltung und Visitation durch Universitätsprofessoren wurde dies besonders deutlich.

In einer zweiten Schenkungsurkunde vom Mai 1633[74] wurden die Rechte der Universität gegenüber der ersten Schenkungsurkunde deutlich beschnitten. Zur Rechnungslegung wurden jetzt die fürstlichen Kommissare hinzugezogen, die Mitwirkung der Universität bei der Rechnungslegung wie die Bestellung von Universitätsmitgliedern zu Inspektoren wurde gestrichen, den Klöstern wurden wieder Dienstleistungen gegenüber dem Landesherrn auferlegt. Von besonderer Bedeutung ist, daß jetzt die Verteilung der Überschüsse der drei Klöster nicht mehr allein den Professoren der Universität zugute kommen sollte, sondern der Herzog sich die Verteilung nach eigenem Gutdünken vorbehielt. Dies tat er mit dem Hinweis auf die Gründungsabsichten der Klöster, die nicht nur weltlichen, sondern auch geistlichen Zwecken zu dienen hatten.

Bezüglich dieser Vorgänge stellt sich die Frage, welchen Zweck Herzog Friedrich Ulrich mit der Schenkung der drei Klöster an die Universität verfolgt hat. In seiner Regimentsordnung von 1629 hat er dazu vorgegeben, die Universität Helmstedt zum vorigen Wohlstand führen zu wollen. Anhand der Sachlage ergibt sich aber ein anderes Bild. Schon *Krusch* weist in seiner Abhandlung über die Klosterkammer darauf hin, daß Herzog Friedrich Ulrich durch die Schenkung, die nur vier Tage nach dem Restitutionsedikt erfolgt ist, die Restitution der Klöster verhindern wollte. Welchen Sinn sollte es auch haben, wirtschaftlich völlig ruinierte, teilweise verwüstete und abgebrannte Klöster mit hohen Schuldenlasten zu dringend benötigtem Unterhalt zu verschenken? Die Abtragung der Pfandlasten und der Wiederaufbau konnten von der Universität nicht geleistet werden, und Einnahmen waren zunächst mit Sicherheit nicht zu erwarten. Andererseits hatte den Professoren seit 1625 kein Gehalt mehr gezahlt werden können. Eine langfristig wirksame Vermögensanlage konnte der Herzog sicher nicht im Sinn gehabt haben, die Universität aber bedurfte sofort wirksamer Finanzmittel.

Im zweiten Schenkungsbrief, kurz nach erfolgter Rekatholisierung der Klöster im Jahre 1633 ausgestellt, wurden die Vorrechte der Universität zurückgedrängt. Auch der langwierige und ermüdend ausführliche Nachweis des Reformationszeitpunktes weit vor dem Passauer Vertrag 1542 unter Herzogin Elisabeth ist entfallen. So ist deutlich zu sehen, daß die Schenkung den Sinn hatte, die Restitution zu verhindern und keine in die Zukunft blickende Maßnahme des Herzogs darstellt. Sind auch im zweiten Schenkungsbrief Rechte anders gestaltet und hat sich die Verteilung der Überschüsse geändert, so bleibt doch ein Faktum festzuhalten: die drei Klöster bleiben als Vermögensmasse vereinigt und die Überschüsse werden zentral gesammelt und durch den Fürsten zugeteilt.

---

[74] Abgedruckt bei: KRUSCH, Klosterkammer, Anhang F, 111-114.

2.2.5 FOLGEN DER SCHENKUNG DER GÖTTINGER KLÖSTER FÜR DIE BEWERTUNG IHRER RECHTSPERSÖNLICHKEIT[75]

Der Versuch der Rettung der Göttinger Klöster vor der Restitution durch Schenkung an die Universität war letztlich erfolglos geblieben, aber im Zuge der Auseinandersetzungen trat sowohl die Eigentumstheorie des Landesherren wie die Rechtspersönlichkeit der Klöster deutlich hervor.

Der Streit um die Rechte an den Klöstern hatte dazu geführt, daß die alte Sonderstellung der Klöster erneut durch den Landesherren anerkannt wurde: ihr gesamtes Vermögen war dem willkürlichen Zugriff des Landesherren entzogen, auch wenn er die Stellung des Landesfürsten, Obervogtes und SUMMUS EPISCOPUS ihnen gegenüber beanspruchte: »Der Landesherr konnte mit ›seinen‹ Klöstern nicht mehr schalten und walten wie ehedem«.[76]

Gestärkt wurde die Position durch die Stände; sie sprachen seit jeher dem Landesherrn das Recht an der Nutzung der Klöster zu eigenen Zwecken ab und wachten über die Rechte der Klöster[77]. Sie vertraten die Auffassung, daß das Klostergut nur zu PIAE CAUSAE verwendet werden dürfe, da es ehemals zu derartigen Zwecken gestiftet wurde. Wenn auch zeitweise Landesherrn die Klöster wie Domanialgut genutzt haben, so wußten die Stände, auf deren Zustimmung der Landesherr bei den Landtagen angewiesen war, die Einziehung der Klöster letztendlich zu verhindern.

Als Grundlage der Beziehung der Landesherrn zu ihren Klöstern galt nach der Reformation die alles umfassende Landeshoheit, in der der Gesichtspunkt des Lehens und der der Vogteigewalt zusammengeflossen waren, erweitert durch das IUS EPISCOPALE. Dadurch, daß der Fürst Landesherr und oberster Bischof war, verfügte er in einer Hand über weltliche und geistliche Hoheitsrechte und nach Wegfall des Verfügungs- und Einspruchsrechtes der katholischen Bischöfe und Ordensoberen im Zuge der Reformation war der Landesherr auch zur uneingeschränkten Herrschaft über das geistliche Gut gelangt. Die Klostergüter waren den Kammergütern stark angenähert und wurden wie diese gebraucht, unterschieden sich nur noch in der eigenen Rechtspersönlichkeit von diesen.[78]

Die Nutzung der Klostergüter im Sinne der Kammergüter stärkte wiederum deren Rechtspersönlichkeit: im Anleiheverkehr standen sich Kloster und Fürst als Gläubiger und Schuldner im Rechtsverkehr gegenüber. *Brauch* resümiert die Positionen folgendermaßen:

---

[75] Vgl.: KRUSCH, Klosterkammer, 55-58; BRENNEKE/BRAUCH, Calenberger Klöster, 351-354; BRAUCH, Calenbergische Klöster, 194.

[76] BRENNEKE/BRAUCH, Calenberger Klöster, 335.

[77] Zu den Rechten der Stände an den Klöstern siehe auch Seite 27.

[78] BRENNEKE/BRAUCH, Calenberger Klöster, 157.

»Am Ende der dramatischen Epoche der Calenberger Klöster unter Wolfenbütteler Herrschaft haben Fürst und Kloster zwei fundamentale Stellungen gewonnen: Dem fürstlichen Regiment war es gelungen, die Klöster durch seine Verwaltung aus der Kammer heraus für die Territorialwirtschaft nutzbar zu machen, in weiterer Sicht zum Wohle für Land und Leute – Stifte und Klöster haben die Anerkennung ihrer Rechtspersönlichkeit durchgesetzt. In der Verwendung der Mittel aus geistlichem Gut hatte sich [...] ein Wandel angekündigt, der in die Zukunft wies. Mit der Schenkung der drei Göttinger Klöster [...] an die Julius-Universität zu Helmstedt war das geistliche Gut über weltliche Wege zu seinen ursprünglichen Zwecken zurückgekehrt, ›zu was Ende die Klöster von unseren löblichen Vorfahren gestiftet‹«[79].

Die Wolfenbütteler Herzöge hatten mit der Verbindung der alten Vogtei- und Lehensgewalt und dem IUS EPISCOPALE die volle Verfügungsgewalt über die Klöster erreicht: zur Wirtschaftsaufsicht war die Disziplinargewalt gekommen. Von der Art der Nutzung der Klöster erscheint es daher nicht abwegig, von einer Inkorporation der Klöster in den Staat zu sprechen, denn »ohne ihre eigene Rechtspersönlichkeit zu verlieren, bildeten sie mit dem Staat, der ihre Rechtsinteressen wahrnahm und sie seiner Aufsicht unterwarf, eine öffentlich-rechtliche Einheit«[80].

2.3 Die Calenberger Klöster unter Lüneburger (Hannoverscher) Verwaltung

2.3.1 Die Regierung der Lüneburger und Hannoverschen Fürsten[81]

Nach dem Anfall des Fürstentums Calenberg-Göttingen an die Lüneburger Linie der Welfen im Jahre 1634 änderte sich an der Lage der Klöster zunächst nichts. Wie bisher nahm der Landesherr die Oberaufsicht über die Klöster wahr, visitierte sie und kontrollierte die Rechnungslegung, tastete aber die Einkünfte nicht an. Die Klostersachen gehörten der Kirchenordnung nach wie vor in den Bereich der Konsistorialstube und für 1637 ist auch die Rechnungslegung der Klöster im Konsistorium vor dessen Vorsitzenden sowie dem Kammermeister und dem Klostersekretär berichtet.

Als sich die Lüneburger Linie 1641 in den Lüneburger Zweig mit Residenz in Celle und den Calenberger Zweig mit Residenz in Hannover teilte, blieb es bei

---

79 BRENNEKE/BRAUCH, Calenberger Klöster, 354.

80 BRENNEKE/BRAUCH, Calenberger Klöster, 158, 213.

81 Vgl.: BRAUCH, Calenbergische Klöster, 11-15, 27, 30-31; V. CAMPENHAUSEN, Klosterfonds/1999, 20-21; KRUSCH, Klosterkammer, 58-75; KLOSTERKAMMER, Klosterfonds, 20-23; SCHNATH, Entstehung, 34-41; STALMANN, Klosterkammer, 7-9.

dieser Politik gegenüber den Klöstern. 1705 starb die Celler Linie aus und fiel an das inzwischen zum Kurfürstentum erhobene Fürstentum Calenberg, das aufgrund seiner Residenzstadt als Kurfürstentum Hannover bezeichnet wird.

Nach der bisherigen Rechnungslegung vor dem Konsistorium erfolgte ab 1643 hingegen die Rechnungslegung bei der fürstlichen Kanzlei zu Hannover vor dem Vizekanzler, welcher als »Direktor der Klostersachen« bezeichnet wird, nach der im gleichen Jahre erlassenen Vorschrift für die Rechungsführung der Klosterverwalter.[82]

Wahrscheinlich hat der Rezeß Herzog Georgs von 1639, in dem er den Ständen die Reorganisation der Klosterverwaltung, Besserung der Zustände in den Klöstern und Mitsprache der Landstände bei der Vergabe etwaiger Überschüsse aus der Klosterwirtschaft versprochen hatte, dazu geführt, daß die Verwaltung der Klosterangelegenheiten entgegen den Vorschriften vom Konsistorium an die fürstliche Ratsstube gelangt ist. 1649 wurde dort einer der Hof- und Konsistorialräte zugleich zum Klosterrat mit der Aufgabenstellung, die Rechnungslegung der Klosterverwalter in des Herzogs Namen entgegenzunehmen und zu überprüfen, ernannt. Anläßlich der Ernennung wurde vom Herzog ausdrücklich darauf hingewiesen, daß diesem »als Landesfürsten die Oberdirektion der Klosterhaushaltungen unzweifelhaft zustehe und ohne sein und der Geheimen Räte Vorwissen in wichtigen Sachen keine Entscheidung darin erfolgen dürften«[83]. In der 1633 erlassenen Klosterordnung wird die Behandlung der Klosterangelegenheiten durch den Fürsten und seine Regierung sowie die Rechnungslage bei der fürstlichen Kanzlei festgeschrieben.

2.3.2 Beilegung des Streites um die Göttinger Klöster und Bildung des Klostervorrats bei der fürstlichen Kanzlei in Hannover[84]

Bezüglich der Auseinandersetzung über die Schenkung der drei Göttinger Klöster an die Universität Helmstedt von 1629/1633 kam es erst im Rezeß von 1650 zu einer endgültigen Lösung.

1635 war die Universität gemeinschaftlicher Besitz des ganzen Hauses Lüneburg geworden. Herzog Georg, der mit dem Fürstentum Calenberg-Göttingen auch die drei der Universität Helmstedt durch Herzog Friedrich Ulrich geschenkten Klöster geerbt hatte, wollte die Schenkung nicht anerkennen, zog aber die Güter zunächst auch nicht ein. Vorerst blieb der Rechtszustand ungeklärt: der Herzog

---

[82] Darstellung und Quellenangabe bei: BRAUCH, Calenbergische Klöster, 30-31.

[83] KRUSCH, Klosterkammer, 59.

[84] Vgl.: BRAUCH, Calenbergische Klöster, 15-18, 23-24, 31-35, 159-198; KRUSCH, Klosterkammer, 59-75.

zahlte der Universität zwischenzeitlich als Beitrag der Calenbergischen Lande 1200 Taler, die Professoren waren seit 1636 zu den Landtagen und zur Abstimmung unter den Prälaten zugelassen, ebenso gewährte er den Universitätsabgeordneten die Anwesenheit bei der Rechnungslegung, verwehrte jedoch alle weitergehenden Ansprüche. Als 1643 die Klosterverwalter der Göttinger Klöster nach Helmstedt reisten und mit der Universität Pachtverträge schlossen, belegte Herzog Christian Ludwig sie mit hohen Strafen. Er verwehrte auch den Professoren die Einkünfte der Klöster direkt nach Helmstedt einzuziehen, und behielt sich die freie Verwendung der von den Klöstern erwirtschafteten Überschüsse wie die Rechnungslegung bei Hofe vor. Ferner mußte sich die Universität gefallen lassen, daß Herzog Christian Ludwig aus den Einkünften der Klöster dem Göttinger Generalsuperintendenten und dem Konsistorium Beträge anwies. Die den bewilligten Betrag von 1200 Taler übersteigenden Überschüsse der Göttinger Klöster wurden seit 1635 nach Gutdünken der Herzöge verwendet, bis mit dem Rezeß von 1650 eine endgültige Entscheidung über die Göttinger Klöster getroffen wurde.

Bei den Verhandlungen vertraten die hannoverschen Gesandten die Ansicht, Herzog Friedrich Ulrich sei nicht berechtigt gewesen, die Klöster zu verschenken, und darum sei auch Herzog Georg Wilhelm nicht verpflichtet, sie bei den Gütern der Universität zu belassen; er wolle dafür anderweitig zum Unterhalt der Universität beitragen. Die Professoren betrachteten sich unter Berufung auf den sie wesentlich besser stellenden ersten Stiftungsbrief von 1629 als uneingeschränkte Besitzer der Klöster und bestanden auf der ihrer Meinung nach rechtskräftigen Schenkung. Die Wolfenbütteler Seite machte wie Hannover Vorbehalte bezüglich ihrer der Universität inkorporierten Güter.

Man einigte sich dahingehend, daß von den für die Universität notwendigen 6000 Taler von der Calenberg-Göttingschen Landschaft 1555 Taler und 20 Groschen gezahlt und der fehlende Teil durch die Wolfenbütteler Landschaft getragen wurde. Der von den Klöstern über die 1555 Taler und 20 Groschen hinaus erbrachte Überschuß sollte zur freien Verwendung des Herzogs stehen, der ihn im Sinne der PIAE CAUSAE zu akademischen Zwecken wie für Stipendien oder als Zuschuß zur Universitätsbibliothek zu verwenden gedachte und sich dabei auf die zweite Schenkungsurkunde von 1633 berief.

Zunächst deckten die Einkünfte der Klöster nicht einmal die laufenden Kosten und es bedurfte der Zuschüsse des Landesherrn. Nachdem aber seit 1646 die Klostergüter verpachtet wurden, erholten sie sich wirtschaftlich von den verheerenden Folgen des Dreißigjährigen Krieges und warfen bald wieder Überschüsse ab. Die nach und nach einsetzenden Überschüsse wurden an die fürstliche Kanzlei in Hannover eingeliefert und seit 1650 erfolgte dort die Rechnungslegung der Göttinger Klöster. 1662 wird die Berechnung der Einkünfte der übrigen Klöster und die Einlieferung der Überschüsse an die fürstliche Kanzlei beschlossen, ab 1672 erfolgt dort die gesamte Rechnungslegung. Schon seit 1667 waren die Klosterverwalter verpflichtet, der fürstlichen Kanzlei gegen Quittung die Pachtgelder einzusenden; in diesem Zusammenhang findet sich 1694 erstmals die Bezeichnung »Kurf. Kloster-Cassa«, aber es läßt sich noch kein eigens dafür Angestellter nachweisen.

Aus den Überschüssen der Klosterverwaltung bildete sich bei der fürstlichen Kanzlei der sogenannte »Klostervorrat«, der von einem »Klostersekretär« verwaltet wurde. Seit dem Regierungsregiment Herzog Johann Friedrichs aus dem Jahre 1670 wurde die Aufgabe des Kloster- oder Amtssekretärs den Geheimen Räten und Kanzleisekretären innerhalb der fürstlichen Ratsstube übertragen, von 1680 an führten diese den Titel »Klosterrat«.

Die Einnahmen des Klostervorrats bestanden hauptsächlich aus Pachtgeldern und Getreideerlösen; die Ausgaben wurden in erster Linie für die Helmstedter Universität gemäß des Beschlusses von 1650 verwandt, dann für Stipendien und sonstige einzelne Gnadenbewilligungen und waren auf den Bereich der Kultus-, Unterrichts- und Wohltätigkeitszwecke beschränkt.

Seit 1671 wurde die Unterhaltung des Konsistoriums, die bisher von den einzelnen Klöstern getragen wurde, vom Klostervorrat geleistet. Ebenfalls half der Klostervorrat einzelnen Klöstern aus, wenn diese in finanziellen Schwierigkeiten waren.

2.3.3 Bildung des »Klosterdepartements« der fürstlichen Kanzlei[85]

Allmählich zogen sich die Herzöge aus den direkten Regierungsgeschäften, zu denen bisher auch die Klosterangelegenheiten gehört haben, zurück und übertrugen diese ihren Geheimen Räten. In der 1670 von Herzog Johann Friedrich erlassenen Regimentsordnung wurden die Regierungsgeschäfte in vier Bereiche, Departements genannt, unterteilt, die jeweils von einem Geheimen- und Kammerrat geführt wurden. Diese Räte bildeten ein Kollegium, das in Gegenwart des Fürsten tagte, ihm Vorschläge bezüglich der Regierungsgeschäfte machte sowie die Entscheidungen des Fürsten umsetzte und ausführte. Im Zuge dieser Maßnahmen wurden die Klosterangelegenheiten dem Departement der »publica«, zuständig

[85] Vgl.: Brauch, Calenbergische Klöster, 15-19, 26-30, 201-204; v. Campenhausen, Klosterfonds/1999, 20-21; Meier, Ernst von: *Hannoversche Verfassungs- und Verwaltungsgeschichte: Zweiter Band: Die Verwaltungsgeschichte*. Leipzig : Dunker & Humblot, 1899, 100-105; Krusch, Klosterkammer, 64-75; Rilke, Waldemar: »Der Allgemeine Hannoverscher Klosterfonds und die Klosterkammer Hannover«. In: Berndl, Heinrich (Hrsg.) u. a.: *Lebensbilder Deutscher Stiftungen*. Band 2. Tübingen : J. C. B. Mohr (Paul Siebeck) 1971, 23-33, hier: 24.

für die Kreis- und Reichsangelegenheiten sowie Lehens-, Grenz- und Kontributionsfragen, zugewiesen. Herzog Ernst August bestätigte in seinem Regierungsregiment von 1680 diese Anordnungen, übertrug dem Departement der »publica« jedoch zusätzlich die Angelegenheiten der Helmstedter Universität. Er erweiterte die Befugnisse der Geheimen Ratsstube und verlieh ihr größere Selbständigkeit, indem er sich nicht mehr alle Angelegenheiten vortragen, sondern diese durch das Kollegium oder auch durch einzelne Räte selbständig erledigen ließ. Ebenso übertrug er das Direktorium der Ratsstube einem seiner Geheimen Räte.

Es waren jedoch nicht alle Klosterangelegenheiten in das Ermessen des zuständigen Geheimen Rates gestellt, sondern davon ausgenommen,

> »was der Klöster Jura, Pachtungen, Bestellung der Verwalter, wichtige Neubauten, Abrechnungen der Klosterverwalter und Generalklosterrechnungen, Remissionen über 50 Thlr., Vergebung der Klosterstellen, Stipendien [...] [sowie] Universitätssachen«[86]

betraf.

Nach der Übernahme der englischen Krone 1714 wurde die im Regierungsregiment von 1680 vorgenommene Zuweisung der Regierungsgeschäfte an die Geheime Ratsstube bestätigt. Durch die überwiegende Abwesenheit der Regenten aus ihren welfischen Stammlanden wuchs die Selbständigkeit der Geheimen Räte, die in Hannover immer eigenständiger regierten. 1709 wurde das Klosterdepartement zum ersten Mal provisorisch aus den »publica« ausgegliedert und einem Geheimen Rat übergeben, damit war der Ansatz zur Verselbständigung geschehen. 1726 wurde schließlich durch königliches Reskript die Trennung des Klosterdepartements von allen Kammersachen angeordnet, da König Georg I. Bedenken hatte, »das Directorium der Kammer-Sachen und das Directorium der Kloster-Sachen im königlichen Ministerio der nehmlichen Person aufzutragen, weil solche Sachen zuweilen gegeneinanderlaufen«[87].

1718 wurde erstmalig die Bezeichnung »Königliche Klosterkammer«, allerdings nicht in offizieller Verwendung, gebraucht. 1727 wurde nach dem Tode des bisher mit den Klosterangelegenheiten beauftragten Geheimen Rates die Verwaltung wieder dem Kollegium der Ratsstube übertragen, die Rechnungslegung erfolgte aber vor zwei dazu bestimmten Geheimen Räten. Als der eine von ihnen dann starb, wurden dem anderen, Gerlach Adolf v. Münchhausen, 1731 die Klosterangelegenheiten zur allgemeinen Verfügung übertragen. Im Jahre 1734 wurden Registratur und Kasse der Klosterangelegenheiten getrennt und ein Klostersekretär

---

[86] KRUSCH, Klosterkammer, 64.

[87] Reskript König Georg I. vom 19./30. Juli 1726; zit. nach dem Bericht des Kabinettsministers v. Arnswaldt an den Prinzregenten Georg vom 16. April 1818 »betreffend die Verwaltung des geistlichen Gutes«. Abgedruckt im Textanhang, 140f.

und ein Kassenverwalter eingestellt, die beide erstmalig nicht aus der Ratsstube kamen. Ebenfalls wurden v. Münchhausen die Angelegenheiten der Univeristät Göttingen, die in diesem Jahr auf sein maßgebliches Betreiben gegründet wurde, übertragen.[88] Die Angelegenheiten der Universität Helmstedt kamen 1735 zu einem anderen Departement.[89]

Entgegen den Bestimmungen des Reskripts von 1726 wird v. Münchhausen 1753 Kammerpräsident unter Beibehaltung des Kloster- und Universitätsdepartements. Nach dem Tode v. Münchhausens und später dem seines Stellvertreters kamen die nun erledigten Einzeldepartements wieder vor das Plenum des Ratskollegiums, die Aufsicht über die verschiedenen Kanzleisekretäre wurde aber einzelnen Räten zugewiesen. 1769-1791 waren Kloster- und Universitätsexpedition dem gleichen Sekretär unterstellt, »weil die Universitätskasse aus der Klosterkasse manche Hilfe erfahre, und auch in der Person des Ministers die beiden Departements kombiniert waren«[90].

---

[88] Diese Verbindung hatte große Bedeutung für die Entwicklung der Universität Göttingen, die besonders im ersten Jahrhundert nach ihrer Gründung eng mit dem Klosterfonds und seinem Vorläufer verbunden war. Schon die Vorbereitung der Universitätsgründung im Jahre 1732 wurde aus Mitteln des Klosterfonds unterstützt, seit der Gründung im Jahre 1734 trug der Klosterfonds eine feste Summe zum Unterhalt bei, die sich allmählich vergrößerte. Neben den ordentlichen Aufwendungen ist für die Universität vom Klosterfonds ein Vielfaches an außerordentlichen Leistungen gezahlt worden: 1780 standen 6126 Taler 14838 Talern gegenüber, 1849 waren es 43569 Taler und 1850 waren es neben 7200 ordentlichen schon 96000 außerordentliche Taler. »Die Zuschüsse des Klosterfonds haben zu einem raschen Aufblühen der Göttinger Universität beigetragen, und noch 1834 waren die Gesamtkosten für sie höher als für die Universität Berlin, was eben nur durch Mittel der Klosterkammer möglich war.« KRUSCH, Klosterkammer, 74. Vgl.: V. MEIER, Verfassungs- und Verwaltungsgeschichte, 110-111; HAUER, ROLF: »Gemeinsamkeiten im Leben von Stiftungen am Beispiel der Siemens-Familienstiftung und des Allgemeinen Hannoverschen Klosterfonds«. In: RÜTH, FRITZ (Hrsg.) u. a.: *Lebensbilder Deutscher Stiftungen*. Band 3. Tübingen : J. C. B. Mohr (Paul Siebeck) 1974, 141-152, hier: 147; STALMANN, ALBRECHT: »Die Klosterkammer und und der Allgemeine Hannoversche Klosterfonds unter der Herrschaft der NSDAP«. In: *Tradition: Zeitschrift für Firmengeschichte und Unternehmerbiographie* 7 (1962) 257-280, hier: 279. Eingestellt wurden die Zahlungen an die Universität Göttingen erst 1963. Siehe dazu Kapitel 4.2.3.1.

[89] Georg II. verzichtete 1745 auf seine Rechte an der Universität Helmstedt, die damit aufhörte Gesamtbesitz des Hauses Braunschweig-Lüneburg zu sein. Seit 1746 sind bei der Klosterverwaltung keine Zahlungen mehr für die Helmstedter Universität verzeichnet; statt dessen sind von dem dafür ehemalig vorgesehenen Gelde Stipendien nach Göttingen angewiesen. Vgl.: BRAUCH, Calenbergische Klöster, 195-198.

[90] KRUSCH, Klosterkammer, 69.

3 Gründung und Entwicklung des Allgemeinen Hannoverschen Klosterfonds und der Klosterkammer Hannover

3.1 Vermögen geistlicher Herkunft unter landesherrlicher Verwaltung vor 1803[91]

Das aus der Zeit der Reformation stammende Klostervermögen wurde durch eine Abteilung der fürstlichen Ratsstube, dem Klosterdepartement, verwaltet. Verwaltet wurden die inzwischen desolat gewordenen vier Männer- und vier Frauenklöster im Fürstentum Göttingen[92] sowie die fünf Calenbergischen Klöster und Stifte[93], die, 1542 in evangelische Damenstifte umgewandelt, fortbestanden und vorzugsweise zur Versorgung vaterloser, unverheirateter evangelischer Damen, möglichst hannoverscher Abkunft, erhalten wurden. Eine Rechtspersönlichkeit dieser Stifte bestand nicht mehr, sie war auf den Landesherrn übergegangen.[94] Die Überschüsse, die die Klosterverwaltung beim Klosterdepartement erwirtschaftete, wurden für Kirchen- und Schulbedürfnisse, aber auch zu Wohltätigkeitszwecken nach Ermessen des Landesherrn verwendet; die Verteilung war meist der Ratsstube übertragen.

Nicht der Verwaltung der Ratsstube unterstanden die Lüneburger Klöster. Ihr Vermögen war unter Herzog Ernst dem Bekenner 1529 zum Staatsfiskus eingezogen worden, so daß das Land seitdem für den Unterhalt der Klöster aufkommen muß. Ihre Rechtspersönlichkeit haben diese Klöster aber behalten.[95]

Durch die Maßnahmen der Säkularisation im Anschluß an den RDHS (1803) und die Neuordnung der Territorien auf dem Wiener Kongreß (1814-1815) sollte sich

---

91 Vgl.: KLOSTERKAMMER, Klosterfonds, 20-22; RICHTER, MARTIN: »Ansprache des Präsidenten der Klosterkammer Dr. iur. Dr. med. h. c. Richter«. In: KLOSTERKAMMER HANNOVER (Hrsg.): *Zum 110jährigen Bestehen der Klosterkammer in Hannover*. Hannover : Göhmann, 1928, 8-27, hier: 9-12; STALMANN, Klosterkammer, 9; KRUSCH, Klosterfonds, 75; V. MEIER, Verfassungs- und Verwaltungsgeschichte, 106-107.

92 Desolat geworden waren die Männerklöster der Benediktiner in Bursfelde und Northeim sowie die der Augustiner in Weende und Steina (Marienstein) und die Frauenklöster der Augustinerinnen in Hilwartshausen und Fredelsloh sowie die der Zisterzienserinnen in Mariengarten und Wiebrechtshausen.

93 Zu den Calenberger Klöstern gehören Barsinghausen, Mariensee, Marienwerder, Wennigsen und Wülfinghausen.

94 Vgl.: KLOSTERKAMMER, Klosterfonds, 76-79.

95 Vgl.: KLOSTERKAMMER, Klosterfonds, 74.

das Vermögen geistlicher Herkunft in den Hannoverschen Landen auf das vier- bis fünffache vermehren.[96]

3.2 Auswirkungen des Reichsdeputationshauptschlusses im Königreich Hannover

3.2.1 BESTIMMUNGEN DES RDHS BEZÜGLICH KIRCHLICHER VERMÖGENSMASSEN

Der »Reichsdeputationshauptschluß vom 25. Februar 1803« hob die geistlichen Reichsfürstentümer auf und verleibte sie anderen, weltlichen Herrschaftsgebieten ein. Er bot ebenso die Handhabe, daß kirchliche Vermögensmassen ihrer bisherigen kirchlichen Verwendung entzogen und anderen Zwecken zugeführt wurden.[97]

Für die im Friedensvertrag von Luneville (1801) an Frankreich abgetretenen linksrheinischen Gebiete wurden die von Gebietsverlusten betroffenen Reichsfürsten entschädigt durch Zugriff auf kleinere, reichsunmittelbare weltliche Herrschaften und auf reichsunmittelbare geistliche Fürstentümer. Die weltlichen Herrschaften wurden »mediatisiert«, von anderen Herrschaften aufgesogen, die geistlichen wurden »säkularisiert«. Säkularisation der geistlichen Reichsstände bedeutete zum einen, daß diese ihre staatliche Hoheitsgewalt, das »Imperium« verloren und dieses auf andere Staaten überging. Zum anderen meinte Säkularisation die Einziehung kirchlichen Eigentums zugunsten eines weltlichen Staates und betraf das Kirchenvermögen, das »Dominium«, hier sowohl das reichsunmittelbare[98] wie das landesunmittelbare[99]. Die »Einzelheiten der größten Säkularisierungsakti-

---

[96] Die *Falksche Denkschrift* irrt hier, wenn sie gleich zu Beginn die Feststellung trifft, daß »den erheblichsten Theil das aus dem Reformationszeitalter herrührende Gut« bildet. Vgl.: FALK, [MINISTER DER GEISTLICHEN, UNTERRICHTS- UND MEDIZINALANGELEGENHEITEN]: »Denkschrift des preußischen Ministers für geistliche, Unterrichts- und Medizinalangelegenheiten Dr. Falk betreffend die Entstehung, den rechtlichen Charakter und den Umfang der Verbindlichkeiten des Hannoverschen Klosterfonds nebst dem Verzeichnis dieser Verpflichtungen vom 14. November 187«. Drucksache Nr. 63 des Hauses der Abgeordneten, 13. Legislaturperiode, II. Session 1877/78. In: BÖCKLER, K. F. W. (Hrsg.): *Dritte Folge der Eberhardtschen Sammlung der Gesetze, Verordnungen und Ausschreibungen in Kirchensachen für den Bezirk des Königlichen Provinzial-Konsistoriums zu Hannover*. Hannover, 1878, 711-726. Abgedruckt im Textanhang, 154f.

[97] Vgl.: V. CAMPENHAUSEN, Staatskirchenrecht, 29-33; HUBER, ERNST RUDOLF: *Deutsche Verfassungsgeschichte seit 1789*. Band I: Reform und Restauration: 1789-1830. Kohlhammer : Stuttgart, ²1966, 43-60.

[98] Sog. Entschädigungsgut nach §§ 34 und 61 RDHS.

[99] Sog. Dispositionsgut nach § 35 RDHS.

on der deutschen Verfassungsgeschichte«[100] sind in einem Reichsgesetz, dem Reichsdeputationshauptschluß, festgelegt.

Der RDHS gewährte zwar in § 63 den Besitzstand des Kirchengutes[101], durchbrach aber an anderer Stelle diese Garantie des Kirchenvermögens. Unter Nichtbeachtung der Besonderheit des Eigentums geistlicher Fürsten, das weltlichen wie auch geistlichen Zwecken zu dienen hatte, gestatteten §§ 34 und 61 RDHS die Säkularisation der reichsunmittelbaren Fürsten als Entschädigungsgut: § 35 RDHS ermächtigte die Landesherren, das Eigentum der »fundirten Stifter« als Dispositionsgut einziehen zu können, und § 65 RDHS entzog die »frommen und milden Stiftungen« der kirchlichen Aufsicht und unterstellte sie der landesherrlichen Aufsicht und Verwaltung.

Die §§ 34 und 61 RDHS legen fest, daß die Vermögen der Domkapitel auf den Bischof übergehen und dieser Besitz einem Fürsten angewiesen wird.[102] Die Güter der »fundirten Stifter, Abteyen und Klöster« gelangen gemäß § 35 RDHS zur vollen und freien Disposition[103] des Landesherren. Die Klöster können nach Belieben auf Grundlage von § 42 säkularisiert[104] werden. § 65 RDHS schützt »fromme und milde Stiftungen« und bestimmt ihre Erhaltung, entzieht sie aber der kirchlichen Aufsicht und unterstellt sie der landesherrlichen Verwaltung[105].

---

[100] v. CAMPENHAUSEN, Staatskirchenrecht, 29.

[101] § 63 RDHS: Die bisherige Religionsausübung eines jeden Landes soll gegen Aufhebung und Kränkung aller Art geschützt seyn; insbesondere jeder Religion der Besitz und ungestörte Genuß ihres eigenthümlichen Kirchenguts [...] soll verbleiben; [...].

[102] § 34 RDHS: Alle Güter der Domkapitel [...] werden den Domänen der Bischöfe einverleibt, und gehen mit den Bisthümern auf die Fürsten über, denen sie angewiesen sind. [...]. § 35 RDHS nimmt Bezug auf die doppelte Eigenschaft des geistlichen Vermögens und schränkt die Disposition durch »bestimmten Vorbehalt der festen und bleibenden Ausstattung der Domkirchen, welche beibehalten werden« ein, doch weigerten sich die Staaten, namentlich Preußen, dieser Verpflichtung nachzukommen. Vgl.: v. CAMPENHAUSEN, Staatskirchenrecht, 31. § 61 RDHS: Die Regalien, Bischöfliche Domainen, Domkapitelische Besitzungen und Einkünfte fallen den neuen Landesherren zu.

[103] In § 35 RDHS ist die volle und freie Disposition zu fiskalischen Zwecken des Landesherrn eingeschränkt durch die Bestimmung, daß das Vermögen ebenfalls »zum Behuf des Aufwandes für Gottesdienst, Unterrichts- und andere gemeinnützige Anstalten« verwendet werden soll, doch die Festlegung der Reihenfolge und die Anteilszumessung ist nicht erfolgt und steht deshalb im Ermessen des jeweiligen Landesherrn.

[104] § 42 RDHS: Die Säcularisation der geschlossenen Frauenklöster kann nur im Einverständniß mit dem Diöcesan-Bischofe geschehen. Die Mannsklöster hingegen sind der Verfügung des Landesherrn oder neuen Besitzers unterworfen, welche sie nach Belieben aufheben oder beibehalten können. [...].

[105] § 65 RDHS: Fromme und milde Stiftungen sind [...] zu conservieren, doch so, daß sie der landesherrlichen Aufsicht und Leitung untergeben bleiben.

Durch Herausnahme von Entschädigungs-, Dispositions- und Stiftungsgut aus der Bestandsgarantie des kirchlichen Vermögens nach § 63 RDHS sind die Vermögen der Bischofsstühle, Domkapitel und Klöster auf weltliche Landesherren übergegangen. Letztendlich sind von den umfangreichen kirchlichen Vermögensmassen nur diejenigen bestehen geblieben, die der örtlichen Pfarrgemeinde gehörten, alle anderen sind der landesherrlichen Disposition anheimgefallen:

> »Sie [sc. die Kirche] behielt nur dasjenige Mindestmaß an Kirchenvermögen, das für eine dem Zeitgeist der Aufklärung gemäße und in diesem Sinn geläuterte Religionsausübung unentbehrlich war.«[106]

Folge dieser Maßnahmen war für den Staat neben der Herrschaftsmehrung durch Übernahme des »Imperium«, daß dieser durch Übernahme des »Dominium« gemäß dem Grundsatz des Haftungsüberganges bei Gesamtrechtsnachfolge[107] die auf dem Vermögen ruhenden Lasten mitübernehmen mußte: bestanden kirchliche Einrichtungen fort, für die aus jetzt säkularisiertem Vermögen Leistungen erbracht wurden, so ging diese Pflicht auf den Staat über. Infolge der Mißachtung der Bestimmung aus § 35 RDHS bezüglich der »festen und bleibenden Ausstattung der Domkirchen« mußten von den Staaten Leistungen erbracht werden, welche die »bleibende und feste Ausstattung«, die den Unterhalt der Kirchen erbringen sollte, nicht übereignet haben. Schließlich mußte gemäß § 35 RDHS ein Teil des säkularisierten Vermögens dem Gottesdienst, Unterrichts- und gemeinnützigen Anstalten zur Verfügung gestellt werden.[108] Durch die Säkularisation sind die Staaten also keineswegs frei von Verpflichtungen gegenüber den Kirchen geworden, sondern haben Leistungsverpflichtungen im Rahmen der Universalsukzession übernommen.

Der RDHS gilt über das Ende des Deutschen Reichs im Jahre 1806 hinaus als Landesrecht weiter und bis in die Gegenwart hinein. Auf ihm fußen die Säkularisationsmaßnahmen gemäß § 35 RDHS in der Zeit nach 1806 sowie verschiedene andere Staatsakte zur Neuordnung des Kirchenwesens.[109]

---

106 HECKEL, JOHANNES: »Kirchengut und Staatsgewalt: Ein Beitrag zur Geschichte und Ordnung des heutigen gesamtdeutschen Staatskirchenrechts«. In: RECHTS- UND STAATSWISSENSCHAFTLICHE FAKULTÄT DER UNIVERSITÄT GÖTTINGEN (Hrsg.): *Rechtsprobleme in Staat und Kirche*. Göttinger Rechtswissenschaftliche Studien. Band 3 (FS Rudolf Smend). Göttingen : Schwartz und Co, 1952, 104-143. Abgedruckt in: DERS.: *Das blinde, undeutliche Wort Kirche: Gesammelte Aufsätze* / Siegfried Grundmann (Hrsg.). Köln : Böhlau, 1964, 328-370, hier 343.

107 Vgl.: V. CAMPENHAUSEN, Staatskirchenrecht, 31; HUBER, Deutsche Verfassungsgeschichte, 55f.

108 Zur Frage der Ausführung siehe Anm. 31.

109 Vgl.: HUBER, Verfassungsgeschichte, 60f.

3.2.2 Folgen des RDHS für das Kurfürstentum Hannover

Im Rahmen des RDHS wurde laut § 4 auch der »König von England, Kurfürst von Braunschweig-Lüneburg«, wie es ungenau[110] heißt, entschädigt.

Für den Verzicht auf verschiedene Ansprüche[111] erhielt das Kurfürstentum Hannover das Bistum Osnabrück zugesprochen[112]. Hannover konnte aber seine Neuerwerbungen nicht nutzen, da es 1806 von Preußen besetzt und 1807 dem Königreich Westphalen zugeschlagen wurde. 1810 trat Westphalen den nordwestlichen Teil seines Gebietes, darunter auch das Bistum Osnabrück, an Frankreich ab.

Nach der französichen Niederlage 1813 und dem Wiener Kongreß wurde das Kurfürstentum Hannover zum Königreich erhoben und erhielt neben seinen alten Besitzungen die Gebiete Hildesheim, die Stadt Goslar, das Untereichsfeld, Ostfriesland, die Grafschaften Lingen und Bentheim sowie die ehemals hessische Enklave Plesse bei Northeim. Vor allem durch den Anfall der Bistümer Osnabrück und Hildesheim gelangten einige reich dotierte Klöster in hannoverschen Besitz.[113]

Die nach § 34 RDHS zusammengefaßten Vermögensmassen von Domkapitel und Bischof der Diözesen Osnabrück und Hildesheim sind nach § 61 RDHS auf das Königreich Hannover übergegangen; von den nach § 35 RDHS säkularisierten Klostergütern waren unter westfälischer Herrschaft einige verschenkt oder verkauft worden. Prinzregent Georg, der spätere Georg IV., suchte diesen Vorgang rückgängig zu machen und erließ durch Ministerialverordnung vom 8. Januar 1814 »unter Berufung darauf, daß die westfälische Regierung während der letzten Jahre einen großen Teil der Güter geistlicher Korporationen und Stiftungen im Fürstentum Hildesheim verkauft habe«[114], zunächst ein Verbot weiterer Veräuße-

---

[110] Die Kurfürstenwürde ist 1692 der in Hannover residierenden Calenberger Linie des Welfenhauses, durch Erbteilung 1635 neu entstanden, verliehen worden. Den Titel des »Herzogs zu Braunschweig-Lüneburg« führen seit der Erhebung der welfischen Lande zum Herzogtum im Jahre 1235 alle Linien dieses Hauses. Vgl.: BRÜNING, Das Land Niedersachsen, XLIXf. und LII.

[111] § 4 RDHS: Dem Könige von England, Kurfürsten von Braunschweig-Lüneburg, für seine Ansprüche auf die Grafschaft Sayn-Altenkirchen, Hildesheim, Corvey und Höxter, und für seine Rechte in den Städten Hamburg und Bremen, und in denselben Gebieten, namentlich dem Gebiete der letzteren, so wie dasselbe unten bestimmt werden wird, auch für die Abtretung des Amtes Wildeshausen: das Bistum Osnabrück. [...].

[112] Osnabrück wurde seit dem westfälischen Frieden abwechselnd von einem katholischen und einem evangelischen Bischof, wobei der evangelische aus dem Welfenhause stammen mußte, regiert. Das Bistum Hildesheim, die freie Reichsstadt Goslar und das in südhannoversche Gebiete ragende kurmainzische Eichsfeld fielen an Preußen, das sie 1807 an Napoleon verlor, der diese Gebiete wiederum dem Königreich Westphalen einverleibte.

[113] In Ostfriesland, Bentheim und Lingen befanden sich dagegen keine Klöster.

[114] FALKSCHE DENKSCHRIFT, Kap I.

rung der geistlichen Güter und ordnete eine Untersuchung an. Nachdem das Bistum Hildesheim durch die Beschlüsse des Wiener Kongresses vom 9. Juni 1815 formal an Hannover abgetreten war, erging am 25. August 1815 eine Deklaration, in der sich der Prinzregent vorbehielt,

> »nach Befinden der Umstände die Reluition solcher Güter, Parzellen und Pertinenzien, die zu Domanialgut oder zu dem Vermögen aufgehobener Stifter und Klöster gehört haben, gegen Erstattung des erweislich darauf von dem Acquirenten aus dessen Vermögen bezahlten Kaufpreises [durchzuführen]«[115].

Die im Rahmen der sogenannten »Reluition« zurückerworben Güter im Bistum Hildesheim wurden von einer »Stiftsgüter-Verwaltungskommission« verwaltet, im Bistum Osnabrück bestand ebenfalls eine eigene »Provinzialverwaltungsbehörde«, 1817 kam das Kloster Höckelheim[116] hinzu.[117]

Ergebnis der Entwicklung war, daß neben den durch die Geheime Ratsstube verwalteten Klöstern und Klostergütern der ehemaligen Fürstentümer Calenberg und Göttingen[118] infolge der Ausführung des RDHS ein Vielfaches an Vermögen[119] hinzukam; von diesem neu anfallenden Klostervermögen wurde lediglich das im Bistum Osnabrück gelegene von einer eigenen Behörde verwaltet.

---

[115] Zit. nach: FALKSCHE DENKSCHRIFT, Kap I. Zur Zahlung der Reluitionssumme wurde die »Hildesheimische Stifts- und Klostergüter-Reluitionskasse« durch eine öffentliche Anleihe errichtet, welche aus den Einkünften der reluierten Güter getilgt wurde. Diese Kasse durfte »in keiner Verbindung zu anderen herrschaftlichen Kassen« stehen.

[116] Im Verlauf der Abtretung hessischer Enklaven an Hannover durch Vertrag vom 23. September 1815.

[117] Vgl.: BERTRAM, ADOLF: *Geschichte des Bistums Hildesheim* / Dritter Band. Hildesheim und Leipzig : Lax, 1925, 213-214; V. CAMPENHAUSEN, Die kirchlichen Stiftungen, 129; RHEDEN-DOHNA, Feldklöster und Klosterkammer, 289-292. Ausnahmen von diesem Rückerwerb sind die Güter des Benediktinerinnenklosters Ringelheim, die durch Schenkungsurkunde vom 5. Mai 1803 dem Grafen von der Schulenburg-Kehnert vom preußischen König als Belohnung für die Durchführung der Säkularisation im Bistum Hildesheim überlassen wurden, sowie das Zisterzienserinnenkloster Derneburg, das der Graf von Münster für die Vertretung Hannovers auf dem Wiener Kongreß erhalten hat. Ebenfalls nicht zurückgekauft worden sind die Güter der Augustinerinnenklöster Dorstadt und Heinigen. Vgl. dazu: STALMANN, Klosterkammer 12; KLOSTERKAMMER, Klosterfonds, 26.

[118] Genaue Aufstellung siehe Kapitel 3.1.

[119] Im Bistum Hildesheim die Benediktinerklöster St. Godehard, Hildesheim und Lamspringe, Chorherrenstift Heilig Kreuz und St. Mauritius, Hildesheim, Dominikanerkloster Gronau, Augustinerkloster Grauhof, Augustiner-Chorherrenstift Riechenberg, Zisterzienserkloster Marienrode, Magdalenenkloster Hildesheim, Zisterzienserinnenkloster Wöltingerode. Im Bistum Osnabrück die Benediktinerinnenklöster Gertrudenberg/Osnabrück, Malgarten, Oesede, das Kollegiatsstift St. Johann, Osnabrück, Benediktinerkloster Iburg, Zisterzienserinnenkloser Rulle, Zisterzienserkloster Bersenbrück, Johanniterorden in Lage. Vgl.: STALMANN, Klosterkammer, 11f.

Diesen Zustand trachtete Prinzregent Georg zu ändern und beauftragte am 14. Juli 1816 Staatsminister v. Arnswaldt mit der Planung der Neuordnung der Verwaltung der in seinen Besitz gelangten Vermögen geistlichen Ursprungs.

3.3 Bericht des Ministers v. Arnswaldt vom 16. April 1818 »betreffend die Verwaltung des geistlichen Gutes«

Im Verlauf der Wiederherstellung des hannoverschen Staatswesens strebte der damalige Prinzregent und spätere König Georg IV. auch eine Neuordnung der Verwaltung des ehemaligen Klostervermögens an, da zu den bestehenden alten Klostervermögen nach der Durchführung der Säkularisation in Folge des RDHS von 1803 eine ungleich größere Vermögensmasse ehemaliger Stifter und Klöster angefallen war: neben den bisher durch die Geheime Ratsstube verwalteten Klöstern und Klostergütern, deren abgesonderte Verwaltung von Friedrich Wilhelm III. 1806 noch einmal bestätigt worden war[120], kamen die im Bistum Hildesheim vorhandenen Klostervermögen und das in der vom hessischen Landgrafen abgetretenen Enklave liegende Kloster Höckelheim sowie geistliche Güter in Ostfriesland hinzu.

Obwohl § 35 des RDHS den jeweiligen Landesherren freien Umgang mit den säkularisierten Vermögen eröffnet[121], behielten die Welfen die Art des Umganges mit ehemals geistlichem Gut bei:

> »Getreu den seit der Reformation prinzipiell oder auch nur pragmatisch befolgten Grundsätzen und im Gegensatz zu anderen deutschen Staaten wurden die neuerworbenen Klostergüter nicht dem allgemeinen Domänenfiskus zugelegt«[122].

Prinzregent Georg beabsichtigte, die neuerworbenen Vermögen der Stifter und Klöster mit dem älteren geistlichen Gut zu vereinigen[123]; zu diesem Zwecke beauftragte er den Staats- und Kabinettsminister Karl Friedrich Alexander Freiherr

---

120 »[Werde ich] sehr gern die Bitte um Bestätigung ihrer Privilegien und eine beruhigende Zusicherung der Fortdauer ihres bisherigen Daseins bewilligen und vorzüglich in dieser Rücksicht bereits die immerwährende und von den Domainen abgesonderte Verwaltung der Klosterkammer und Bestimmung ihrer Einkünfte zu milden Stiftungen, worunter die Universität den ersten Platz einnehme, genehmigt haben«. Antwort König Friedrich Wilhelm III. von Preußen an den Prorektor der Universität Göttingen, Dr. Planck, vom 24. Juni 1806. Zit. nach FALKSCHE DENKSCHRIFT, Kap I.

121 § 35 RDHS: Alle Güter der fundierten Stifter, Abteien und Klöster,... deren Verwendung... nicht förmlich festgesetzt worden ist,... der freien und vollen Disposition der respektiven Landesherrn,... als zur Erleichterung ihrer Finanzen überlassen [...].

122 KLOSTERKAMMER, Klosterfonds, 26; RHEDEN-DOHNA, Feldklöster und Klosterkammer, 297-299.

123 STALMANN, Klosterkammer, 10.

v. Arnswaldt, zugleich Kurator der Universität Göttingen, einen »Plan der künftigen Verwaltung des geistlichen Gutes vorzulegen«[124].

Den geforderten Plan legt v. Arnswaldt dem Prinzregenten am 16. April 1818 vor. Er enthält den Entwurf einer Behörde mittlerer Instanz unter Oberaufsicht des Kabinettsministeriums zur Verwaltung der Güter geistlicher Herkunft im Königreich Hannover nebst detaillierter Planung der unteren Behördenebene mit Personal- und Besoldungsvorschlägen.

Zuvor jedoch geht v. Arnswaldt der Frage der Verbindung der Verwaltung der geistlichen Güter mit der der staatlichen Domänenverwaltung nach, da er ihr großes Gewicht zumißt. Im Laufe seiner Untersuchungen haben sich für ihn nämlich »Bedenklichkeiten gegen eine Verbindung in der obern Verwaltungs-Behörde ergeben«. Vier Bedenken führt er näher aus. Zunächst stellt v. Arnswaldt fest,

> »das Interesse der beyden [sc. Kloster- und Domanial] Verwaltungen, welche hier in Frage stehen, ist nicht allein verschieden, sondern es entstehen auch zu Zeit Collisionen zwischen denselben, wobey eine Behörde, welche beyde vertreten müsste, in Verlegenheit gerathen würde«[125].

In diesem Sinne führt er ein Reskript Königs Georg I. vom 19./30. Juli 1726 an, in dem dieser »ausdrücklich die Bedenken äussert, das Directorium der Cammer-Sachen und das Directorium der Kloster-Angelegenheiten im Königlichen Ministerio der nehmlichen Person aufzutragen, weil solche Sachen zuweilen gegeneinanderlaufen«[126].

Zweitens bezieht sich v. Arnswaldt auf die »eigenthümliche Bestimmung des geistlichen Gutes«: weil der ganze Haushalt der Klosterkasse den höheren Zwekken des geistlichen Departements, den Universitäten und Schulen untergeordnet sei, müssen die Überschüsse nach den jeweiligen tatsächlichen Bedürfnissen vergeben werden, wozu es zwecks Koordination einer abgesonderten Verwaltung bedürfe.

Drittens wird ganz pragmatisch argumentiert, daß durch die Verbindung der Klosterverwaltung mit der königlichen Kammerverwaltung kaum Kosten einzusparen wären, da die Klosterverwaltung so umfangreich sei, daß die Kammerverwaltung

---

[124] Bericht des Kabinettsministers v. Arnswaldt an den Prinzregenten Georg vom 16. April 1818 »betreffend die Verwaltung des geistlichen Gutes«. Abgedruckt im Textanhang, 8.2.1.

[125] Bericht des Kabinettsministers v. Arnswaldt. Abgedruckt im Textanhang, 8.2.1.

[126] Aus diesem Grunde wird schon Kurfürst Ernst August in seinem Regierungsreglement von 1680, in dem Geheimer Rat, Domänenkammer, Justizkanzlei und Konsistorium als Verwaltungsgremien bestätigt werden, festgelegt haben, daß die Klosterangelegenheiten der Geheimen Ratsstube, dem Plenum dieser vier Gremien, übertragen wird, wohingegen die Domänenkammer die Domänenangelegenheiten selbst entscheiden konnte. Vgl.: STALMANN, Klosterkammer, 8.

bei »ohnehin überhäuften Geschäften« den Mehraufwand ohne zusätzliches Personal gar nicht bewältigen könne. Im Abschnitt über die unteren Behörden wird zudem der Nachweis bereits vorhandener und im Sinne der Klosterangelegenheiten nutzbarer Gebäude geführt, die sonst ohne Verwendung wären.

Viertens schließlich argumentiert v. Arnswaldt mit der »Rücksicht auf äussere Verhältnisse«. Bisher waren die Calenbergschen Klostergüter für sich verwaltet worden. Vertauschung und Veräußerung von Klostergut ist jedoch in verschiedenen alten Landtagsabschieden[127] untersagt, wie auch im Rezeß des Herzogs Georg aus dem Jahre 1639 ausdrücklich versprochen worden ist, bei Haushaltung und Verwaltung des Klostergutes zusammen mit den Landständen eine Verbesserung zu erreichen. Obwohl eine derartige Regelung bisher nicht getroffen wurde, bestehen diese Rechte nach wie vor und v. Arnswaldt kommt daher zu dem Schluß, kaum bezweifeln zu können,

> »daß die Vereinigung einer bisher für sich bestehenden Verwaltung mit der Königlichen Kammer-Administration zur Erneuerung veralteter, jedoch nicht erloschener Ansprüche Anlass geben mögte: umsomehr, als bey manchem die Besorgniss wohl entstehen dürfte, es könnte in künftigen Zeiten dadurch eine gänzliche Incorporation des geistlichen Guts in die Domainen herbeygeführt werden«[128].

Eine Diskussion mit den Ständen sowie eine Einmischung dieser in Verwaltungsangelegenheiten sei aber nicht wünschenswert und solle daher vermieden werden.

So liegt es auch nahe, daß v. Arnswaldt in seinem Bericht vorschlägt,

> »die vormals von dem Königlichen Ministerio unmittelbar und seit der Wiederherstellung der Landes-Verhältnisse von der hiesigen Regierungs-Behörde geführte Verwaltung der Calenbergschen Klostergüter, mit dem Hildesheimschen geistlichen Gute, welches bislang unter der Aufsicht der hiesigen Regierungs-Behörde von einer Commission in Hildesheim verwaltet worden und dem von einer besonderen Commission zu Osnabrück, unter Aufsicht der dasigen Regierung administrirten Vermögen aufgehobener Stifter und Klöster zu vereinigen, und für dieselbe eine eigene Kloster-Cammer zu errichten, welche die Angelegenheiten jener Gütermasse unter unmittelbarer Aufsicht des Königlichen Ministerii besorgen solle«[129].

Um den Vorgang der Errichtung der vorgeschlagenen Behörde zu beschleunigen, nahm sich v. Arnswaldt zusammen mit den anderen Unterzeichnern

> »inzwischen die Freyheit, hieneben ein zu erlassendes Patent über die Errichtung der Klosterkammer benebst dem Entwurfe einer diesem Collegio zu ertheilenden Instruction, zu höchstgefälliger Prüfung vorzulegen«[130].

---

[127] Bericht des Kabinettsministers v. Arnswaldt. Abgedruckt im Textanhang, 8.2.1.

[128] Bericht des Kabinettsministers v. Arnswaldt. Abgedruckt im Textanhang, 8.2.1.

[129] Bericht des Kabinettsministers v. Arnswaldt. Abgedruckt im Textanhang, 8.2.1.

[130] Bericht des Kabinettsministers v. Arnswaldt. Abgedruckt im Textanhang, 8.2.1.

In einem kurzen Antwortschreiben[131] vom 8.Mai 1818 machte sich Prinzregent Georg die beigebrachten Vorschläge zu eigen und errichtete durch Unterzeichnen des beigefügten, vorentworfenen Patents vom 18. Mai 1818 die »Königliche Klosterkammer zu Hannover«; ebenso wurde das durch v. Arnswaldt vorgeschlagene »Collegio« zur Verwaltung der Klosterangelegenheiten eingerichtet.

3.4 Gründung der »Königlichen Klosterkammer« durch Patent vom 8. Mai 1818

Nach den Plänen des Ministers v. Arnswaldt ist am 18. Mai 1818 das königliche »Patent über die Errichtung einer allgemeinen Kloster-Cammer zu Hannover«[132] erlassen und die Klosterkammer gegründet worden.

Das Patent führt zunächst die Tradition der Welfen an und spricht von ruhmwürdigen Taten der in Gott ruhenden Vorfahren, die sich der besonderen Herkunft des ehemals geistlichen Vermögens bewußt waren und dieses nicht, wie allgemein üblich, mit dem Staatsvermögen unterschiedslos verschmolzen haben, sondern

> »die Einkünfte der aufgehobenen Stifter und Klöster zu einem unter dem Namen der Kloster-Cammer besonders verwalteten Fond vereinigt, um davon, nach der ursprünglichen Absicht der Fundatoren, jedoch auf eine, den Erfordernissen der Zeit angemessene Art, die geistlichen Bedürfnisse Unserer Unterthanen nach Möglichkeit zu befriedigen und solche namentlich für Kirchen, Schulen, höhere Gymnasien und wohlthätige Anstalten aller Art zu verwenden«[133].

Prinzregent Georg wahrt die beschriebene Tradition des als ruhmwürdig beschriebenen Verhaltens seiner Vorfahren und verfügt in der gleichen Intention die Vereinigung der dem RDHS unterliegenden Güter aufgehobener geistlicher Stiftungen und Klöster in den von Hannover neu erworbenen Provinzen[134] mit den geistlichen Gütern der alten Provinzen:

> »[...] um die von Uns beabsichtigte Verwendung auf ewige Zeiten zu sichern: so haben Wir erwogen,... die Verwaltung dieses geistlichen Gutes,... in eine Administration zu vereinigen, und diese durch eine eigene, unter unmittelbarer Aufsicht

[131] Abgedruckt im Textanhang, 8.2.2.

[132] HannGS I. 1818, 11.

[133] HannGS I. 1818, 11.

[134] Das sind die Fürstentümer Hildesheim, Osnabrück, die Herrschaft Plesse bei Northeim, ehemals Enklave des Landgrafen von Hessen-Rotenburg im Fürstentum Calenberg-Göttingen, Goslar, das Untereichsfeld, Ostfriesland und die Grafschaften Lingen und Bentheim.

Unseres Staats- und Cabinets-Ministerii stehende und in Unser Residenzstadt Hannover hiedurch errichtete, Kloster-Cammer führen zu lassen«[135].

Das Patent hatte zur Folge, daß die von der Geheimen Ratsstube verwalteten Klöster und Klostergüter zusammen mit dem neu hinzugekommenen Vermögen der dem RDHS von 1803 in den Gebieten Hildesheim, Osnabrück und der Herschaft Plesse unterliegenden Klöster[136] seit dem 26. Juni 1818, dem Tag der Eröffnung der Klosterkammer, von einer unter unmittelbarer Aufsicht des Staats- und Kabinettsministeriums stehenden selbständigen Landesbehörde verwaltet wurden. Mit Errichtung des Kultusministeriums durch Patent vom 30. April 1832 wurde die Klosterkammer diesem Ministerium zur Aufsichtsführung unterstellt und verblieb dort.

Die Behörde wurde regional gegliedert in ein Calenbergisches, Hildesheimisches und Osnabrücksches Departement unter Leitung je eines Rates; einer dieser Räte stand dem Gesamtdirektorium als Leiter vor, ähnlich der Struktur der Geheimen Ratsstube, in der Entscheidungen in Klosterangelegenheiten nur von allen vier vertretenen Gremien gemeinsam gefällt werden konnten.

3.5 Versuch der Einflußnahme auf den Allgemeinen Klosterfonds durch die Ständeversammlung[137]

Zweimal, sowohl 1819 als auch noch einmal 1821, versuchte die Ständeversammlung Einfluß auf den Klosterfonds zu gewinnen, indem sie auf dem Landtag die Vorlage des Etats beantragte. Durch königliches Reskript vom 21. Januar 1822 wurde dieses Ansuchen mit der Begründung abgelehnt, daß der Antrag angesichts der Bestimmungen des Gründungspatents über den Klosterfonds von unbegründetem Mißtrauen gegen den Regenten und seine Exekutive zeuge.

In das Staatsgrundgesetz von 1833 ist das Ansinnen der Stände dann doch aufgenommen worden und der Ständeversammlung ging seitdem jährlich eine Ausgabenübersicht zur Kenntnisnahme[138] zu, Einflußmöglichkeiten auf die Verwaltung des Fonds erhielt sie aber nicht. Das Landesverfassungsgesetz von 1840 über-

---

135 HannGS I. 1818, 45.

136 Mit Ausnahme der der Reluition entzogenen Vermögen. Siehe Anm. 117.

137 Vgl.: KLOSTERKAMMER, Klosterfonds, 34-35, 50; V. MEIER, Verfassungs- und Verwaltungsgeschichte, 109-110.

138 § 71: [...]. Die Verwaltung dieses Vermögens untersteht der Leitung des Ministerii, jedoch soll der allgemeinen Ständeversammlung jährlich eine Übersicht der Verwendungen aus demselben mitgetheilt werden. [...]. HannGS I. 1833, 286.

nimmt in § 79 Abs. 3 diese Bestimmung und erweitert sie um die Bekanntgabe der Substanzveränderungen.[139]

Die Mitteilungen über die Führung des Klosterfonds wurden seit dieser Zeit beibehalten; zu preußischer Zeit erfolgten sie gegenüber den Provinzialständen, dann dem Provinziallandtag und dem Abgeordnetenhaus. Nach dem ersten Weltkrieg nahm der Klosterkammerpräsident auf Beschluß des preußischen Staatsministeriums als Kommissar des Oberpräsidenten der Provinz Hannover an den Provinziallandtagen teil, um über die Arbeit der Klosterkammer Auskunft geben zu können. Bis heute wird dieser Bestimmung Folge geleistet: obwohl der Landtag nach wie vor kein Budgetrecht hat, unterrichtet die Klosterkammer einmal im Haushaltsjahr den niedersächsischen Landtag in Verfolg § 79 Abs. 3 des Landesverfassungsgesetzes von 1840 über ihre Arbeit.

3.6 Verfassungsrechtliche Bestimmungen des Königreichs Hannover bzgl. Klosterfonds und Klosterkammer

In der Ständischen Verfassung von 1819 wird die Klosterkammer nicht erwähnt, jedoch ist das Patent zur Errichtung vom 8. Mai 1818 in der Gesetzessammlung von 1818 in der Abteilung I, Verfassungsrecht, abgedruckt.

Die erste Erwähnung der Klosterkammer in einem Verfassunggesetz erfolgte im liberalen Grundgesetz König Wilhelm IV. vom 26. September 1833[140]. In § 71 wird festgelegt,

> »das von den vormaligen Klöstern und anderen ähnlichen Stiftungen in verschiedenen Theilen des Königreichs Hannover herrührende zu einem abgesonderten Fonds vereinigte Vermögen soll für immer von allen anderen Staatscassen getrennt bleiben und allein zu den erforderlichen Zuschüssen behuf der Bedürfnisse der Landesuniversität, der Kirchen und Schulen und zu wohlthätigen Zwecken aller Art verwendet werden«.

Durch die Bestimmung »für immer von allen anderen Staatscassen getrennt« ist die Vermögensmasse des Fonds abgegrenzt und ein Sondervermögen, im Sinne der Verfügung des Gründungspatents, die »Verwendung auf ewige Zeiten zu sichern«, geworden. Die in der Gründungsurkunde genannten Zuschußempfänger sind in § 71 wiederholt genannt, ergänzt um die Landesuniversität. Es handelt sich hier jedoch nicht um eine Vermehrung der Zuschußberechtigten, vielmehr ist

---

[139] § 79 Abs. 3: Den allgemeinen Ständen soll am Anfange eines jeden Landtags eine Übersicht der daraus Statt gehabten Verwendungen und der mit der Substanz desselben vorgegangenen Veränderungen mitgetheilt werden. HannGS I. 1840, 141.

[140] HannGS I. 1833, 286.

die Universität als eine PIA CAUSA anerkannt und schon früher gefördert worden, so daß sich inhaltlich keine Neuerung ergibt.

Weiterhin wird in Verfolg der Gründungsurkunde festgelegt, daß die Verwaltung der Vermögensmasse dem Ministerium unterstellt bleibt, »jedoch soll der allgemeinen Ständeversammlung jährlich eine Übersicht der Verwendungen aus demselben mitgetheilt werden«[141]. Diese Vorschrift stellt eine Erweiterung gegenüber dem Gründungspatent dar. Der bisher als Mißtrauen gegen die königliche Regierung abgelehnte Wunsch auf Einsichtnahme in den Haushalt der Klosterkammer ist hiermit gesetzlich verankert worden.[142] Der Schlußsatz bezüglich der Veräußerungseinschränkung der Vermögensmasse ist die sinngemäße Umsetzung des Anliegens des Gründungspatents, die »Verwendung auf ewige Zeiten zu sichern«[143]: um den Bestand des Vermögens zu sichern, ergeht ein eingeschränktes Veräußerungsverbot, das nur Umverteilung, aber nicht Veräußerung des Vermögens zuläßt, um den Bestand zu sichern.

In der am 6. August 1840 durch König Ernst August oktroierten neuen Verfassung, dem »Landesverfassungsgesetz für das Königreich Hannover«[144], wurden die Einrichtungen von Klosterfonds und Klosterkammer unter § 79 behandelt; zu § 71 des Grundgesetztes von 1833 bestehen sachlich wie sprachlich kaum Unterschiede. Die Vorschriften über die Klosterkammer bleiben im Range von Verfassungsbestimmungen und lauten wie folgt:

> § 79. Das von den vormaligen Klöstern und ähnlichen Stiftungen in den verschiedenen Theilen des Königreiches herrührende, zu einer abgesonderten Masse vereinigte Vermögen soll von den übrigen öffentlichen Cassen gänzlich getrennt bleiben, und allein zu Zuschüssen für die Landesuniversität, für Kirchen und Schulen, auch zu milden Zwecken aller Art verwendet werden. Die Verwaltung gebührt allein der vom Könige dazu bestellten Behörde. Den allgemeinen Ständen soll am Anfange eines jeden Landtags eine Übersicht der daraus Statt gehabten Verwendungen und der mit der Substanz desselben vorgegangenen Veränderungen zur Nachricht mitgetheilt werden. Veräußerungen einzelner Theile dieses Klostervermögens sind, der Regel nach, unzulässig und können nur unter denselben Bedingungen und Voraussetzungen Statt finden, unter welchen eine Veräußerung von Domainen und Regalien zufolge § 131 dieser Verfassungs-Urkunde erlaubt ist.

---

[141] HannGS I. 1833, 286.

[142] Vgl.: KLOSTERKAMMER, Klosterfonds, 34.

[143] HannGS I. 1818, Nr. 11.

[144] HannGS I. 1848, 141.

3.7 Annexion des Königreichs Hannover durch Preußen

3.7.1 Neuordnung der Gesetzgebung im Königreich Hannover 1866

Aufgrund der Annexion des Königreichs Hannover durch Preußen, galt ab 1. Oktober 1867 im ehemaligen Königreich Hannover die preußische Verfassung, die hannoversche Landesverfassung von 1840 war außer Kraft gesetzt.[145] Die noch ausstehenden Ausführungsbestimmungen zu diesem Gesetz folgten wenig später: Preußen nahm mit allen Rechten der Landeshoheit und der Oberherrlichkeit die annektierten Länder in Besitz und verleibte sie sich ein, einschließlich sämtlicher Zubehörden und Ansprüche der Länder, die das vormalige Königreich Hannover gebildet hatten[146]. Die Ausführungsbestimmungen schränken die generelle Außerkraftsetzung der hannoverschen Gesetze dahingehend ein,

> »alle Gesetze und Einrichtungen der bisherigen Hannoverschen Lande zu erhalten, soweit sie Ausdruck berechtigter Eigenthümlichkeiten sind und in Kraft bleiben können, ohne den durch die Einheit des Staates und seiner Interessen bedingten Anforderungen Eintrag zu thun«[147].

§ 79 der hannoverschen Landesverfassung, der die Einrichtung von Klosterkammer und Klosterfonds regelte, blieb somit weiterhin geltendes Recht, jedoch nicht mehr im Range einer Verfassungsbestimmung, sondern mit einfacher Gesetzeskraft.

Zu ihrem Fortbestand bedurften Klosterfonds und Klosterkammer der Anerkennung als »landeseigentümliche Einrichtung«, wie es das Patent fordert. Bezüglich der Stellung von Fonds und Kammer standen sich die vom Minister für geistliche, Unterrichts- und Medizinalangelegenheiten und die vom Finanzminister vertretenen Auffassungen entgegen. Die Klärung der Rechtsstellung im Sinne des Ministers für geistliche, Unterrichts- und Medizinalangelegenheiten ermöglichte den Fortbestand von Klosterkammer und Klosterfonds.

---

145 Gesetz vom 20. September 1866, »betreffend die Vereinigung des Königreichs Hannover, [...] mit der preußschischen Monarchie«. PrGS. 1866, 555f.

146 »Patent wegen Besitznahme des vormaligen Königreichs Hannover« vom 3. Oktober 1866. PrGS 1866, 591f.

147 Gesetz vom 20. September 1866, »betreffend die Vereinigung des Königreichs Hannover, [...] mit der preußschischen Monarchie«. PrGS. 1866, 555f.

3.7.2 ANERKENNUNG DES KLOSTERFONDS UND DER KLOSTERKAMMER ALS »BERECHTIGTE EIGENTHÜMLICHKEIT DER HANNOVERSCHEN LANDE« DURCH PREUßEN

Zunächst ging die Aufsicht über die Klosterkammer vom Hannoverschen Kultusministerium, dem sie am 30. April 1832 unterstellt worden war, auf den preußischen Minister für geistliche, Unterrichts- und Medizinalangelegenheiten über. Dieser hatte seine Auffassung[148] von der rechtlichen Selbständigkeit und Notwendigkeit der gesonderten Verwaltung zunächst vor allem gegen den Finanzminister zu verteidigen, der die Verwaltung des Fonds auf die seiner Zuständigkeit unterstehende Domanialverwaltung zu übertragen suchte.

Anfang 1874 verlangte das Abgeordnetenhaus eine Denkschrift über Klosterfonds und Klosterkammer; gleichzeitig ergingen zahlreiche Proteste von Kirchengemeinden, Kommunen und Landschaften an die preußische Regierung, den Klosterfonds nicht als Bestandteil des Staatsvermögens zu behandeln und damit als selbständiges Vermögen im Staatsfikus aufgehen zu lassen. In der am 14. November 1877 von Minister Dr. Falk dem Abgeordnetenhaus vorgelegten sogenannten »*Falkschen Denkschrift*«[149], »die von grundlegender und für die Beurteilung der Rechtsnatur des Fonds wegweisender Bedeutung«[150] ist, wurde der Klosterfonds als eine »mit selbständiger juristischer Persönlichkeit versehene Stiftung, deren rechtliche Vertretung und Verwaltung von der Klosterkammer in Hannover geführt wird«, charakterisiert.

Durch königliche Genehmigung vom 23. August 1878 wurde dem Reorganisationsplan der Klosterkammerverwaltung[151] zugestimmt und bestätigt, daß »die Klosterkammer das zur rechtlichen Vertretung und zentralen Verwaltung des Allgemeinen Klosterfonds berufene Organ«[152] sei.

Durch diese Maßnahmen war der Fortbestand der Klosterkammer gesichert, auf die rechtliche Beurteilung in der *Falkschen Denkschrift* wurde sich im Laufe der Zeit zwecks Feststellung der Rechtsnatur des Klosterfonds mehrfach bezogen.[153] Die wenig später erfolgte Übertragung der Aufsicht und schließlich der Verwaltung des Verdener Domstrukturfonds an die Klosterkammer bestätigte die Anerkennung dieser Institution. Ein weiteres Zeichen dafür ist auch, daß dem Direktor

---

[148] Vgl.: KLOSTERKAMMER, Klosterfonds 32-34.

[149] Abgedruckt im Textanhang, 8.4.3.

[150] KLOSTERKAMMER, Klosterfonds, 33.

[151] Straffung und Zentralisierung der Verwaltungsstrukturen. Vgl.: KLOSTERKAMMER, Klosterfonds, 34.

[152] KLOSTERKAMMER, Klosterfonds, 34.

[153] Siehe dazu Kapitel 5.

der Klosterkammer 1910 zusammen mit den Vorsitzenden der königlichen Konsistorien der Amtstitel »Präsident« verliehen wurde.[154]

3.8 Klosterkammer und Klosterfonds während der NS-Zeit

Der über die Zeit der NS-Herrschaft vorliegende Bericht[155] des von 1931 bis 1955 amtierenden Präsidenten der Klosterkammer, Albrecht Stalmann, trägt den Untertitel »Der zwölfjährige Kampf um das Bestehen der Klosterkammer«. Er spiegelt die vielfältigen Versuche wider, Klosterfonds und Klosterkammer zu verändern, zu dezimieren oder ganz aufzulösen. Die zu Beginn gestellte Frage »Wie wird sich die Partei zu einer derartigen historischen und auf Tradition gegründeten Einrichtung stellen, wie es die Klosterkammer und der von ihr verwaltete Hannoversche Klosterfonds ist?«[156] läßt sich vorwegnehmend kurz beantworten: Sie wird versuchen, ihre Verfügungsgewalt auf Klosterfonds und Klosterkammer auszudehnen.

Der erwartete Versuch der Partei, gegen die Klosterkammer vorzugehen und diese für eigene Zwecke oder zugunsten von Parteifreunden nutzbar zu machen, ließ nicht lange auf sich warten; neben immer wieder vorkommenden Versuchen auf der unteren Ebene, bei der Klosterkammer eine Senkung der Pachten für Parteigenossen zu erreichen, erfolgte ein erster Vorstoß auf Ministerialebene bereits 1934 und leitete eine Folge verschiedenster Versuche ein, die Klosterkammer entgegen ihrem Stiftungszweck und ihren Stiftungsgrundsätzen für Staats-, Partei- oder Privatinteressen zu verwenden. Die Klosterkammer konnte jedoch keinem dieser Versuche auf Bevorteilung nachgeben, da sie dadurch ihren Stiftungszweck verletzt und ihre Vermögenssubstanz gefährdet hätte.

1934 forderte Landwirtschaftsminister Darré die Übertragung des landwirtschaftlich genutzten Grundbesitzes des Hannoverschen Klosterfonds (wie den anderer ähnlicher Stiftungen in Preußen) auf den Landwirtschaftsminister und des forstwirtschaftlich genutzten Grundbesitzes auf den Preußischen Landesforstmeister. Weiterhin suchte er eine Auflösung der Klosterkammer und Verteilung ihrer Verwaltungsaufgaben auf die jeweiligen Regierungspräsidenten zu erreichen. Die Auflösung der Klosterkammer ist nicht zustande gekommen, aber durch den Ministerialbeschluß, daß die Entscheidung des Fachressorts (Landwirtschafts- und Forstministerium) für die Fondsverwaltung bindend sei, ist die einheitliche Ver-

[154] »Allerhöchster Erlaß, betreffend die Führung des Amtstitels ›Präsident‹ durch die Vorsitzenden der Konsistorien und der Klosterkammer in Hannover. Vom 2. August 1910«. PrGS 1910, 258.

[155] Vgl.: STALMANN, Klosterkammer und NSDAP, 257-280; KLOSTERKAMMER, Klosterfonds, 35-37.

[156] STALMANN, Klosterkammer und NSDAP, 257.

waltung des Klosterfonds in der Zentralinstanz unmöglich gemacht worden. Besonders auf die seit 1885 selbständig geführte Forstverwaltung, für die bisher die Fachressorts nur Empfehlungen an das zuständige Kultusministerium machen konnten, wirkten sich die oftmals von parteipolitischem Interesse diktierten Erlasse negativ aus.

Im Jahre 1935 beschritt das Landwirtschaftsministerium einen anderen Weg, die Arbeit von Klosterfonds und Klosterkammer zum Erliegen zu bringen, indem landwirtschaftlicher Besitz für Siedlungszwecke in Besitz genommen werde sollte. Ungeachtet bestehender Verträge sollten Besiedlungen durchgeführt werden, was aber oftmals, zugunsten der Klosterkammer, an der mangelnden Besiedlungsfähigkeit des Landes scheiterte. In einigen Fällen erzwang das Landwirtschaftsministerium die Hergabe der Güter zu Siedlungszwecken zu einer Entschädigung, »daß der Verkauf der Güter praktisch ein Verschenken der Güter war«[157], doch erfolgte die beabsichtigte Besiedlung letztendlich doch nicht. Allerdings mußte die Klosterkammer für die Umsiedlung aufgrund militärischer Erfordernisse Land zur Verfügung stellen, zu dessen Abgabe sie bei unter Wert liegender Entschädigung gezwungen wurde. Bei dem für Wehrmachtszwecke abgegebenen Land ist es dem damaligen Präsidenten gelungen, der Klosterkammer bei Entfall der militärischen Nutzung ein Wiederkaufsrecht durch Grundbucheintrag zu sichern. Erschwerend kam bei den Verhandlungen mit militärischen Stellen hinzu, daß praktisch keine Möglichkeit zur Bedarfsprüfung gegeben war, »obwohl in einigen Fällen mit großer Wahrscheinlichkeit gesagt werden kann, daß für die Grenzziehung nicht allein militärische Gesichtspunkte maßgebend waren [...]«[158]. Im Rahmen der Umsiedlungsmaßnahmen der Großdeutschen Umsiedlungsgesellschaft, bei denen im Zuge der Schaffung der Hermann-Göring-Werke 1940 das Klostergut Steinbrück verloren ging, wurde in ständiger Folge von der Reichsstelle für Landbeschaffung versucht, weitere Klostergüter zur Besiedlung zu verwenden, wenn auch ohne Erfolg.

Auch versuchten verschiedene Parteistellen oder davon Abhängige, von der Klosterkammer Land unter Wert zu kaufen, Pachtzinsen auf dem Beschwerdewege zu senken oder Erbbaugrundstücke zu erwerben. Obwohl der Klosterkammer gesetzlich[159] die Hände gebunden waren, hat ihr Verhalten zu Schwierigkeiten geführt.

Die kirchenfeindlichen Maßnahmen der Regierung, die unter anderem eine Umbenennung des Allgemeinen Hannoverschen Klosterfonds in »Staatlicher Kultur-

---

157 STALMANN, Klosterkammer und NSDAP, 261.

158 STALMANN, Klosterkammer und NSDAP, 264.

159 § 79 Landesverfassungsgesetz von 1840: [...]. Veräußerungen einzelner Teile dieses Klostervermögens sind [...] unzulässig.

fonds« und der Klosterkammer in »Staatliche Kulturfondsverwaltung« verfügte[160], zielten auf eine Minderung der Leistungen für kirchliche Zwecke ab. Alle Leistungen, für die keine Rechtsverpflichtung bestand, sollten eingestellt werden. Allerdings ließen sich für viele Leistungen, die schon seit längerer Zeit übernommen waren, aufgrund der Rechtsunsicherheit Rechtsverpflichtungen annehmen, so daß auch weiterhin Zahlungen an die Kirchen über die von der Partei nicht zu unterbindenden Zahlungsverpflichtungen hinaus geleistet wurden. Besonders im Rahmen der Bewilligung von Zuschüssen zur Bauunterhaltung konnten den Kirchen erhebliche Zuschüsse aus dem Klosterfonds gewährt werden.

Ein weiterer Eingriff erfolgte 1943, als Generalfeldmarschall Keitel auf Anordnung des Führers die Möglichkeit erhalten hatte, sein Gut Helmscherode krisenfest zu machen. Zu diesem Zweck gedachte Keitel, den an das Gut angrenzenden Klosterforst bester Güte weit unter der Hälfte des tatsächlichen Wertes zu kaufen. Nach langwierigen Verhandlungen konnte die Klosterkammer nicht verhindern, daß es diesem schließlich gelang, das Land für etwa 75% des Wertes zu erwerben.

Auch per Gesetz wurde versucht, den Grundbesitz der »toten Hand«[161] mit dem Ziel, durch Neuerwerbsverbot den Grundbesitz allmählich aufzulösen, einzudämmen. Die in Reichssiedlungsgesetz und Grundstücksverkehrsbekanntmachung enthaltenen Ausnahmebestimmungen zugunsten von Kirchen und milden Stiftungen wurden aufgehoben und Genehmigungen für den Erwerb von Grundbesitz generell nicht mehr erteilt. Die Regelung der Nichterfordernis staatlicher Genehmigung bei Vorliegen der Kaufvertragsgenehmigung durch einen Reichsminister, was durch den für die Klosterkammer zuständigen Reichserziehungsminister gegeben sein konnte, wurde auf Drängen des Reichsernährungsministeriums durch interne Maßnahmen verhindert. Schließlich wurden Verkaufsverhandlungen über landwirtschaftlich genutzten Grundbesitz ohne besondere Genehmigung auf Veranlassung des Reichsernährungsministeriums ganz verboten. Die erzwungenen Landhergaben trafen den Klosterfonds besonders empfindlich, weil ihm Neuerwerbungen von landwirtschaftlicher Nutzfläche zum Ausgleich für die Landabgabe vom Landwirtschaftsministerium generell nicht mehr genehmigt wurden.

Die noch bestehenden Damenklöster waren ebenfalls Objekt der Begierde. Wiederholt wurde versucht, die Klosterinsassen zu vertreiben und die Gebäude anderweitig nutzbar zu machen, was aber von Seiten der Klosterkammer immer wieder verhindert werden konnte.

---

[160] Verfügung des Reichsminsters für Wissenschaft, Erziehung und Volksbildung Rust vom 8. Dezember 1938 (Kopie im Besitz der Klosterkammer Hannover).

[161] Vgl.: LIERMANN, Stiftungsrecht, 258-259.

Im Zuge der Maßnahmen der Abtretung des Stadt- und Landkreises Goslar an das Land Braunschweig im Jahr 1942 wurde ebenfalls versucht, dem Allgemeinen Klosterfonds den dortigen reichen Besitz zu nehmen. Obwohl der Klosterfonds, da er keine Länder- oder Gebietskörperschaft ist, von einer Abtretung und der damit verbundenen Vermögensauseinandersetzung nicht berührt werden konnte, versuchte der braunschweigische Ministerpräsident, Klosterfondsbesitz an sich zu bringen. Durch Entscheid des Reichsfinanzministeriums im Sinne der Klosterkammer, daß der Klosterfonds von der Vermögensauseinandersetzung zwischen Braunschweig und Preußen nicht berührt wird, ist dem Fonds sein Besitz geblieben.

1943 versuchte der kommissarische Ernährungsminister zu erreichen, daß ihm die Verwaltung allen landwirtschaftlichen Grundbesitzes, soweit er im Eigentum des Reiches, der Länder und der davon abhängigen öffentlichen Körperschaften steht, unterstellt werde. Der Gesetzentwurf des Landwirtschaftsministeriums sah vor, daß der landwirtschaftlich genutzte Grundbesitz von Stiftungen ohne Entschädigung in seine Verwaltung und der forstliche in die des Reichsforstministeriums übergeht. Der Entwurf von Reichserziehungs- und Kirchenministerium sah immerhin eine Entschädigung durch jährliche Beträge vor. Da aber auch alle anderen Ministerien in irgendeiner Form landwirtschaftlichen Grundbesitz verwalteten und daher an den Gesetzentwürfen beteiligt waren, verzögerte sich die Durchführung und wurde schließlich, sicher auch in Anbetracht der Kriegslage, zurückgestellt. Ebenfalls nicht zur Ausführung gekommen ist die geplante Einführung des Einheitsforstamtes unter Aufsicht der Staatsforstverwaltung, zu der auch die Klosterforsten gezogen werden sollten. Dies hätte den Verlust aller Klosterforsten des Klosterfonds bedeutet.

Im Rahmen der Maßnahmen des »Totalen Krieges« ab Juni 1944 konnten alle in diesem Sinne notwendigen Maßnahmen ohne Zustimmung des zuständigen Reichsministeriums getroffen werden und sofort versuchte das Reichsernährungsministerium erneut, die Klosterkammer aufzuheben und ihre Befugnisse unter dem Vorwand, dadurch Kräfte zur Landesverteidigung freizustellen, auf andere Stellen zu verteilen. Es gelang dem Klosterkammerpräsidenten durch Einspruch diese Maßnahmen solange zu blockieren, daß sie im Verlauf der letzten Kriegsereignisse nicht mehr entschieden wurden. Ebenfalls in diesen Zusammenhang gehört der Versuch des Generalbevollmächtigten für die Reichsverwaltung, der Klosterkammer im Januar 1945 noch die Kassenverwaltung zu nehmen und auf die Regierungshauptkassen zu übertragen. Auf Intervention des Klosterkammerpräsidenten ist auch diese Maßnahme aufgeschoben und infolge des Zusammenbruchs des Dritten Reiches nicht mehr ausgeführt worden.

Nach der Beschreibung der vielfältigen Versuche, von staatlicher Seite aus Klosterfonds und Klosterkammer habhaft zu werden, stellt sich die Frage, warum dem Staat sein Vorhaben letztendlich doch mißglückt ist. *Stalmann* kommt in seinem Bericht zu folgender Antwort:

> »Wenn also der Klosterfonds ohne wesentliche Erschütterung die 12 Jahre der Parteiherrschaft der NSDAP überstanden hat, so verdankt er dies hauptsächlich seiner Organisation. [...]. ...insbesondere dem Grundsatz, daß die Verwaltung des Klosterfonds einer unpolitischen Behörde übertragen ist, ist es zu verdanken, daß der Hannoversche Klosterfonds [...] sich erhalten hat und daß die Klosterkammer nunmehr 128 Jahre besteht«[162].

Festzuhalten ist also, daß die Selbstverwaltung des Klosterfonds durch die Klosterkammer unbedingte Voraussetzung für den Fortbestand und die Wirksamkeit der Stiftung ist. Ferner ist die Frage zu stellen, inwieweit gesetzliche Maßnahmen zulässig sind, die nicht direkt in die Verwaltung oder Organisation der Stiftung eingreifen, sie aber in der Verfolgung ihrer gesetzlich festgelegten Ziele behindern.[163]

3.9 Klosterfonds und Klosterkammer nach der Gründung des Bundeslandes Niedersachsen

Nach der Gründung des Bundeslandes Niedersachsen im Jahre 1946 änderte sich nichts am Status von Klosterfonds und Klosterkammer. Die in der *Falkschen Denkschrift* vertretene und durch mehrere preußische Staatsorgane anerkannte Rechtsauffassung ist weiterhin als rechtlich verbindlich anzusehen. Die Rechtsaufsicht wechselte vom preußischen Kultusminister als zuständigem Ressortminister zum Kultusminister des neu gegründeten Landes Niedersachsen über und war somit wieder in Hannover ansässig.

Die Frage nach den Klosterkammer und Klosterfonds berührenden Gesetzen der am 13. April 1951 in Kraft getretenen vorläufigen niedersächsischen Landesverfassung werden, da sie die derzeit geltende Rechtslage betreffen, in Kapitel 5.3.2 behandelt. Durch Beschluß des Niedersächsischen Landesministeriums vom 30. August 1977 wechselte die Dienstaufsicht der Klosterkammer Hannover am

---

[162] STALMANN, Klosterfonds und NSDAP, 279.

[163] *Liermann* formuliert als Quintessenz der Vorgänge während des Dritten Reiches: »Die vergeblichen Vorstöße, die während des Dritten Reiches unternommen waren, dem Klosterfonds seine eigenständige Verwaltung zu entziehen, haben nach 1945 veranlaßt, daß man sich der Frage, inwieweit dem Klosterfonds ein Recht auf Selbstverwaltung zusteht, näher beschäftigt hat.« LIERMANN, HANS: »Rechtsgutachten über das Recht des Allgemeinen Hannoverschen Klosterfonds auf uneingeschränkte eigenständige Verwaltung seines Stiftungsvermögens«. In: *JGNKG* 70 (1972) 201-220, hier: 201.

1. September 1977 vom Kultusministerium zum Ministerium für Wissenschaft und Kunst.[164]

3.10 Gesetze und Verordnungen zur Erweiterung von Klosterfonds und Klosterkammer

3.10.1 Mehrung des Vermögensbestandes des Klosterfonds

3.10.1.1 Eingliederung der Männerstifte zu Bardowick, Einbeck, Hameln und Ramelsloh in den AHK

Die bislang als selbständige Vermögensmassen bestehenden Männerstifte zu Bardowick, Einbeck, Hameln, Ramelsloh und Wunstorf, deren Einkünfte als Präbende für Geistliche und für weltliche Beamte gedient haben, wurden, da in ihnen kein Gemeinschaftsleben mehr existierte, durch Gesetz vom 5. September 1848 aufgehoben.[165] Die Vermögen kamen durch Gesetz vom 24. Januar 1850 zu dem des Klosterfonds.[166]

3.10.1.2 Eingliederung des Michaelisklosters zu Lüneburg in den AHK

Ebenfalls wurde das Benediktinerkloster St. Michaelis in Lüneburg, dessen Vermögenserträge nur noch zur Unterhaltung des Präsidenten der Lüneburger Ritterschaft und der dortigen Ritterakademie dienten, durch Gesetz vom 6. August 1850 aufgehoben und das Vermögen dem Klosterfonds zugeschlagen.[167]

3.10.2 Übernahme der Verwaltung anderer Fonds durch die Klosterkammer

3.10.2.1 Übernahme der Verwaltung des Hospitalfonds St. Benedikti zu Lüneburg[168]

Nach der Auflösung des Benediktinerklosters St. Michael in Lüneburg mußte die Verwaltung des Klosterhospitals[169], die eng an das aufgelöste Kloster angelehnt

[164] Nds. MBl. 1977, 1209.

[165] HannGS I. 1848, 261.

[166] Vgl.: STORCK, []: »Der Allgemeine Hannoversche Klosterfonds«. In: *PrVBl* 28 (1907) 545-548, hier: 546; KLOSTERKAMMER, Klosterfonds, 32.

[167] HannGS I 1850, 135. Vgl.: STORCK, Klosterfonds, 546, KLOSTERKAMMER, Klosterfonds, 32.

[168] Vgl.: STORCK, Klosterkammer 548; STALMANN, Klosterkammer, 16, KLOSTERKAMMER, Klosterfonds, 99f., V. CAMPENHAUSEN, Klosterkammer/1999, 105-106.

[169] Die Gründung des Hospitals zwecks Aufnahme von Kranken, Wallfahrern, Pilgern und Armen wird für 1127 angenommen, Güterbesitz ist seit 1247 nachgewiesen. Der Verwalter

war, aber seit jeher als besondere Stiftung aufgefaßt wurde, neu geordnet werden. Durch Reskript des Königlich Hannoverschen Ministeriums der geistlichen und Unterrichtsangelegenheiten vom 21. August 1850 wurde bestimmt, daß

> »die Verwaltung des als ein selbständiges Vermögenssubjekt bestehenden Hospitals St. Benedikti zu Lüneburg, einer Anstalt der Armenunterstützung, unter die Aufsicht und Leitung der Königlichen Klosterkammer gestellt [werde]«[170].

Nach wie vor dient der Hospitalfonds ausschließlich mildtätigen Zwecken in Verfolg des seit der Reformation bestehenden Stiftungszweckes, der »Unterstützung und Verpflegung armer und hilfsbedürftiger Frauen und Mädchen«, allerdings nicht mehr nur im Bezirk Lüneburg, sondern ausgeweitet auf das Gebiet der ehemaligen Provinz Hannover.

3.10.2.2 Aufsicht und Verwaltung des Domstrukturfonds Verden[171]

Der Domstrukturfonds Verden wurde durch Erlaß des preußischen Ministeriums für geistliche, Unterrichts- und Medizinalangelegenheiten vom 10. Oktober 1878 der Klosterkammer zur Aufsicht angewiesen. Er besteht aus dem Vermögen der ehemaligen Domfabrik und des Verdener Schulfonds, die 1685 vereinigt und auf Dauer als selbständiges Vermögen Kirchen- und Schulzwecken gewidmet wurden. Nach der 1715 erfolgten Eingliederung in hannoversche Herrschaft sind Rechtsstellung und Zweckbestimmung des Fonds anerkannt und bestätigt worden. Seine Erträge sind »für das Kirchen- und Schulwesen in den ehemaligen Herzogtümern Bremen und Verden, vornehmlich aber für die Domkirchengemeinde und das Domgymnasium in Verden«[172], bestimmt. 1893 erfolgte die Zuweisung zur Verwaltung durch die Klosterkammer.

---

169 Die Gründung des Hospitals zwecks Aufnahme von Kranken, Wallfahrern, Pilgern und Armen wird für 1127 angenommen, Güterbesitz ist seit 1247 nachgewiesen. Der Verwalter des Hospitalvermögens wurde vom Abt des Michaelisklosters ernannt. Nach der Reformation wurde aus dem Hospital eine Verpflegungsanstalt zur Unterstützung armer und hilfsbedürftiger Frauen und Mädchen, den sog. *Prövnerinnen*, für die 9 Stellen bestanden, aus dem Bezirk Lüneburg.

170 Zit. nach KLOSTERKAMMER, Klosterfonds, 99f.

171 Vgl.: STORCK, Klosterkammer 547f.; STALMANN, Klosterkammer,16; KLOSTERKAMMER, Klosterfonds 102ff., V. CAMPENHAUSEN, Klosterkammer/1999, 106-108.

172 Zit. nach KLOSTERKAMMER, Klosterfonds, 102.

3.10.2.3 Verwaltung der Fonds in Ilfeld und Magdeburg[173]

Die Verwaltung des Stiftes Ilfeld wurde unter Beibehaltung seiner Rechtspersönlichkeit am 13. Mai 1832 durch Reskript des Hannoverschen Kabinettsministeriums der Klosterkammer übertragen. Seine Einkünfte dienten zur Unterhaltung der 1546 gegründeten Klosterschule und für Zuwendungen an die Universität Göttingen. Da das Stift Ilfeld nach 1945 in der sowjetischen Besatzungszone lag, konnte die Klosterkammer die Verwaltung nicht mehr weiterführen, jedoch konnte der Präsident der Klosterkammer am 25. November 1946 die treuhänderische Verwaltung des Ilfelder Stiftsfonds, soweit im Lande Thüringen gelegen, der staatlichen Stiftungs- und Klosterkammer Weimar übertragen.[174] Die Vereinbarung enthielt die Bestimmung, daß sich die Vertragspartner über die Rückgabe der Verwaltung an die Klosterkammer Hannover verständigen werden, sofern eine Verwaltung des Stiftes Ilfeld durch die Klosterkammer Hannover wieder möglich ist. Nach der friedlichen Revolution in der DDR erfolgte diese Verständigung über die Rückgabe der Verwaltung im Dezember 1990 mit Wirkung zum 1. Januar 1991[175].

Das Kloster »Unserer Lieben Frauen« und die »Kloster-Berge-Stiftung« bei Magdeburg kamen durch Ministerialerlaß vom 31. Juli 1937 unter die Verwaltung der Klosterkammer. Wie im Falle des Stiftes Ilfeld konnte die Klosterkammer Hannover die Verwaltung nach 1945 nicht mehr ausführen. Anders als im Falle der Ilfelder Stiftung war eine Rückübertragung der Verwaltung der Stiftungen »Kloster-Berge-Stiftung« und »Unserer Lieben Frauen« bisher nicht möglich, da die zuständigen staatlichen Stellen in den neuen Bundesländern durch Kompetenzstreitigkeiten und Mißtrauen zwischen ihren Ressorts immer wieder zu Verzögerungen der Rückübertragung der Stiftungsvermögen geführt[176] und sowohl für

---

173 Vgl.: STORCK, Klosterkammer, 547; STALMANN, Klosterkammer, 16; KLOSTERKAMMER, Klosterfonds, 102ff; v. CAMPENHAUSEN, Alte Stiftungen, 191-199; DERS., Klosterkammer/1999, 108-110.

174 Vgl.: WACKE, GERHARD: »Über die von der Vereinigten Kirchen- und Klosterkammer Weimar verwalteten Kirchengüter«. In: *AkathKR* 125 (1951) 1-28.

175 Vgl. dazu m.w.N.: CAMPENHAUSEN, AXEL FRHR. VON: »Alte Stiftungen in den neuen Ländern. Rekonstituierung gegen Widerstände«. In: CAMPENHAUSEN, AXEL FRHR. VON; KRONKE, HERBERT; WERNER, OLAF (Hrsg.): *Stiftungen in Deutschland und Europa*. Düsseldorf: IDW-Verlag, 1998, 183-199, hier: 190-191; DERS.: »Alte Stiftungen in den 'neuen Ländern'«. In: GOYDKE, JÜRGEN; RAUSCHNIG, DIETRICH; ROBRA, RAINER; SCHREIBER, HANS-LUDWIG; WULFF, CHRISTIAN (Hrsg.) in Verbindung mit der Juristischen Fakultät der Martin-Luther-Universität Halle-Wittenberg: *Vertrauen in den Rechtsstaat*. Beiträge zur deutschen Einheit. Festschrift für Walter Remmers. Köln u. a.: Heymanns, 1995, 539-546; hier: 541-542.

176 Eine Darstellung der Vorgänge m.w.N. findet sich bei v. CAMPENHAUSEN, Alte Stiftungen, 191-199; DERS.: Alte Stiftungen (FS Remmers), 542-546. Zur rechtlichen Auseinanderset-

die Stiftungen selbst als auch für die von ihnen zu Begünstigenden nachteilig gewirkt haben.

3.10.3 Aufgabenerweiterung des Klosterkammerpräsidenten

3.10.3.1 Kommissar für die »Lüneburger Klöster«[177]

Durch Verordnung der preußischen Regierung vom 31. Juli 1937 wurde der Präsident der Klosterkammer Hannover zum »Landeskommissar für die Lüneburger Klöster« bestimmt; eine Funktion, die seit 1889 der zuständige Regierungspräsident ausgeübt hatte. Die sechs Lüneburger Klöster Ebstorf, Isenhagen, Lüne, Medingen, Walsrode und Wienhausen sind juristisch selbständig geblieben, obwohl fast ihr gesamter Grundbesitz unter Herzog Ernst dem Bekenner (1497-1546) und seinen Nachfolgern zum Kammergut des Fürstentums Lüneburg gegen Übernahme der Unterhaltsverpflichtungen eingezogen wurde.[178] Vom Lüneburger Domanium ist der Klosterbesitz dann zum Hannoverschen gekommen und über die preußische Provinz Hannover dem nachmaligen Bundesland Niedersachsen angefallen. Das Land Niedersachsen hat durch Vertrag vom 22. September 1966 die Klosterkammer mit der Unterhaltung der Lüneburger Klöster, ausgenommen außerordentlicher Maßnahmen, betraut und sie dafür mit zusätzlichem Vermögen ausgestattet.[179] Jedes Kloster stellt eine eigene Körperschaft des öffentlichen Rechts dar und unterliegt in seiner Verwaltung der vom Landesministerium jeweils erlassenen Klosterordnung. Der Klosterkammerpräsident übt für die Klöster die Rechtsaufsicht aus, die im wesentlichen aus der Bestätigung von Verwaltungsmaßnahmen und Rechtsgeschäften besteht, die die Klöster aufgrund ihrer Rechtsstellung selbständig führen.

3.10.3.2 Kommissar für die Stifte Bassum, Börstel, Fischbeck und Obernkirchen

In den Jahren 1946/1949 ist dem Klosterkammerpräsidenten die bisher für die Stifte Bassum und Börstel vom Regierungspräsidenten, für das Stift Fischbeck vom Landrat und für das Stift Obernkirchen von einem eigens bestellten Stiftshauptmann wahrgenommene Rechtsaufsicht übertragen worden. Diese vier Stifte

---

zung bzgl. der Rückübertragungsansprüche kirchlicher Stiftungen vgl.: THIELE, CHRISTOPH: »Kirchliche Stiftungen und Rückübertragungsansprüche nach dem Vermögensgesetz«. In: *ZevKR* 40 (1995) 227-234.

177 Vgl.: KLOSTERKAMMER, Klosterfonds 74, 79f.; SEHLING, Evangelische Kirchenordnungen VI/I/1, 483-491; V. CAMPENHAUSEN, Evangelische Klöster in Niedersachsen, 37-45.

178 Vgl.: SEHLING, Klosterordnungen VI/I/1, 484-485.

179 Vgl.: V. CAMPENHAUSEN, Evangelische Klöster in Niedersachsen, 37-39.

lagen ursprünglich nicht in welfischem Territorium.[180] Das Stift Bassum gehörte zur Grafschaft Hoya, das Stift Börstel zum Bistum Osnabrück und die Stifte Fischbeck und Obernkirchen gehörten zur Grafschaft Schaumburg, die erst 1932 von Hessen zur Provinz Hannover gekommen war. Die Stifte sind juristisch selbständige Körperschaften des öffentlichen Rechts und können sich eigene Klostersatzungen geben, die der Genehmigung des Kultusministeriums unterliegen.

[180] Vgl.: KLOSTERKAMMER, Klosterfonds, 74, 79f.

4 Vermögenszusammensetzung und Leistungsverpflichtungen des Allgemeinen Hannoverschen Klosterfonds

Der überwiegende Teil des Vermögens des Allgemeinen Hannoverschen Klosterfonds besteht aus Grundbesitz, ein geringer Teil ist anderweitig angelegt. Dieses Vermögen ist Grundlage der Stiftung; zu Erhalt und Mehrung ist der Klosterfonds verpflichtet, aus seinen Erträgen hat er Leistungen gegenüber seinen Destinatären zu erbringen und kann aus den darüber hinausgehenden Überschüssen freiwillige Zuwendungen machen.

Jedoch ist nicht alles Vermögen des Klosterfonds zum »werbenden Vermögen« zu rechnen, da ein bedeutender Teil des Grundvermögens keine Erträge erbringt, aber erhebliche Unterhaltungskosten verursacht. Zu diesem »nicht werbenden Vermögen« gehören vor allem Gebäude und Klöster, zum größten Teil wertvolle historische Baudenkmale, die eines erheblichen Aufwandes bedürfen. Bisweilen decken die Einnahmen aus der Forstwirtschaft nicht die daselbst entstehenden Kosten.

Die folgende Aufstellung[181] gibt einen kurzen Überblick über das Vermögen des Klosterfonds und die daraus zu erbringenden Leistungen.

4.1 Vermögenszusammensetzung und -entwicklung des Allgemeinen Hannoverschen Klosterfonds

Der Grundbesitz des Klosterfonds betrug 1999 37.720 ha, größtenteils land- und forstwirtschaftlich genutzt; geringere Flächen sind für Erbbaurechte vergeben, mit Gebäuden bebaut oder zur Gewinnung von Bodenschätzen verpachtet.[182]

4.1.1 Landwirtschaftlich genutzter Grundbesitz

Der landwirtschaftlich genutzte Grundbesitz umfaßt eine Fläche von ca. 11.600 ha und verteilt sich auf 20 Klosterhöfe mit einer Durchschnittsgröße von 280 ha

---

[181] Zum Folgenden vgl. Klosterkammer, Klosterfonds 54-73; v. Campenhausen, »Der Allgemeine Hannoversche Klosterfonds und die Klosterkammer Hannover - Portrait eines gemeinwirtschaftlichen Unternehmens -«. In: *ZögU* 4 (1981) 475-483; Storck, Klosterfonds, 546f.; Klosterkammer Hannover, Klosterkammer Hannover [Informationsfaltblatt IV/1990], 3. Klosterkammer Hannover (Hrsg.): »Klosterfonds und Klosterkammer Hannover«. In: *ZNds 97* (1997) I-XLIV; v. Campenhausen, Klosterfonds/1999, 49-67.

[182] Stand 1999: Gesamtfläche Grundbesitz: ca. 37.200 ha, davon 24.500 ha Klosterforsten, ca. 11.256 ha landwirtschaftlich genutzte Grundfläche (ca. 6.000 ha Klostergüter, ca. 5.191 ha Streuländereien), 1200 ha Erbbaurechte (ca. 13.900 Erbbauberechtigte).

bei ca. 260 ha landwirtschaftlich nutzbarer Fläche und auf 5 Klosterhöfe mit weniger als 50 ha Fläche. Bis auf die Klostergüter Wöltingerode und Wülfinghausen, die von der Klosterkammer selbst bewirtschaftet werden, sind alle anderen Güter oder Höfe verpachtet. Ebenfalls verpachtet sind zahlreiche Einzelgrundstücke (Streuländereien) als Acker-, Grün- und Gartenland im Umfange von etwa einem Drittel der landwirtschaftlich nutzbaren Gesamtfläche des Fonds.

Unter den im Besitz des Klosterfonds befindlichen Gütern sind noch sieben[183], die ihren Ursprung in der Reformation haben und drei Güter, die aus ehemaligen Vorwerken (Aushöfen) von Reformationsgütern entstanden sind. Sechs weitere Güter stammen aus der Säkularisation[184], eines aus dem 1817 zwischen Hessen und Hannover vollzogenen Landtausch[185].

Der Landbesitz des Klosterfonds unterlag im Laufe der Zeit einem erheblichen Wandel. Vor allem durch öffentlichen Bedarf, insbesondere durch Verkehrswegebau, ist es zu Gebietsverlusten für den Klosterfonds gekommen, da vielfach kein Ersatzland gestellt werden konnte und die Landabtretungen nicht mittels anderer Zukäufe auszugleichen waren. Durch derartige Maßnahmen sind dem Klosterfonds zwischen 1960 und 1980 etwa 400 ha verloren gegangen. Das Klostergut Weende ist durch den Verkehrswegebau so zerschnitten worden, daß es nicht mehr zu bewirtschaften war und aufgelöst werden mußte. Da das freiwerdende Kapital aus der Grundvermögensveräußerung wieder angelegt werden mußte, wurden verschiedene andere Güter durch Kauf oder Tausch erworben, so daß sich jetzt auch verschiedene andere Güter im Besitz des Klosterfonds befinden, die von ihrer Entstehung her keine Verbindung mit ihm haben.

4.1.2 Forstwirtschaftlich genutzter Grundbesitz

Die Fläche des Forstbesitzes beträgt ca. 24.800 ha und macht damit etwa zwei Drittel des gesamten Landbesitzes des Klosterfonds aus, ungefähr die Hälfte des Forstbesitzes liegt in der Lüneburger Heide. Der Klosterforst wird von der Klosterkammer durch 4 Klosterforstämter, denen 24 Klosterrevierförstereien unterstehen, verwaltet.

Der Grundbestand an Forst, der 1818 ca. 9.000 ha betrug, ist im Laufe der folgenden Jahrzehnte stark angewachsen. Um den Kernbestand von 880 ha Forst des 1850 aufgelösten Lüneburger St. Michaelis-Klosters in der Lüneburger Heide hat der Klosterfonds in der Zeit von 1865 - 1880 ca. 4.750 ha Land aufgekauft

---

[183] Bursfelde, Hilwartshausen, Mariengarten, Mariensee, Marienstein, Wiebrechtshausen, Wülfinghausen.

[184] Grauhof, Lamspringe, Marienrode, Riechenberg, Sorsum, Wöltingerode.

[185] Höckelheim.

und systematisch aufgeforstet. Das Kapital für diese Aufkäufe stammte aus der Ablösung grund- und gutsherrlicher Gefälle,

> »die nur zu einem Teil aus Geldpachten und Erbzinsen bestanden, zu einem größeren Teil setzten sie sich aus einem Gewirr von Getreide-, Woll-, Flachs- und Bierlieferungen, Frucht- und Fleischzehnten, Schweinen, Schafen, Gänsen und Hühnern, Weide-, Fischerei-, Holz- und Jagdberechtigungen zusammen«[186].

Ebenso dienten die Erlöse aus Grundstücksverkäufen zum Ankauf von Forst- und Ödland, landwirtschaftlicher Nutzfläche wie auch Mooren in Ostfriesland.

Durch die Ertragsrückgänge in der Forstwirtschaft wird der Klosterfonds besonders getroffen. Von 1962 bis 1979 konnten mehrere Jahre keine Gewinne erwirtschaftet werden, sondern es mußten erhebliche Mittel für den Forst, besonders nach Sturm- und Brandkatastrophen, aufgewandt werden.

Durch verschiedene Flächentauschmaßnahmen mit dem staatlichen Forstfiskus ist der Klosterforstbesitz immer wieder gerundet worden; nach den großen Flächentauschmaßnahmen von 1882 und 1908 zuletzt 1980 mit dem Land Niedersachsen.

4.1.3 ERBBAUGRUNDSTÜCKE

Der Klosterfonds hat 1996 ca. 13.500 Erbbaugrundstücke mit einer Gesamtfläche von ca. 1.161 ha zur Erbpacht vergeben. Obwohl die Erbpachtgrundstücke nur eine geringe Fläche ausmachen, haben sie große Bedeutung für den Klosterfonds, da sie wesentlich höhere Erträge erbingen als land- und forstwirtschaftlich genutzter Grund.[187]

Aufgrund ihres Stiftungszweckes kann die Klosterkammer diese Grundstücke nicht veräußern; da Erbbaugrundstücke gute Vermögensanlagen darstellen, muß sie sogar daran interessiert sein, diesen Bestand noch zu vermehren, wenngleich diese Liegenschaftspolitik bisweilen von seiten des Landtags Kritik erfahren hat.[188]

---

[186] KLOSTERKAMMER, Klosterfonds, 62.

[187] 1980 erbrachten 900 ha Erbbaurechte, etwa 2,5 % des Grundvermögens, mit 6,5 Millionen DM fast ein Viertel der gesamten Einnahmen des Klosterfonds. Vgl. V. CAMPENHAUSEN, Klosterfonds/Portrait, 482. 1996 erbrachten die Erbbaugrundstücke, die zu jener Zeit 3% der Gesamtfläche des Klosterfonds ausmachten, 47,94% (19,27 Millionen DM) der Einnahmen des Klosterfonds. Vgl.: KLOSTERFONDS, Klosterkammer-b/ZNds, XXI-XXIII.

[188] Kultusminister v. Oertzen bemerkte 1974 in einer Landtagsdebatte hierzu: »Es ist nicht meines Amtes, hier eine Diskussion über die Grundsätze der Wohnungsbaupolitik oder der Grundstückspolitik des Landes zu führen. Aber ich bin angesporchen worden als derjenige Ressortminister, der die Rechtsaufsicht - ich bitte das zu beachten: die R E C H T S aufsicht [Hervorhebung im Original] - über die Tätigkeit der Klosterkammer wahrzunehmen hat, der Behörde, welche die in dieser Stiftung vorhandenen Vermögenswerte selbst verwaltet. Ich will nur zur Klarstellung sagen: 1. Vertragspartner der Erbbau-

4.1.4 MIET- UND PACHTGRUNDSTÜCKE

Unter diese Kategorie fallen Grundflächen, die zur Gebäudenutzung vermietet oder zur Ausbeutung von Bodenschätzen verpachtet sind. Ihre Fläche beträgt ca. 600 ha.

An Bodenschätzen werden auf dem Grund der Klosterkammer Kiesvorkommen im Weser- Leine- und Okertal Sand und Kalkstein abgebaut. Ebenfalls der Klosterkammer gehören die Quellen des »Harzer-Grauhof-Brunnens« bei Goslar. Früher wurden auch Torf, Kali, Ton, Gips und Steinkohle, deren Förderung Pächtern zum Nießbrauch überlassen wurde, gefördert. Die nach Einstellung des Abbaues zurückgegebenen Flächen wurden rekultiviert. Sie werden als Fischteiche landwirtschaftlich genutzt, aber auch als Freizeitanlagen oder im Sinne des Naturschutzes.

---

berechtigen, die auf Grundstücken der Klosterkammer gesiedelt haben, ist nicht der Kultusminister, sondern die Klosterkammer. Das ist eindeutig, ich will es nur in die Erinnerung zurückrufen. 2. Der Kultusminister hat, soweit die Klosterkammer in der Verfolgung des Stiftungszwecks verfährt, keinerlei Weisungsbefugnisse, sondern nur eine Rechtsaufsicht, die im übrigen immer unter dem Vorbehalt der Kontrolle zum einen durch die Stiftungsaufsicht und zum anderen durch die Gerichte steht. 3. Es stimmt, daß mein Herr Amtsvorgänger in einer anderen Situation zweimal, nämlich 1968 und 1970, gewisse Empfehlungen in bezug auf die Veräußerung von Grundstücken gegeben hat. Diese Empfehlungen sind von mir weder ausdrücklich bekräftigt noch aufgehoben worden, sie haben fortgegolten. 4. In der jüngsten Zeit - zum ersten mal im März des Jahres 1973 und dann später in dem vergangenen Frühjahr - hat mir der Präsident der Klosterkammer mitgeteilt, daß er unter den gegebenen wirtschaftlichen Verhältnissen im allgemeinen und der Wirtschaftslage der Klosterkammer im besonderen sich außerstande sehe, den Stiftungszweck noch weiter in der vorgeschriebenen und ihm zur Pflicht gemachten Art und Weise zu verfolgen, wenn dieser Empfehlung - keiner Weisung - des Kultusministers weiter gefolgt werde. Ich habe nachprüfen lassen, ob diese Argumente unter dem Gesichtspunkt einer korrekten Wahrung des Stiftungszweckes rechtlich anfechtbar wären, und bin zu dem Ergebnis gekommen, daß ich als der die Rechtsaufsicht Führende keine Veranlassung habe, einzugreifen. Die Geschäftspolitik der Klosterkammer inhaltlich zu beurteilen, steht mir nicht zu. **Die Klosterkammer hat nicht nur das Recht, sondern auch die Pflicht, das ihr anvertraute Vermögen im Sinne des Stiftungszwecks zu wahren und, wenn möglich, zu mehren. Ich muß das hier mit aller Härte sagen. Die Klosterkammer ist keine Einrichtung der Sozial-, Grundstücks- oder der Wohnungsbaupolitik des Landes** [Hervorhebung durch den Autor]. Ich glaube, nach dem entsprechenden Verfassungsgerichtsurteil, das Sie alle kennen, ist das unwiderruflich festgestellt. Sie ist vielmehr ein Sondervermögen mit einem bestimmten Stiftungszweck, der eindeutig definiert ist und durch den die Rechtsaufsicht führenden Minister nicht abgeändert werden kann. [...]«. Niedersächsischer Landtag, Siebente Wahlperiode, 47. Tagungsabschnitt, 101. Sitzung am 10. Mai 1974, Sp. 10241-10242.

4.1.5 DIENSTGRUNDSTÜCKE

Die im Besitz des Klosterfonds befindlichen Dienstgrundstücke dienen zur Unterbringung seiner eigenen Dienststellen wie Klosterkammer, Klosterrentämter (Verwaltungsaußenstellen der Klosterkammer), Klosterforst- und Revierforstämter sowie als Dienst- und Werkswohnungen für seine Angestellten.

4.1.6 DOTATIONSGRUNDSTÜCKE UND KLÖSTER

Zahlreiche Grundstücke, die in den Besitz des Klosterfonds übergegangen sind, dienen nach wie vor kirchlichen Zwecken. Dazu gehören etwa Kirchen, Kapellen, Pfarr- und Küstergebäude, Friedhöfe und bebaute wie unbebaute Dotationsflächen.[189] Ebenso ist der Klosterfonds Eigentümer der fünf Calenberger Klöster.[190]

In der Regel werfen diese Gebäude keine Erträge ab, da es sich meist um denkmalsgeschützte Bausubstanz handelt, erfordern aber »einen erheblichen Unterhaltungsaufwand, dem im Verhältnis dazu nur ganz geringe Einnahmen gegenüberstehen, und belastet den Klosterfonds stark«[191].

4.1.7 SONSTIGES VERMÖGEN

Außer in Grundbesitz besteht noch Vermögen des Klosterfonds in Wertpapieren und Beteiligungen[192] an Gesellschaften, in Form von Darlehen, Betriebsvermögen (vor allem der Gutsbesatz der selbstbewirtschafteten Güter sowie der Verwaltungseinrichtungen) und Barbestand.

Gerade dieses Vermögen ist infolge von Inflation und Kriegsereignissen bereits zweimal erheblich geschädigt worden, so daß die Klosterkammer bestrebt ist, das

---

[189] Der AHK ist Eigentümer von 29 Kirchen, 7 Pfarrhäusern und 2 Friedhofskapellen und der fünf Calenberger Klöster, ferner trägt er die Baulast an 3 weiteren Kirchen und 2 Pfarrhäusern. Insgesamt erstreckt sich die baukünstlerische und bautechnische Betreuung der Klosterkammer auf 43 Kirchen bzw. Teile oder Überreste von diesen. Hinzu kommen Dienstgebäude, Mietgebäude und die Klostergüter. Vgl.: V. CAMPENHAUSEN, Klosterkammer/1999, 87-93, 114-115.

[190] Zur Frage der rechtlichen Stellung der einzelnen Klöster und den Grenzen staatlichen Eingreifens vgl.: SPERLING, EBERHARD: »Evangelische Klöster und Stifte in Niedersachsen. Anmerkungen zur Geschichte, Rechtslage und Aufgabenstellung«. In: *JGNKG* 72 (1974) 137-150; TILING, PETER VON: »Klöster und Stifter in der Provinz Hannover«. In: *ZevKR* 21 (1976) 265-273.

[191] Gutachten des Landesrechnungshofes. Zit. nach V. CAMPENHAUSEN, Klosterfonds/Portrait, 488.

[192] 1980 umfaßte das Vermögen des Klosterfonds Wertpapiere und Beteiligungen mit dem Nennwert von 20,5 Millionen DM. V. CAMPENHAUSEN, Klosterfonds/Portrait, 477.

Vermögen des Klosterfonds vorwiegend in Grundbesitz, nach Möglichkeit von der Verwendung breit gestreut, anzulegen.

4.1.8 VERMÖGENSENTWICKLUNG

Der weitaus größte Teil des Vermögens des Allgemeinen Hannoverschen Klosterfonds besteht aus Grundbesitz; eine grundlegende Änderung dieser Vermögensstruktur ist nicht anzustreben.[193] Wenn auch Kapitalvermögen eine höhere Rendite abwirft als das bei Grundbesitz möglich ist, soll dies wohl einen angemessenen Anteil der Vermögensmasse des Fonds ausmachen, aber nicht ausgeweitet werden; vielmehr bleibt weit gestreuter Grundbesitz Ziel der Vermögensstrukur.

> »Die konservative Vermögensstruktur hat das Überleben des Allgemeinen Hannoverschen Klosterfonds über mehrere politische Umbrüche und Inflationen hinweg erleichtert. Andererseits ist gerade das Übergewicht an Grundvermögen der Ursprung von Problemen [...].«[194]

Gerade weil der Wertsteigerung von Grundbesitz keine vergleichbare Ertragssteigerung gegenübersteht, stellt sich die Frage, ob nicht durch eine andere Vermögenspolitik größere Gewinne erzielt werden sollten. Daß die Verfolgung des Grundsatzes »Sicherheit vor Rendite« und damit die grundbesitzsorientierte Vermögenspolitik der Klosterkammer dem Stiftungszwecke entspricht, sogar in dieser Weise erforderlich ist, hat der Niedersächsische Staatsgerichtshof 1971 deutlich herausgestellt:

> »Der überkommene, dem heimatlichen Interesse dienende Aufgabenbereich des AHK erschöpft sich nicht darin, laufend möglichst hohe Zuschüsse zu erwirtschaften und diese für die in § 79 Abs. 1 des Landesverfassungsgesetzes von 1840 genannten Zwecke zur Verfügung zu stellen. Daneben steht die Pflicht, zur Wahrung der nachhaltigen Ertragskraft für die zweckmäßige Erhaltung der Vermögensubstanz zu sorgen, sowie die Verantwortung für das geschichtliche Gütererbe des früheren Landes Hannover, das in dem von ihm betreuten Bau- und Kulturdenkmälern verkörpert wird.«[195]

Es ist also eindeutig festgestellt, daß Bestandssicherung vor Überschußerwirtschaftung steht. Genauso leitet sich aus diesem Satz her, daß der Klosterfonds nicht für Maßnahmen im Interesse Dritter zur Verfügung steht, wenngleich seine Leistungen bisweilen in Aufgabenbereiche fließen, in denen andere Institutionen

---

193 Vgl.: V. CAMPENHAUSEN, Klosterfonds/Portrait, 477f, 482f.; DERS., Klosterfonds/ZNds, 37f.; KLOSTERKAMMER, Klosterfonds, 71-73.

194 V. CAMPENHAUSEN, Klosterfonds/Portrait, 478.

195 Urteil des Nds.StGH vom 13. Juli 1972. Abgedruckt in: *KirchE* 13 (1972-1973) 18.

zu Leistungen verpflichtet sind.[196] Trotz dieser konservativen Vermögenspolitik kann die Klosterkammer ihre Rechtsverpflichtungen erfüllen und darüber hinaus aus den Überschüssen freiwillige Leistungen erbringen. In Anbetracht der Tatsache, daß die Haupteinahmen des Klosterfonds, die in den land- und forstwirtschaftlichen Bereichen erwirtschaftet werden, keinen den Preissteigerungen anderer Bereiche vergleichbaren Einnahmenzuwachs zu verzeichnen haben, die Hauptausgaben der Klosterkammer aber in den Bereichen Bau- und Personalaufwendungen, deren Steigerung überproportional gewachsen ist, liegen und diese dennoch Überschüsse erwirtschaften konnte, ergibt sich eindeutig, daß sich die Vermögenspolitik bewährt hat.

4.2 Leistungsverpflichtungen des Allgemeinen Hannoverschen Klosterfonds

Die laufenden Einnahmen aus den Erträgen des Stiftungsvermögens werden zur Deckung der Ausgaben, zu denen der Klosterfonds rechtlich verpflichtet ist, und zur Erbringung von freiwilligen Leistungen verwandt.[197]

Der Erlös aus dem Verkauf von Grundvermögen, zu dem der Klosterfonds bisweilen gezwungen ist, muß dem Vermögensgrundstock wieder zugeführt werden.

4.2.1 Herkunft der Leistungsverpflichtungen

Die Leistungsverpflichtungen des Klosterfonds liegen in seiner Entstehung begründet. Für Leistungen gegenüber der evangelischen Kirche stammen sie aus der Zeit der Reformation, für Leistungen an die katholische Kirche aus der Säkularisation. Grundsätzlich beruhen sie auf dem Prinzip »Haftungsnachfolge bei Gesamtrechtsnachfolge«.

§ 79 des Landesverfassungsgesetzes von 1840 bestimmt neben den kirchlichen Destinatären weiterhin die Landesuniversität, Unterrichtszwecke sowie milde Zwecke aller Art. Die Verpflichtung gegenüber den Kirchen sind in der Regel fest umrissen; sie bestehen in Baulasten und Geldzahlungen, oftmals als Ablöse von Naturalleistungen. Die Leistungen an die anderen, gesetzlich bestimmten Desti-

---

[196] Insbesondere ist hier davon die Rede, daß die Klosterkammer nicht zur Verfolgung der Interessen der Sozial- und Wohnungspolitik des Landes Niedersachsen gehalten ist; diese Maßnahmen widersprechen geradezu ihrem Stiftungsauftrag. Hingegen decken sich die Interessen von Land, Kommunen und anderen Institutionen mit dem Stiftungszweck der Klosterkammer, wenn diese kulturelle und soziale Belange im Bereich der ehemaligen Provinz Hannover fördert.

[197] KLOSTERKAMMER, Klosterfonds, 83-92; V. CAMPENHAUSEN, Klosterkammer/ZNds, 39-44.

natäre sind wie bei der Universität Göttingen geschichtlich gewachsen. Alle Destinatäre haben aber nur einen Anspruch auf »angemessene Berücksichtung«.

Als heimatgebundene Einrichtung erbringt der Allgemeine Hannoversche Klosterfonds stiftungsmäßige Leistungen grundsätzlich nur auf dem Gebiet der ehemaligen preußischen Provinz Hannover; gegenüber dem früheren Königreich Hannover werden der 1922 zur Provinz Hannover gekommenen Grafschaft Pyrmont und der 1932 zugeteilten Grafschaft Schaumburg Stiftungsleistungen des Klosterfonds zuteil. Ausgenommen von den Leistungen sind die heute ebenfalls zum Bundesland Niedersachsen gehörenden ehemaligen Länder Braunschweig und Oldenburg sowie die Stadt Cuxhaven. In bezug auf das ehemalige Land Braunschweig, in dem durch die Verordnung über die Gebietsbereinigung im Raume der Reichswerke Salzgitter vom 26. Juni 1941 Gebiete zwischen Preußen und Braunschweig ausgetauscht worden sind, in denen Vermögensanteile sowohl des Allgemeinen Hannoverschen Klosterfonds wie des Braunschweigischen Vereinigten Kloster- und Studienfonds liegen, wurde 1957 die Vereinbarung getroffen, unbeschadet der Eigentumslage und der Rechtsverhältnisse gegenüber Dritten, die jeweils zum eigenen Zuständigkeitsbezirk hinzugekommenen Gebiete des anderen Fonds zu betreuen.

4.2.2 Leistungen aufgrund von Rechtsverpflichtungen

4.2.2.1 Calenberger Klöster

Der Allgemeine Hannoversche Klosterfonds ist Eigentümer der fünf Calenberger Klöster. Für den Bauunterhalt der Gebäude, die alle unter Denkmalschutz stehen, hat er hohe Leistungen zu erbringen. Für die als evangelische Damenstifte fortbestehenden Klöster hat er ebenfalls die Bezüge des Konvents und der Klosterangestellten zu tragen.

4.2.2.2 Bauunterhalt kirchlicher Gebäude

Der Klosterfonds ist für die Baulasten der ihm selbst gehörenden Kirchen zuständig, wie er auch teilweise bei ihm nicht gehörenden Kirchen zur Übernahme der Baulast verpflichtet ist. Insgesamt muß er für 45 Kirchen aufkommen, die bis auf eine als denkmalswert einzustufen sind. Ebenso zählen die Gebäude der Klosterhöfe, Forstbetriebe und auch Dienststellengebäude zu den erhaltenswerten Bauten.

> »Alles in allem ist der Klosterkammer mit diesem Bestand an Bauten und Anlagen ein reicher Schatz kultureller und historischer Werte anvertraut, dessen sorgliche

Unterhaltung und Pflege ihr eine hohe Verpflichtung im Interesse der Allgemeinheit, dem AHK allerdings auch eine enorme finanzielle Belastung auferlegen.«[198]

4.2.2.3 Verwaltungskosten

Neben den kirchlichen Gebäuden gehören dem Klosterfonds verschiedene Dienstgebäude wie Werkswohnungen, Revierförstereien, Gebäude der landwirtschaftlichen Betriebe und nicht zuletzt auch seine Dienststellengebäude, so daß sich die Zuständigkeit auf etwa 2000 Gebäude erstreckt. Den Aufwand für seine Verwaltungstätigkeit muß der Klosterfonds ebenfalls selbst erwirtschaften.

4.2.2.4 Lüneburger Klöster

Der Allgemeine Hannoversche Klosterfonds übernahm 1963 anstelle des Landes Niedersachsen Verpflichtungen gegenüber den Lüneburger Klöstern. Er übernahm auch bisher vom Land freiwillig erbrachte Leistungen. Die Zulässigkeit dieser Regelungen ist verfassungsrechtlich umstritten.[199]

4.2.2.5 Sonstige Rechtsverpflichtungen

Der Klosterfonds ist in einigen Fällen zur Zahlung von Zuschüssen, teilweise in Abgeltung früherer Naturalleistungen, zu den Gehältern von Geistlichen und Kirchenangestellten (Küster, Organisten etc.) sowie zu Leistungen für Heizungs- und Kultuskosten verpflichtet. Im Sinne einer Verwaltungsvereinfachung wird eine Abgeltung dieser oft geringen Summen angestrebt.

4.2.3 FREIWILLIGE ZUWENDUNGEN

Grundlage für die freiwillige Zuwendung von Mitteln aus den Erträgen des Klosterfonds ist das Gründungspatent von 1818 und der § 79 des Landesverfassungsgesetzes von 1840. Es sieht vor, das Vermögen »allein Zuschüssen für die Landesuniversität, für Kirchen und Schulen auch zu milden Zwecken aller Art« zu verwenden. In allen genannten Bereichen erbringt der Klosterfonds Leistungen.[200]

4.2.3.1 Landesuniversität

Die Geschichte der Universität Göttingen, insbesondere ihre Gründung, ist aufs engste mit dem Klosterfonds verbunden.[201] Die Zuwendungen an die Landesuniversität waren lange Zeit der größte Etatposten des Klosterfonds wie auch die

---

198 KLOSTERKAMMER, Klosterfonds, 91.

199 KLOSTERKAMMER, Klosterfonds, 75; vgl. V. CAMPENHAUSEN, Evangelische Klöster, 39.

200 KLOSTERKAMMER, Klosterfonds, 92-98; V. CAMPENHAUSEN, Klosterkammer/ZNds, 44-46.

201 Siehe Anm. 88.

größte Einnahmequelle der Universität: erst seit 1900 übertrafen die staatlichen Zuschüsse die des Fonds, 1850 trug der Klosterfonds dagegen zweieinhalb mal mehr zum Unterhalt bei als der Staat. Seit 1963, als der Klosterfonds für das Land die Betreuung der Lüneburger Klöster übernahm, erfolgten keine Zuschüsse mehr an die Universität Göttingen. In weiter Auslegung des Stiftungszweckes hat der Klosterfonds auch anderen Universitäten und Hochschulen Zuschüsse gewährt.

4.2.3.2 Schulen

Die Klosterkammer unterstützt aus dem Klosterfonds öffentliche und private Schulen bei Anschaffungen verschiedenster Art.

4.2.3.3 Kirchen

Im kirchlichen Bereich werden verschiedenste Vorhaben wie etwa Renovierungen, Zuschüsse für Orgeln, Glocken, Ausstattungen von Gemeindezentren, Förderung von Jugendarbeit und anderes mehr durch die Klosterkammer gefördert. Erhebliche Zuschüsse sind für die Wiederherstellung kriegszerstörter Kirchen und ihrer Einrichtung bewilligt worden. Die hier genannten Leistungen an die Kirchen werden von der Klosterkammer freiwillig erbracht. Im Gegensatz zu anderen Leistungen an die Kirchen besteht auf sie kein Rechtsanspruch. Im Ergänzungsvertrag zum Vertrag des Landes Niedersachsen mit den evangelischen Landeskirchen in Niedersachsen vom 4. März 1965 ist in Artikel 11 allerdings folgendes festgelegt worden:

> »Das Land wird weiterhin bei dem Allgemeinen Hannoverschen Klosterfonds, dem Braunschweigischen Vereinigten Kloster- und Studienfonds und ähnlichen Fonds die Bestimmung dieser Vermögen für kirchliche Zwecke angemessen berücksichtigen.«[202]

Auch wenn das Land in bezug auf den Hannoverschen Klosterfonds nur eine Rechtsaufsicht ausüben kann, so ist das Vermögen des Klosterfonds als zur Verwendung für kirchliche Zwecke eindeutig qualifiziert worden und somit besteht für den Klosterfonds unter dieser Hinsicht eine, wenn auch unspezifische, Verpflichtung gegenüber der Kirche.

Leistungen erbringt der Klosterfonds gegenüber der evangelisch-lutherischen, evangelisch-reformierten und der katholischen Kirche aufgrund seiner geschichtlichen Verbindung mit diesen Kirchen. Gelegenlich werden aber auch Zuwendungen an evangelische Freikirchen und die orthodoxe Kirche gewährt.

---

[202] Nds.GVBl. 1966, 4.

4.2.3.4 Milde Zwecke aller Art

Unter dieser Zweckbestimmung summieren sich Aufgaben verschiedenster Art. Sie umfassen die Denkmalpflege an eigenem wie fremden Besitz, Heimat- und Kulturpflege, Zuschüsse an Gruppen oder Einzelpersonen, die auf dem »vielgegliederten Gebiet des heimatlichen Kulturlebens«[203] tätig sind. In der Tradition der mittelalterlichen Klöster, zu deren Aufgabenschwerpunkten die Armen- und Krankenfürsorge gehörte, erbringt der Klosterfonds auch auf diesem Gebiet in Ergänzung der Aufgaben des Staates Leistungen für Kinder und Jugendliche, Alte, Kranke und Behinderte.

[203] KLOSTERKAMMER, Klosterfonds, 98.

5 Rechtsnatur des Allgemeinen Hannoverschen Klosterfonds und der Klosterkammer Hannover

5.1 Rechtsgrundlagen des Allgemeinen Hannoverschen Klosterfonds und der Klosterkammer Hannover aufgrund Hannoverscher Gesetze

5.1.1 GRÜNDUNGSPATENT VOM 8. MAI 1818[204]

Der Allgemeine Hannoversche Klosterfonds ist als selbständige Stiftung des öffentlichen Rechtes durch königliches Patent vom 8. Mai 1818 ins Leben gerufen worden.

Das Stiftungspatent[205] enthält alle für einen solchen Rechtsakt notwendigen Elemente. Es bestimmt als Vermögensmasse »die Güter aufgehobener geistlicher Stiftungen und Klöster in den von Uns erworbenen und mit Unserem Königreiche vereinigten Provinzen« zusammen »mit dem geistlichen Gute in Unseren älteren Provinzen«, genauer beschrieben als

> »gesamtes geistliches Gut, welches in Ansehung des in den Fürstentümern Calenberg und Göttingen belegenen vormals von Unserem Ministerio als Kloster-Cammer und nachmals von denselben untergeordneten Regierungsbehörden einweilen verwaltet wurden«.

Der Stiftungszweck der Vermögensmasse ist durch das Patent eindeutig bestimmt. Im Rückgriff auf das als ruhmwürdig bezeichnete Beispiel der Vorfahren sind die Erträge der Stiftung gemäß

> »ursprünglichen Absicht der Fundatoren, jedoch auf eine, den Erfordernissen der Zeit angemessene Art, die geistlichen Bedürfnisse Unserer Unterthanen nach Möglichkeit zu befriedigen und solche namentlich für Kirchen, höhere Gymnasien und wohlthätige Anstalten aller Art zu verwenden«.

Der Wunsch nach der Anlage auf Dauer, einer Wesenseigenschaft der Stiftung, wird durch die Formulierung »die von Uns beabsichtigte Verwendung auf ewige Zeiten [zu sichern]« des Gründungspatents eindeutig zum Ausdruck gebracht.

Ebenfalls bestimmt das Patent auch das Organ der Stiftungsverwaltung, indem es die Errichtung einer »eigenen, unter unmittelbarer Aufsicht Unseres Staats- und Cabinets-Ministerii stehende [...] hierdurch errichteten Kloster-Cammer« verfügt,

---

[204] Vgl. KLOSTERKAMMER, Klosterfonds, 38-40.

[205] Hann. GS I. 1818, 45.

der die alleinige Verwaltung der Stiftung obliegt und deren Anweisungen bezüglich der Stiftungsverwaltung auch durch die »Obrigkeiten« zu befolgen sind.

5.1.2 LANDESVERFASSUNGSGESETZ 1833[206]

In § 71 des Landesverfassungsgesetzes von 1833[207] werden die Bestimmungen des Gründungspatents von 1818 übernommen. Als Stiftungsmasse wird das von ehemaligen Klöstern und ähnlichen Stiftungen zu einem besonderen Fonds vereinigte Vermögen benannt, das für immer von der Staatskasse getrennt bleiben soll. Stiftungszweck sind Zuschüsse zu Landesuniversität, Kirchen, Schulen und wohltätigen Zwecken. Die Verwaltung untersteht der Leitung durch das Ministerium, der Ständeversammlung ist jährlich ein Etatbericht vorzulegen. Es ergeht ein Veräußerungsverbot des Vermögens gleich dem des Domanialvermögens.

Hinsichtlich des Gründungspatents sind Unterschiede festzustellen: 1. Die Zuwendung für die »geistlichen Bedürfnisse Unserer Unterthanen« ist durch Einfügung der Landesuniversität konkretisiert worden. Da die Schule und von daher auch die Universität seit dem Westfälischen Frieden als ANEXIUM RELIGIONS angesehen werde, ergibt sich inhaltlich keine Erweiterung der Zweckbestimmung des Gründungspatents. Faktisch ist schon 1732 die Planung der Universitätsgründung durch Mittel der Klosterkasse gefördert und im weiteren Verlauf die Universität massiv bezuschußt worden.[208] Das allgemeine Veräußerungsverbot des Stiftungsvermögens wird wiederholt. Faktische Unterschiede gegenüber dem Gründungspatent ergeben sich nicht.

5.1.3 LANDESVERFASSUNGSGESTZ VON 1840[209]

§ 79 des Landesverfassungsgesetzes von 1840[210] zitiert fast wörtlich § 71 Landesverfassungsgesetz 1833, ersetzt nur die »wohlthätigen Zwecke aller Art« durch »milde Zwecke aller Art«; dieser Textänderung ist keine weitere Bedeutung beizumessen.

Von Bedeutung ist dagegen die Bezeichnung der Vermögensmasse als »Kloster-Vermögen«, wohingegen die früheren Dokumente immer nur von einem »vereinigten Vermögen« sprechen. Der Herkunft des Vermögens aus ehemals geistlichem Gut und seiner maßgeblichen Verwendung für kirchliche Zwecke wird durch diese Bezeichnung Rechnung getragen; inhaltlich scheint sie das aus-

---

206 Vgl.: KLOSTERKAMMER, Klosterfonds, 40-41.

207 Hann. GS I. 1833, 286.

208 Zur Bedeutung des Klosterfonds für die Universität Göttingen siehe Anm. 88.

209 Vgl.: KLOSTERKAMMER, Klosterfonds, 40-41.

210 Hann. GS I. 1840, 141.

zudrücken, was *Wacke* einmal als »kirchliche Stiftungsmasse unter staatlicher Obhut«[211] genannt hat, auch wenn durch das Preußische Oberverwaltungsgericht[212] dieser Sicht des Klosterfondsvermögens widersprochen worden ist. Von weiterer Bedeutung ist die Feststellung des Gesetzes, daß die Verwaltung des Stiftungsvermögens »allein der dazu vom Könige bestellten Behörde« obliegt: nur die Klosterkammer ist die Stiftungsverwaltung des Klosterfonds.

5.2 Beurteilung der Rechtspersönlichkeit des Hannoverschen Klosterfonds

5.2.1 DIE »FALKSCHE DENKSCHRIFT«[213]

Ein Fundamentaldatum hinsichtlich der Anerkennung des Klosterfonds als selbständige juristische Persönlichkeit stellt die »Denkschrift des Ministers der geistlichen, Unterrichts- und Medizinalangelegenheiten Dr. Falk vom 14. November 1877, betreffend die Entstehung, den rechtlichen Charakter und den Umfang der Verbindlichkeiten des Hannoverschen Klosterfonds« dar.

Nach einer ausführlichen Beschreibung der Entstehungsgeschichte, in der immer wieder explizit darauf hingewiesen wird, daß bei der Vereinigung von ehemals selbständigen Vermögen die Rechte und Pflichten durch den Allgemeinen Klosterfonds als Rechtsnachfolger wahrgenommen würden, äußert sich die Denkschrift in einem zweiten Abschnitt über den rechtlichen Charakter des Klosterfonds:

> »Aus der durch die vorstehende historische Entwicklung dargelegten Entstehung des Hannoverschen Allgemeinen Klosterfonds ergiebt [!] sich der rechtliche Charakter desselben von selbst. Der Klosterfonds ist eine mit selbständiger juristischer Persönlichkeit versehene Stiftung, deren rechtliche Vertretung und Verwaltung von der Klosterkammer zu Hannover geführt wird. Das Substrat der juristischen Persönlichkeit ist das zu einem Gesamtcomplexe vereinigte Vermögen 1) der aufgehobenen Stifter und Klöster im vormaligen Königreiche Hannover mit Ausnahme derjenigen, deren Vermögen entweder zum Staatsgute eingezogen ist [...] oder aber, sei es als Communalgut oder lokales Stiftungsgut, auf politische Gemeinden übergegangen ist; 2) der noch jetzt bestehenden Damenstifter im Fürstenthum Calenberg (Wennigsen, Barsinghausen, Wülfinghausen, Mariensee, Marienwerder auch Wunstorf).«

Als Begründung der juristischen Persönlichkeit des Klosterfonds führt die Denkschrift die Rechtsregel an, daß Stiftungen zu frommen und gemeinnützigen Zwek-

---

[211] WACKE, Kirchen- und Klosterkammer Weimar, 14.

[212] Vgl.: *PrOVGE* 57 (1911) 233.

[213] Abgedruckt im Textanhang, 8.4.3.

ken als selbständige juristische Persönlichkeit gelten. Dies ist insofern verwunderlich, als die Rechtsregel bezüglich der PIAE CAUSAE Stiftungen des privaten Rechts betrifft, der Hannoversche Klosterfonds aber eine Stiftung öffentlichen Rechtes ist, da er durch einen staatlichen Hoheitsakt ins Leben gerufen wurde. Dieser Widerspruch läßt sich aber auflösen, wenn die Argumentation folgendermaßen verstanden wird:

> »Wenn schon private Stiftungen zu frommen und gemeinnützigen Zwecken den Status juristischer Persönlichkeit genießen, dann um so mehr eine vom Staat selbst ins Leben gerufene derartige Stiftung.«[214]

Von Bedeutung ist der Nachsatz, daß der Klosterfonds auch durch »die erfolgte Anerkennung durch die Staatsgewalt« als selbständige juristische Persönlichkeit zu gelten hat. Das wird folgendermaßen näher erläutert:

> »Mit obiger Rechtsauffassung stimmt die seit dem Jahre 1818 constant und unbeschnitten geübte Praxis sowohl bei der Gesetzgebung als bei allen vor Verwaltungsbehörden und Gerichten vorkommenden Rechtsgeschäften [überein]«.

Als geltende Gesetze hinsichtlich des Klosterfonds sind § 75 Abs. 2[215] und § 79 des Hannoverschen Landesverfassungsgesetzes von 1840 sowie das wörtlich mitgeteilte Gründungspatent von 1818 in der Denkschrift benannt, ferner ein Gesetz zur Verwaltungsorganisation der unteren Verwaltungsebene.

Die Denkschrift hat die Rechtspersönlichkeit des Hannoverschen Klosterfonds als Stiftung des öffentlichen Rechts und damit einhergehend als selbständige juristische Person eindeutig festgestellt. Dieser Rechtsdefinition hat der Landtag nicht widersprochen, so daß von ihrer Geltung auszugehen ist. Am 31. Juli 1878 berichtete daher der preußische Kultusminister dem Kaiser und König:

> »[Es ist] endgültig festgestellt worden, daß der Hannoversche Klosterfonds eine selbständige Stiftung für geistliche, Unterrichts- und Wohltätigkeitszwecke in der Provinz Hannover bildet, für den unter der Leitung des Ministers für geistliche, Unterrichts- und Medizinalangelegenheiten eine eigene Verwaltung besteht. Die Belassung der Klosterkammer in ihrer bisherigen Verfassung und mit den bisherigen Zuständigkeiten ist schon dadurch, daß die Behörde auf gesetzlicher Bestimmung beruht, geboten. Die Verwaltung der Klosterkammer hat sich bewährt und eine Veranlassung, die bestehende Einrichtung derselben zu modifizieren, liegt nicht vor. Auch politische Erwägungen machen es zur Notwendigkeit, daran festzuhalten«[216].

---

[214] KLOSTERKAMMER, Klosterfonds, 43.

[215] »Dem Könige gebührt das Oberaufsichtsrecht über alle kirchlichen Zwecken, für den Unterricht und für andere öffentliche Zwecke bestimmten Stiftungen.«

[216] Zit. nach STALMANN, ALBRECHT: »Denkschrift [bzgl. Klosterfonds und Klosterkammer Hannover]«. Typoskript, 1961, 14f.; KLOSTERKAMMER, Klosterfonds 33f.

Die weitere Praxis hat sich die Auffassung der Denkschrift zu eigen gemacht: als 1901 Nachweise der Rechtspersönlichkeit der im Spezialetat des Kultusministeriums aufgeführten Fonds mit selbständiger Persönlichkeit gefordert wurden, verwies man im Falle des Klosterfonds auf die Denkschrift von 1877 und bestätigte deren Fortgeltung.

5.2.2 Gesetz »betreffend den Staatshaushalt« von 1898[217]

Die überkommene Regelung, nach der gemäß § 79 Abs. 3 des hannoverschen Landesverfassungsgesetzes von 1840 der allgemeinen Ständeversammlung eine Übersicht über den Etat des Allgemeinen Klosterfonds gegeben wurde, ist nach der Annexion des Königreichs Hannover durch Preußen nicht geändert worden: die Mitteilungen erfolgten seitdem vor dem preußischen Landtag. Durch das 1898 erlassene Gesetz über den Staatshaushalt[218] wurde die bestehende Regelung ebenfalls nicht angetastet. Gemäß § 2 Nr. 4 dieses Gesetzes gehören zu dem in den Staatshaushalt einzustellenden und dort zu führenden Etat auch

> »die Einnahmen und Ausgaben derjenigen zu besonderen Zwecken bestimmten Fonds, über welche dem Staate allein die Verfügung zusteht, sofern diese Fonds nicht juristische Persönlichkeit besitzen«.

Mit anderen Worten unterliegen die juristisch nicht selbständigen Personen dem Budgetrecht des Landtages. § 3 Abs. 1 legt weitergehend fest:

> »Mit den Spezialetats der betreffenden Staatsverwaltungen sind dem Landtage Nachweisungen von den veranschlagten Einnahmen und Ausgaben derjenigen der alleinigen Verfügung des Staates unterliegenden besonderen Fonds mitzuteilen, welche juristische Persönlichkeit besitzen und welche ganz oder zum Teil zu solchen Zwecken bestimmt sind, für welche auch allgemeine Staatsmittel verwendet werden.«

Diese Bestimmung nimmt die Fonds mit juristischer Persönlichkeit also eindeutig vom Budgetrecht des Landtags aus und erkennt diesem nur ein Recht auf Kenntnisnahme des Etats zu. Die zu diesem Gesetz erfolgte Begründung[219] des Gesetzgebers gibt zu wissen, daß die nicht selbständigen juristischen Personen deshalb in den Staatshaushalt einzustellen sind, weil ihre Einnahmen und Ausgaben als die des Staates anzusehen sind. Hinsichtlich der Fonds, die mit juristischer Persönlichkeit ausgestattet sind, erklärt der Gesetzgeber, daß der Staat hier

---

[217] Vgl.: KLOSTERKAMMER, Klosterfonds, 43-44; *PrOVGE* 57 (1911) 225-238; WACKE, Kirchen- und Klosterkammer Weimar, 14-15.

[218] Pr.GS 1898, 77.

[219] Zit. in: *PrOVGE* 57 (1911) 236.

»nur Vertreter eines anderen Rechtssubjekts, bzw. Verwalter - wenn auch mit den weitestgehenden Befugnissen ausgerüstet - eines vom Staatsvermögen verschiedenen Vermögens [ist], und die Einnahmen und Ausgaben, welche der Staat für diese Fonds erhebt bzw. leistet, sind Einnahmen und Ausgaben jenes besonderen Vermögens, nicht des Staates«[220].

Mit Erlaß des Staatshaushaltsgesetzes erfolgte jährlich im Staatshaushalt als Beilage zum Spezialetat des Kultusministeriums gemäß § 3 Abs. 1 des Staatshaushaltsgesetzes von 1898 der Nachweis des Etats der Fonds, die juristische Persönlichkeit besitzen und ganz oder teilweise zu Zwecken bestimmt sind, für die auch allgemeine Staatsmittel verwendet werden. In dieser Beilage ist auch der Hannoversche Klosterfonds aufgeführt, daher ist von einer Fortgeltung der bestehenden Rechtsauffassung der juristischen Selbständigkeit des Klosterfonds, wie sie durch die *Falksche Denkschrift* definiert wurde, auszugehen.

Im Etatjahr 1901 ist allen Fonds mit juristischer Persönlichkeit im Bereich des Ministeriums für geistliche, Unterrichts- und Medizinalangelegenheiten eine Denkschrift beigefügt worden, die die rechtliche Natur der einzelnen Fonds genau untersucht. Bezüglich des Allgemeinen Klosterfonds verweist dieses Papier auf die *Falksche Denkschrift* von 1877 und bestätigt die in dieser Schrift vorgenommene Beurteilung der juristischen Persönlichkeit des Fonds als eindeutig und fortgeltend.

Durch diese Behandlung des Klosterfonds im Staatshaushalt, der vom Landtag nicht widersprochen wurde, muß von einer Anerkennung der rechtlichen Eigenschaft des Fonds als milder Stiftung mit juristischen Persönlichkeit ausgegangen werden. Die 1899 erschienene »Hannoversche Verfassungs- und Verwaltungsgeschichte«[221] von *v. Meier* beschäftigt sich zwar ausführlich mit dem Calenberger Klosterdepartement und dessen Rechtsnatur, enthält sich aber einer Äußerung über die Rechtsnatur des Klosterfonds nach 1818. Im Gesetzeskommentar zum Hannoverschen Privatrecht von *Linckelmann/Fleck* von 1903 hingegen ist der oben beschriebene Rechtsstandpunkt bezüglich des Klosterfonds wiedergegeben: der Fonds wird als juristische Personen des öffentlichen Rechts geführt. Er ist unter der Rubrik »Landesfiskus« verzeichnet, hinsichtlich seiner Vertretung ist einschränkend vermerkt, daß diese nicht durch staatliche Stellen, sondern mittels einer Sondervertretung durch die Klosterkammer Hannover geschieht.[222] In dem 1907 im Preußischen Verwaltungsblatt erschienen Artikel von *Storck* über den Allgemeinen Hannoverschen Klosterfonds wird selbige Auffassung mitgeteilt:

---

[220] Zit. nach: *PrOVGE* 57 (1911) 236.

[221] Vgl.: V. MEIER, Verfassungs- und Verwaltungsgeschichte, 99-112.

[222] Vgl.: LINCKELMANN, KARL; FLECK, ERNST: *Das Hannoversche Privatrecht.* Hannover : Helwing, 1903, 18.

»Will man das Wesen des Klosterfonds kurz definieren, so muß man ihn als ein mit Rechtspersönlichkeit ausgestattetes, auf Grundbesitz basierendes Zweckvermögen, zu dessen Verwaltung und Vertretung eine besondere königliche Behörde bestellt ist, bezeichnen.«[223]

5.2.3 Entscheidung des preußischen Oberverwaltungsgerichts von 1910

Anläßlich einer Klage auf Schulunterhaltungsleistungen gegen den Allgemeinen Hannoverschen Klosterfonds hat sich des preußische Oberverwaltungsgericht im Jahre 1910 mit der Rechtsnatur des Klosterfonds und der Klosterkammer befaßt.[224]

Als rechtliche Grundlagen des Klosterfonds und der Klosterkammer zitiert das Oberverwaltungsgericht das landesherrliche Patent zur Errichtung der Klosterkammer vom 8. Mai 1818 und den fast wörtlich mit § 71 des vorausgegangenen Grundgesetzes übereinstimmenden § 79 des Landesverfassungsgesetzes von 1840. Aufgrund dieser Gesetzeslage stellt das Gericht fest, daß Zweck und rechtliche Wirkung der Säkularisation darin bestanden haben, das Vermögen der säkularisierten Klöster und Stifter seines kirchlichen Charakters zu entkleiden, es zu verstaatlichen und der freien Verfügung des Landesherrn zu unterstellen:

»Die Landesherren waren an die kirchliche Zweckbestimmung der Güter vor Aufhebung der Klöster und Stifter nicht mehr gebunden, verfügten vielmehr über die Verwendung der eingezogenen Vermögensmassen nach ihrem Belieben, wenn auch vorwiegend zu Kirchen- und Schulzwecken.«[225]

Aus dieser Sachlage zieht das Gericht den Schluß, daß bei der Säkularisation nur solche Leistungen auf den Rechtsnachfolger übergegangen sind, für die ein Rechtstitel bestanden hat, herkömmliche Leistungen, die aus der urspünglichen Einrichtung eines Objektes herrühren[226], dagegen nicht. Daraus folgt für das Gericht, daß, wenn die Landesherrn durch Übergang ehemals kirchlichen Eigentums keine kirchlichen Beteiligten oder Rechtsnachfolger der aufgehobenen Klöster und Stifte in bezug auf deren herkömmliche Leistungen sind, der Klosterfonds dieses noch viel weniger sein kann, da er eine aus dem landesherrlichen Vermögen, das als solches schon frei von diesen Verpflichtungen ist, abgesonderte Stiftung darstellt.[227]

---

[223] STORCK, Klosterfonds, 545-548, hier: 545.

[224] *PrOVGE* 57 (1911) 226-238. Vgl.: KLOSTERKAMMER, Klosterfonds, 44.

[225] *PrOVGE* 57 (1911) 233.

[226] Gemeint ist hier die Unterhaltung einer Schule als ursprüngliche Einrichtung eines Klosters.

[227] Vgl.: *PrOVGE* 57 (1911) 233.

Weiterhin folgt für das Gericht in bezug auf die zu beurteilende Unterhaltungstreitigkeit, daß im Falle des Staates in bezug auf Schul- und Unterrichtszwecke von einer allgemeinen Verpflichtung zum Unterhalt ausgegangen werden kann, eine Heranziehung Dritter, wie im Falle des Klosterfonds versucht, nur durch den Nachweis des Bestehens verpflichtender Rechtstitel erfolgen kann. Es stellt eindeutig fest:

> »Der Klosterfonds ist kein Bestandteil des fiskalischen Vermögens, sondern bildet eine mit selbständiger juristischer Persönlichkeit versehene milde Stiftung, deren rechtliche Vertretung und Verwaltung von der Klosterkammer zu Hannover ausgeführt wird. Die juristische Persönlichkeit gründet sich auf die Rechtsregel des gemeinen Rechtes, nach welcher Stiftungen für einen frommen und gemeinnützigen Zweck als selbständige juristische Persönlichkeiten gelten, und auf die erfolgte Anerkennung durch die Staatsgewalt.«[228]

Im Folgenden bezieht sich das Gericht ausdrücklich auf die *Falksche Denkschrift* von 1877 und zitiert diese. Es führt aus, daß die zum Klosterfonds geschlagenen Vermögensmassen ursprünglich dem vom Staatsvermögen noch nicht getrennten Vermögen des Landesherrn einverleibt waren und, wenn nicht durch das Gründungspatent von 1818, so doch durch die Bestimmungen des Staatsverfassungsgesetzes von 1833 und des Landesverfassungsgesetzes von 1840 das im Klosterfonds zusammengefaßte Vermögen seine rechtliche Gestalt als »eine aus dem staatlichen Vermögen abgesonderte milde Stiftung mit selbständiger juristischer Rechtspersönlichkeit«[229] erhielt.

Die Anerkennung dieser Rechtsgestalt ist nach Ansicht des Gerichts auch aus der bisher geübten Rechtspraxis zu entnehmen.

Zum einen wird angeführt, daß das Abgeordnetenhaus der in der *Falkschen Denkschrift* vertretenen Rechtsansicht über den Klosterfonds nicht widersprochen und keinen gegenteiligen Beschluß gefaßt hat, also von einer Anerkennung der dort vertretenen Rechtsauffassung auszugehen ist.

Zum anderen wird darauf hingewiesen, daß der Ständeversammlung gemäß § 79 Abs. 3 des Landesverfassungsgesetzes von 1840 nur eine Übersicht über den Etat des Klosterfonds mitgeteilt wurde, ihr aber kein Bewilligungsrecht bezüglich des Fonds zustand. Zusammen mit der in der *Falkschen Denkschrift* vertretenen Rechtsauffassung ist auch diese Regelung durch das Abgeordnetenhaus gebilligt worden. Durch Verabschiedung des Staatshaushaltsgesetzes von 1898 ist die sich in Gebrauch befindliche Regelung bezüglich des Klosterfonds gesetzlich festgestellt worden. Der Klosterfonds ist unter die juristisch selbständigen Personen eingeordnet worden und unterlag gemäß § 3 Abs. 1 des Staatshaushaltsgesetzes

---

[228] *PrOVGE* 57 (1911) 234.

[229] *PrOVGE* 57 (1911) 235.

nur der Verpflichtung eines Etatnachweises gegenüber dem Landtag. Auch diesem Vorgang ist nicht widersprochen worden, so daß von der Gültigkeit der Rechtsauffassung auszugehen ist.

In der im Jahre 1901 verfaßten Denkschrift über die der Aufsicht des Kultusministeriums unterliegenden Fonds, die einzeln auf ihre rechtliche Gestalt untersucht werden, wird hinsichtlich des Allgemeinen Hannoverschen Klosterfonds nur auf die *Falksche Denkschrift* hingewiesen, die den rechtlichen Charakter des Fonds nachgewiesen habe[230] und als maßgeblich betrachtet wird.

5.3 Anwendbarkeit verfassungsrechtlicher Bestimmungen auf den Allgemeinen Hannoverschen Klosterfonds und die Klosterkammer Hannover

5.3.1 DEUTSCHE VERFASSUNG VON 1919 (WEIMARER REICHSVERFASSUNG)[231]

Durch die Weimarer Verfassung änderte sich nichts an der Rechtsstellung des Allgemeinen Hannoverschen Klosterfonds, sie blieb in der gewachsenen Gestalt anerkannt. Im Gesetzeskommentar von *Linckelmann/Wiedemann* aus dem Jahre 1930 heißt es demnach auch:

> »Die Klosterkammer ist eine preußische Staatsbehörde (Provinzialbehörde) und verwaltet und vertritt den Allgemeinen Klosterfonds, das heißt, das Vermögen, das aus den Einkünften der aufgehobenen Stifte und Klöster zu einem besonderen Fonds vereinigt ist, einschließlich der später zugewiesenen Aufgaben. Der Allgemeine Klosterfonds ist eine mit selbständiger juristischer Persönlichkeit ausgestattete Stiftung«.[232]

Als Quellen dieser Rechtsauffassung sind die Entscheidung des Preußischen Oberverwaltungsgerichts von 1910, die Festschrift zum 110jährigen Bestehen der Klosterkammer (1928), die auch eine die obige Rechtsauffassung wiedergebende Ansprache des preußischen Kultusministers enthält, und das Preußische Staatshandbuch des Jahres 1928 angegeben[233].

---

230 Vgl. *PrOVGE* 57 (1911) 237.

231 HECKEL, Kirchengut und Staatsgewalt, 354-370; CAMPENHAUSEN, AXEL FRHR. VON: »Eigentumsgarantie und Säkularisationsverbot im Grundgesetz«. In: *BayVBl.* 102 (1971) 336-338, hier: 336-337; DERS., Staatskirchenrecht, 315-319; KLOSTERKAMMER, Klosterfonds, 44-45.

232 LINKELMANN, KARL; WIEDEMANN, HEINRICH: *Das Hannoversche Privatrecht.* Hannover : C. B. Engelhard, ^{2}1930, 31-32.

233 Nachweise bei LINCKELMANN/WIEDEMANN, Hannoversches Privatrecht, 32.

Auf den Allgemeinen Hannoverschen Klosterfonds finden zwei Artikel der Weimarer Verfassung Anwendung: Artikel 138 Abs. 2 WRV und Art. 153 WRV beziehen sich auf den Vermögensbestand des Klosterfonds. Wenn die gegenteilige Ansicht vertreten wird, daß sich Art. 138 Abs. 2 WRV[234] nicht auf den Klosterfonds beziehen könne, weil weder Staat noch Kirche Eigentümer des Stiftungsvermögens sei, so ist dieser zu widersprechen. Auch wenn man den Klosterfonds nicht als kirchliches Rechtssubjekt betrachten kann[235], so erbringt er satzungsgemäß Leistungen für kirchliche Zwecke und es besteht daher ein Recht der Kirchen auf Leistungen des Klosterfonds. Durch Ursprung wie Zweckbestimmung[236] steht der Klosterfonds in enger Beziehung zum kirchlichen Vermögen, daher ist Art. 138 Abs. 2 WRV auf den Allgemeinen Klosterfonds anzuwenden.

Zunächst garantiert Art. 153 Abs. 1 WRV das Vermögen natürlicher wie juristischer Personen, ermöglicht aber gleichermaßen durch die Bestimmung Abs. 2 die entschädigungslose Enteignung. Unter dieser Hinsicht wurde zur Weimarer Zeit die Auffassung verteten, daß die in Art. 138 Abs. 2 WRV enthaltene Garantie kirchlicher Vermögen eine Einschränkung von Art. 153 Abs. 2 WRV darstelle und das kirchliche Vermögen vor entschädigungsloser Enteignung schütze. Wenn auch diese Interpretation »schon unter Geltung der Weimarer Reichsverfassung falsch«[237] war, da sie nur eine privatrechtliche Deutung der kirchlichen Eigentumsverhältnisse vornahm und ihre öffentliche Funktion außer Acht ließ, so änderte sich die Interpretation dieses Artikels zunächst nicht.

Die fundamentale Bedeutung dieser Artikel als Säkularisationverbot über die Eigentumsgarantie hinaus in der Anerkennung der öffentlichen Funktion der Kirche entwickelte sich erst allmählich. Seine besondere Bedeutung für die Rechtslehre[238] in der Interpretation im Zusammenhang mit Art. 14 GG hat sich erst zur Zeit des Bonner Grundgesetzes entwickelt.

5.3.2 Vorläufige Niedersächsiche Landesverfassung

Immer wieder ist im Verlaufe der Geschichte die Frage nach der Rechtsnatur des Allgemeinen Hannoverschen Klosterfonds (AHK) und der Klosterkammer Hannover (KlK) gestellt worden, in der Regel im Zusammenhang mit dem Versuch

---

[234] Art. 138 Abs. 2 WRV: Das Eigentum und andere Rechte der Religionsgesellschaften [...] an ihren für Kultus-, Unterrichts- und Wohltätigkeitszwecke bestimmten Anstalten, Stiftungen und sonstigen Vermögen wird gewährleistet.

[235] Vgl.: *PrOVGE* 57 (1911) 233.

[236] Vgl.: Stalmann, Klosterkammer, 15.

[237] Grundmann, zit. nach: v. Campenhausen, Staatskirchenrecht, 315.

[238] Bedeutend für diese Sicht ist die 1952 vorgenommene Untersuchung von Heckel, Kirchengut und Staatsgewalt.

des Eingriffes in die Organisation und Verwaltung[239] oder der Frage nach der völligen Eingliederung in den Staatsfiskus[240]. Nach Inkrafttreten der Vorläufige Niedersächsische Landesverfassung (VNV) im Jahre 1951 haben sich daher verschiedene Autoren mit der Rechtsnatur von AHK und KlK beschäftigt; eine abschließende Klärung ist durch Entscheid des Niedersächsischen Staatsgerichtshofes 1972 erfolgt.

5.3.2.1 Gutachten Weber

Eine ausführliche Auseinandersetzung mit den für den Hannoverschen Klosterfonds nach niedersächsischem Recht geltenden Vorschiften erfolgte im Rechtsgutachten des Göttinger Rechtswissenschaftlers *Weber* aus dem Jahre 1962. Weil die Auffassung von *Weber* in *Heinrich Kortes* Standardwerk »Die Verfassung und Verwaltung Niedersachsens« rezipiert und von der Rechtslehre anerkannt wurde[241], soll sie nachfolgend beschrieben werden.

Aufgrund von Überlegungen, der Klosterkammer die Verwaltung der Klosterforsten zu entziehen und dem Niedersächsischen Minister für Landwirtschaft, Ernährung und Forsten zu übertragen[242], hat der Niedersächsische Kultusminister ein Rechtsgutachten in Auftrag gegeben, um festzustellen, ob derartige Maßnahmen zulässig seien und wie sie gegebenenfalls ausgeführt werden könnten. Insbesondere sollte das Gutachten untersuchen, ob § 79 des Landesverfassungsgesetzes für das Königreich Hannover von 1840 geltendes niedersächsisches Verfassungs-

---

239 Exemplarisch dafür ist die Frage nach der Verwaltung der Klosterforsten. Siehe dazu Kapitel 5.5.

240 Aus neuerer Zeit: „Hinsichtlich der Klosterkammer wirft die Kommission, ohne jedoch die Überlegungen zu Ende zu führen, die Frage auf, ob der Klosterfonds als solcher noch seine Berechtigung habe und ob es nicht an der Zeit wäre, `die juristische Verselbständigung des in ihm zusammengefaßten Vermögens aufzulösen und dieses Vermögen dem allgemeinen Landesvermögen zuzuschlagen, innerhalb dessen es dann an jeweils zuständiger Stelle zu verwalten wäre´.«. QUIDDE, THOMAS: »Das Gutachten der Sachverständigenkommission für die Verwaltungs- und Gebietsreform in Niedersachsen«. In: *Neues Archiv für Niedersachsen* 18 (1969) 107-116, hier: 115.

241 KLOSTERFONDS, Klosterkammer, 46. Vgl.auch die Anm. bei KORTE, HEINRICH: *Verfassung und Verwaltung und Verwaltung des Landes Niedersachsen*. Göttingen : Vandenhoeck & Ruprecht, 1962, 83-84.

242 »Die besondere Klosterforstverwaltung wird aufgelöst. Die Landesforstverwaltung bewirtschaftet die Forsten des Klosterfonds für Rechnung der Klosterkammer mit eigenen Beamten, Angestellten und Arbeitern. Der sich aus der gemeinsamen Bewirtschaftung ergebende Reinertrag wird nach einem festzulegenden Schlüssel auf das Land und die Klosterkammer verteilt.« Vorschlag des Niedersächsischen Ministers für Ernährung, Landwirtschaft und Forsten, zit. nach: WEBER, WERNER: »Rechtsgutachten über die Überführung der Verwaltung der Klosterforsten aus dem Allgemeinen Hannoverschen Klosterfonds auf die Landesforstverwaltung«. Typoskript, 1962, 2.

recht ist und ob der geplante Eingriff in die Verwaltung der Klosterkammer durch eine Verwaltungsvereinbarung zwischen den betreffenden Fachministerien oder durch ein Gesetz zu geschehen habe.[243]

Für die Beantwortung der Frage, ob die angestrebten Eingriffe in die Verwaltung der Klosterkammer der Exekutive des Ministeriums unterliegen, oder ob sie einer gesetzlichen Regelung, wobei die Art und Weise der gesetzlichen Regelung gesondert zu untersuchen ist, bedürfen, kommen die Art. 29 Abs. 1 VNV in Verbindung mit den Art. 32 VNV und 43 VNV sowie die Art. 55 VNV und 56 VNV in Betracht.

Zunächst ist festzustellen, ob die Einrichtung von Klosterfonds und Klosterkammer auf einem Gesetz beruht, da in diesem Falle gemäß Art. 29 VNV das Landesministerium keine Entscheidungsbefugnis hat, sondern es ebenfalls eines Gesetzes zur Änderung des bestehenden Zustandes bedarf.

Die Untersuchung über den bestehenden Status des Klosterfonds und der Klosterkammer ergibt, daß dieser auf gesetzlicher Grundlage beruht. Anzuführen ist dafür die rechtstheoretische Definition der *Falkschen Denkschrift*, die bezüglich dieser Frage für § 79 Abs. 1, 2 und 4 der Hannoverschen Landesverfassung von 1840 die Feststellung trifft, daß diese Regelungen »die in Betreff der Oberaufsicht und Verwaltung des Klosterfonds in Geltung befindlichen gesetzlichen Bestimmungen« sind. Diesen Standpunkt hat das preußische Oberverwaltungsgericht 1910 ausdrücklich bestätigt und die gesetzlichen Bestimmungen des Gründungspatens der Klosterkammer von 1818, sowie die Bestimmungen von § 71 des Staatsgrundgesetzes von 1833 und von § 79 des Landesverfassungsgesetzes von 1840 als für die Existenz des Klosterfonds und der Klosterkammer konstitutiv bezeichnet und anerkannt.[244]

Nach der Festellung der gesetzlichen Grundlage von Klosterfonds und Klosterkammer ist zu fragen, ob und inwieweit diese Gesetze[245] fortgelten.

---

[243] Vgl.: WEBER, Rechtsgutachten, 2ff.

[244] Vgl.: *PrOVGE* 57 (1911) 233, 235.

[245] Hinsichtlich des Gründungspatents von 1818 stellt sich die Frage, ob es als Gesetz oder als Regierungsakt anzusehen ist. Gegen die Interpretation als Gesetz spricht die Formulierung in § 79 Abs. 2 Landesverfassungsgesetz 1840, das die »Verwaltung der vom Könige bestellten Behörde« zuweist und damit die Interpretation der Einrichtung durch exekutivische Organisationsbefugnis nahelegt. Für die Interpretation als Gesetz spricht die Aufnahme in die Abteilung I. (Verfassungsrecht) der Hannoverschen Gesetzsammlung. Die definitive Klärung dieser Frage ist aber unerheblich, denn »auf jeden Fall hat der spätere § 79 des Landesverfassungsgesetzes von 1840 den Status des Klosterfonds zum Gegenstand einer gesetzlichen Regelung im nachkonstitutionellen Sinne gemacht, und für jede Änderung an der damals getroffenen Regelung ist deshalb wiederum ein Gesetz erforderlich«. WEBER, Rechtsgutachten, 11.

Die Annexion des Königreichs durch den preußischen Staat im Jahre 1866 und die im Zuge dieser Maßnahmen erlassenen Gesetze[246] über die Vereinigung der beiden Staaten haben keine Auswirkung auf die den Klosterfonds und die Klosterkammer betreffenden Gesetze. Dies begründet sich folgendermaßen: gemäß § 2 des Gesetzes über die Vereinigung von 1866 gelten die Bestimmungen, für die das preußische Gesetz keinen Ersatz bietet, mit einfacher Gesetzeskraft fort. Außerdem erklärt das »Patent wegen Besitznahme des vormaligen Königreichs Hannover«[247] von 1866 ausdrücklich, daß »alle Gesetze und Einrichtungen der Hannoverschen Lande erhalten [bleiben sollen], soweit sie der Ausdruck berechtigter Eigentümlichkeiten sind und in Kraft bleiben können [...]«. Ein eindeutiger Beleg dafür, daß sich diese Garantie auch auf § 79 der Hannoverschen Landesverfassung von 1840 bezieht, sind die *Falksche Denkschrift,* die Entscheidung des preußischen Oberverwaltungsgerichtes sowie das Schreiben des preußischen Ministers für geistliche, Unterrichts- und Medizinalangelegenheiten von 1878 an den König, in dem es ausdrücklich heißt, daß die Klosterkammer in ihrem Bestand belassen werde, weil sie »auf gesetzlicher Bestimmung«[248] beruhe. Wichtig ist daher festzuhalten, daß die Vorschrift des preußischen Gesetzes von 1866 über die Vereinigung der Staaten Hannover und Preußen den »gegenwärtig fortdauernden Status des Klosterfonds begründet und [...] das in Form des Gesetzes getan [hat]. Danach bedarf jede Änderung des damals gesetzlich festgelegten auch heute eine Gesetzes«[249]. Ohne Bedeutung ist von daher, ob § 79 des Hannoverschen Landesverfassungsgesetzes ununterbrochen fortgegolten hat oder nicht, da durch das nachfolgende preußische Gesetz der gewachsene Zustand von Klosterkammer und Klosterfonds mit Gesetzeskraft festgestellt wurde.

Aufgrund dieses Ergebnisses ist von der Geltung des Gesetzesvorbehalts nach Art. 32 VNV[250] auszugehen. Weil der Status des Klosterfonds und der Klosterkammer auf gesetzlicher Regelung beruht, kann er nicht durch exekutivische Akte des Landesministeriums und noch viel weniger durch Vereinbarungen zwischen den die Aufsicht führenden Fachministerien, sondern nur durch ein Gesetz geändert werden. Die Bestimmung Art. 55 Abs. 2 VNV (Erfordernis der verfassungsmäßigen Mehrheit gemäß Art. 38 VNV bei Gesetzesänderungen der Verfassungstexte ehemaliger Länder) kann auf den Gesetzesvorbehalt Art. 32 VNV

[246] Pr.GS 1866, 555f.

[247] Pr.GS 1866, 591f.

[248] Zit. nach STALMANN, Denkschrift, 15.

[249] WEBER, Rechtsgutachten, 12-13.

[250] Art. 32 VNV: Allgemein verbindliche Anordnungen der Staatsgewalt, durch die Rechte oder Pflichten begründet, geändert oder aufgehoben werden, bedürfen der Form des Gesetzes.

nicht angewandt werden, weil sich diese Bestimmung nicht auf die Hannoversche Landesverfassung von 1840 erstreckt.[251]

Nachdem festgestellt ist, daß Eingriffe in die Organisation von Klosterfonds und Klosterkammer mittels einfacher Gesetze erfolgen können, ist zu untersuchen, ob die Landesverfassung Bestimmungen enthält, die derartige Maßnahmen regeln. Im Falle von Klosterfonds und Klosterkammer ist daher zu untersuchen, ob Art. 56 Abs. 2 VNV (Schutz der überkommenen heimatgebundenen Einrichtungen) auf diese anzuwenden ist.

Art. 56 Abs. 2 VNV gewährt den überkommenen heimatgebundenen Einrichtungen der ehemaligen Länder Hannover, Oldenburg, Braunschweig und Schaumburg-Lippe einen verfassungsrechtlichen Bestandsschutz. Wie *Weber* darlegt, ist diese Einrichtungsgarantie als »institutionelle Garantie« aufzufassen und im Zusammenhang mit den institutionellen Garantien des Grundgesetzes zu interpretieren.[252] Das Wesen dieser institutionellen Garantie ist wie folgt zu verstehen:

> »[Sinn ist], daß eine überkommene Einrichtung der öffentlichen Ordnung in ihren geschichtlich ausgeprägten entscheidenden Wesenszügen von Verfassungs wegen bestandsfest gemacht und der Veränderung auch durch den Gesetzgeber entzogen werden soll. Das bedeutet nicht, daß der angegebene status quo des gegebenen Bestandes unantastbar wäre. Der Gesetzgeber kann vielmehr [...] das geschichtlich Gewordene weiterentwickeln und den Zeiterfordernissen anpassen. Er kann aber die überkommene und so dem Schutz der Verfassung unterstellte Instituion niemals in ihrem geschichtlich ausgeprägten Wesenskern verändern, geschweige denn sie überhaupt auflösen«.[253]

Diese Theorie findet demnach auch auf Art. 56 Abs. 2 VNV Anwendung. Ebenfalls zu berücksichtigen ist, daß die überlieferte Institution nicht nur durch die für sie geltenden Normen zu erfassen ist. Genauso fällt unter die Bestandsgarantie von Art. 56 Abs. 2 VNV die im Verlauf der Geschichte tatsächlich erfolgte Ausgestaltung der Einrichtung: auch sie ist, obwohl nicht normiert, verfassungsrechtlich geschützt.

Um den vorstehend interpretierten Verfassungsartikel anwenden zu können, sind Klosterfonds und Klosterkammer als heimatgebundene Einrichtungen zu qualifizieren.

---

[251] Art. 55 Abs. 2 VNV bezieht sich nur auf die aus der Weimarer Zeit stammmenden, regional begrenzten Landesverfassungen. »Mit Art. 55 Abs. 2 LV auch an die monarchischen Staatsverfassungen der Einzelstaaten vor der Reichsgründung von 1870 anzuknüpfen, stand dagegen den Schöpfern der Verfassung Niedersachsens in keiner Phase vor Augen [...].« WEBER, Rechtsgutachten, 14-15. Dort auch weitere Belege dieser Position.

[252] Vgl.: WEBER, Rechtsgutachten, 17f.

[253] WEBER, Rechtsgutachten, 18-19.

Die besondere Stellung des Klosterfonds und der Klosterkammer und ihre Bedeutung für den hannoverschen Staat werden durch die Aufnahme der ihn betreffenden Verordnungen in die Landesverfassungen von 1833 und 1840 deutlich. Die Akzeptanz ihrer Bedeutung ist auch daran zu erkennen, daß über eineinhalb Jahrhunderte ungeachtet aller staatsrechtlichen Veränderungen die gewachsene Gestalt wohl Gegenstand der Untersuchung, nie aber der Veränderung war. In amtlichen Denkschriften wie in wissenschaftlichen Untersuchungen wird immer wieder auf die Einzigartigkeit der Einrichtung des Klosterfonds und seine besondere Bedeutung für die hannoverschen Lande hingewiesen.[254] *Weber* faßt zusammen:

> »Man wird in der Wahl der Worte nicht fehlgreifen, wenn man den Hannoverschen Klosterfonds geradezu als klassischen Fall einer überkommenen heimatgebundenen öffentlichen Einrichtung des hannoverschen Landesteils innerhalb Niedersachsens qualifiziert.«[255]

Aus der Anwendung von Art. 56 Abs.2 VNV auf den Klosterfonds und die Klosterkammer, deren Rechtmäßigkeit nun festgestellt ist, folgt, daß beide zu erhalten und vor Änderung und Aufhebung zu bewahren sind. Als einzige Einschränkung des Gesetzes sind Maßnahmen erlaubt, die sich auf das ganze Bundesland beziehen.

Bezüglich der eingangs gestellten Frage nach der Zulässigkeit von Organisationsänderungen der Klosterkammer als Verwaltungsbehörde des Klosterfonds ist festzustellen, daß diese daraufhin zu überprüfen sind, ob sie den Klosterfonds »in seinem geschichtlich ausgeprägten Wesenskern verändern«[256] würden. Griffen die beabsichtigten Änderungen in die historische Gestalt ein, so widersprächen sie Art. 56 Abs. 2 VNV und wären abzulehnen. Einen derartigen Eingriff stellten alle Maßnahmen dar, die der Klosterkammer als einzig zuständiger Verwaltungsbehörde des Klosterfonds die Verwaltung des Stiftungsvermögens entzögen. Gemäß Bestimmung § 79 Landesverfassungsgesetz von 1840 hat, wie schon in den vorhergehenden Regelungen festgelegt, die Vermögensverwaltung des Klosterfonds »von den öffentlichen Kassen völlig getrennt« zu erfolgen. Diese Vorschrift ist dahingegehend zu interpretieren, daß

> »die im Klosterfonds abgesonderte Vermögensmasse auch körperlich selbständig verwaltet, sie dadurch in ihren historischen Zusammenhängen bewahrt und sie in

[254] Vgl. etwa: STALMANN, Denkschrift, 15, KRUSCH, Klosterkammer, 3-5; V. CAMPENHAUSEN, 450 Jahre Klosterfonds, 283.

[255] WEBER, Rechtsgutachten, 19.

[256] WEBER, Rechtsgutachten, 20.

der Hand der sie verwaltenden Behörde stets auch mit der Betreuung des Verwendungszwecks gekoppelt zu wissen«[257].

Damit sind alle Eingriffe, die einen dem Klosterfonds wesenseigentümlichen Bereich betreffen, ausgeschlossen. Auf die anfänglich erwähnte Frage nach der Zulässigkeit der Übernahme der Forstverwaltung durch das Land ist daher zu antworten, daß diese nicht zulässig ist, weil die Forsten zum Vermögen des Klosterfonds und damit zu seinem Wesenskern gehören.

5.3.2.2 Bewertung der Rechtsnatur des AHK durch Heinrich Korte

Die vorstehend dargelegten Überlegungen von *Weber* finden sich auch im Werk »Verfassung und Verwaltung des Landes Niedersachsen« von *Heinrich Korte* und haben Eingang in die allgemeine Rechtsauffassung bezüglich des Klosterfonds gefunden. *Korte* beschreibt den Allgemeinen Hannoverschen Klosterfonds als eine Einrichtung mit »einem in Deutschland einzigartigen rechtshistorischen und rechtlichen Gepräge, die sich eineinhalb Jahrhunderte im wesentlichen unverändert erhalten hat«[258]. Er folgt der von *Weber* mitgeteilten Rechtsauffassung und bewertet den Klosterfonds als heimatgebundene Einrichtung im Sinne von Art. 56 Abs. 2 VNV:

> »Es kann nicht bezweifelt werden, daß der Allgemeine Hannoversche Klosterfonds [...] zu den überkommenen heimatgebundenen Einrichtungen im Sinne des Art. 56 Abs. 2 Vorl. Verf. [gehört].«[259]

Korte erkennt auf die hinsichtlich der für den Klosterfonds konstitutiven Rechtsnormen ebenfalls auf die Weitergeltung von § 79 der hannoverschen Landesverfassung von 1840[260] und damit der gebotenen Anwendung des Gesetzesvorbehalts gemäß Art. 32 VNV, wie schon *Weber* in seinem Gutachten dargelegt hat. Auch wenn die Rechtsposition nicht eindeutig geklärt ist, kann von dieser Auffassung ausgegangen werden.[261]

---

[257] WEBER, Rechsgutachten, 21.

[258] KORTE, Verfassung und Verwaltung, 77.

[259] KORTE, Verfassung und Verwaltung, 83. »Die Leistungen des Allgemeinen Hannoverschen Klosterfonds für das kulturelle Leben des Kurfürstentums, Königreichs und der preußischen Provinz Hannover sowie des jetzigen Landes Niedersachsen, besonders für die Landesuniversität Göttingen und für die Erhaltung der Kunstdenkmäler, sind unermeßlich; sie beruhen im Wesentlichen darauf, daß es der Klosterkammer trotz Inflation und Währungsumstellung, aber in politisch bewegten Zeiten gelungen ist, nicht nur die Substanz, sondern auch das Erbe geschichtlich zu erhalten.« KORTE, Verfassung und Verwaltung, 80.

[260] Hier erfolgt der Verweis auf die *Falksche Denkschrift*, das Urteil des preußischen Oberverwaltungsgerichts von 1910 und das preußische Patent »wegen der Besitznahme« von 1866. Vgl.: KORTE, Verfassung und Verwaltung, 79, Anm. 85.

[261] Vgl.: KORTE, Verfassung und Verwaltung, 85.

Ferner bemerkt *Korte*, daß ein Eingriff in die Verwaltung des Klosterfonds nur dann möglich ist, wenn die Verfassungsbestimmung des Schutzes heimatgebundener überkommener Einrichtungen gemäß Art. 56 Abs. 2 VNV geändert wird[262]; für verfassungsändernde Maßnahmen gemäß den in Art. 38 VNV vorgeschriebenen Mehrheiten. Ausdrücklich wird herausgestellt, daß jeder Zugriff von Außen auf das Vermögen, sei es durch direkten Verwaltungszugriff oder indirekte, die Verwaltungsführung beeinträchtigende Maßnahmen, das »der Absonderung des Vermögens zugrunde liegende Prinzip verletzt« und damit »der verfassungsrechtliche Kern der Einrichtung« getroffen wird. Auf diese Weise wird die »historische Bindung der Verwaltung mit dem Verwendungzweck« gelockert oder gelöst, weil sich die Störung der wirtschaftlichen Funktion des Fonds auf dessen historisch gewachsene Einheit und Geschlossenheit auswirkt[263].

Eine weitere normierende Interpretation hat der Rechtscharakter des Klosterfonds durch das Urteil des Niedersächsichen Staatsgerichtshofs im Jahre 1972 erfahren.

5.3.2.3 Gutachten von Kaulitz/Reis/Sperling[264]

Durch eine Verwaltungsentscheidung der Landesministerien ist die Verwaltung der Klosterforsten dem Landwirtschaftsministerium übertragen und der Verwaltung der Klosterkammer entzogen worden.[265] »Diese - vielleicht nur erste? - die herkömmliche Selbständigkeit des Klosterguts berührende Maßnahme eröffnet[e] weitreichende Perspektiven«[266] und war der Anlaß eines Gutachtens über die Rechtslage verschiedener Stiftungen und Fonds, das sich auch mit der Rechtsnatur des Allgemeinen Hannoverschen Klosterfonds beschäftigt hat. Die Ergebnisse dieses umfassenden Gutachtens werden nachfolgend mitgeteilt.

Der Allgemeine Hannoversche Klosterfonds ist eine rechtsfähige Stiftung des öffentlichen Rechts.[267] Für diese Auffassung sind zwei Feststellungen maßgeblich.

Nach gegenwärtigem Rechtsverständnis gilt der Klosterfonds als eine rechtsfähige Stiftung des öffentlichen Rechts. Alle notwendigen Maßnahmen sind erfolgt: der Stiftungsakt wurde in schriftlicher Form vollzogen, als Stiftungsurkunde ist

---

[262] Vgl.: KORTE, Verfassung und Verwaltung, 84.

[263] Vgl.: KORTE, Verfassung und Verwaltung, 84.

[264] KAULITZ, JÜRGEN; REIS, HANS; SPERLING, EBERHARD: »Zur Rechtslage des Allgemeinen Hannoverschen Klosterfonds, des Braunschweigischen Vereinigten Kloster- und Studienfonds und anderer ähnlicher Stiftungen und Fonds«. In: *ZevKR* 16 (1971) 386-410.

[265] Vgl.: KAULITZ/REIS/SPERLING, Rechtslage, 386.

[266] KAULITZ/REIS/SPERLING, Rechtslage, 386.

[267] KAULITZ/REIS/SPERLING, Rechtslage, 386-392. Ebenfalls: CAMPENHAUSEN, AXEL FRHR. VON: »Stiftungen des öffentlichen Rechts«. In: CAMPENHAUSEN, AXEL FRHR. VON (Hrsg.): *Handbuch des Stiftungsrechts*. München : C. H. Beck, [2]1999, 443-472, hier: 453.

das Gründungspatent von 1818 anzusehen. Es enthält Angaben über Zweck, Namen, Verwaltung und Verwendung des Stiftungsvermögens, benennt die Stiftungsvertretung und legt ihren Sitz fest. Ebenfalls ist ein staatlicher Hoheitsakt erfolgt, der der Stiftung den Charakter einer Stiftung des öffentlichen Rechts verliehen hat. Im Falle des Klosterfonds ist der Sonderfall der Schaffung einer Stiftung des öffentlichen Rechts durch Gesetz gegeben. Stiftungsakt und Verleihung der öffentlich-rechtlichen Rechtsfähigkeit fallen hier zusammen.[268] Für die Bewertung des Rechtscharakters von Stiftungen des öffentlichen Rechts, die aus früherer Zeit stammen, ist aber nicht allein das gegenwärtige Rechtsverständnis ausschlaggebend, sondern deren Entstehungsgeschichte und die Entwicklung der Rechtsauffassung. Das Gutachten zeichnet hier die Entwicklung der geistlichen Vermögensmassen in den welfischen Landen seit der Reformation nach und kommt zu dem Ergebnis, daß diese immer vom Vermögen des Staates und der Fürsten getrennt verwaltet worden sind. Durch diese Maßnahme sollte sichergestellt werden, »daß das geistliche Gut weiterhin seiner ursprünglichen Zweckbestimmung dienen konnte und nicht mit dem übrigen Staatsvermögen vermischt wurde«[269]. Diese Zweckbestimmung ist von den Welfen auch im 19. Jahrhundert beibehalten worden: die Entwicklungen der Säkularisation sind im Lande Hannover nicht wie im übrigen Deutschland verlaufen. Das Kirchengut wurde nicht dem fürstlichen Kammergut zugeschlagen, sondern mit den übrigen Klostervermögen vereinigt und seiner urspünglichen Zweckbestimmung erhalten. Endpunkt dieser Sonderentwicklung war die Schaffung des Klosterfonds. Die historische Entwicklung birgt zwei Ergebnisse: die Qualifikation des Klosterfonds als milde Stiftung, der rechtliche Selbständigkeit zukommt, und die Frage nach der Beziehung der Stiftung zu dem sie begründenden Gemeinwesen. Durch die Bestimmung zu einem milden Zweck wird eine Stiftung nach klassischem römischen Recht dem Bereich des öffentlichen Rechts zugeordnet: diese Auffassung war niemals streitig und zur Zeit der Entstehung des Klosterfonds galt auch für das Gebiet des Königreichs Hannover römisches Recht[270]. Aus dieser Entstehung erwächst aber ein einschränkendes Moment: Stiftungen AD PIAS CAUSAS konnte man sich nur in enger Anlehnung an ein öffentlich-rechtliches Gemeinwesen, das sogenannte Muttergemeinwesen, vorstellen, da der milde Zweck ja eine Verwendung zu wohltätigen und gemeinnützigen Zwecken bedeutete. Daher ist jeweils zu prüfen, inwieweit Art und Umfang der Eigenständigkeit aufgrund der Eingliederung in das die Stiftung tragende Muttergemeinwesen gegeben sind. Das Gut-

---

[268] Vgl.: V. CAMPENHAUSEN, Stiftungen des öffentlichen Rechts, 457-459.

[269] KAULITZ/REIS/SPERLING, Rechtslage, 387.

[270] Nachweis bei KAULITZ/REIS/SPERLING, Rechtslage, 388.

achten zieht den Schluß, daß aufgrund der bisher erfolgten Untersuchungen[271] der Rechtsnatur davon ausgegangen werden muß, daß der Klosterfonds eine rechtlich selbständige Einrichtung ist, die nicht dergestalt mit dem Muttergemeinwesen verknüpft ist, daß dieses ihm gegenüber weisungberechtigt ist. Weil Staat und Kirche gewissermaßen zugleich Muttergemeinwesen sind, »wobei dem Staat mit dem Vorbehalt der abgesondertenVerwaltung zwar die Oberhoheit, den Kirchen aber die Nutzung des in dem Fonds zusammengefaßten Vermögens zukommt«[272], kann nicht von einer Eingliederung in die staatliche Verwaltung ausgegangen werden, vielmehr scheint dieser nur die Aufsicht zuzukommen. Wacke beschreibt dieses Verhältnis mit den Worten »kirchliche Stiftungsmasse unter staatlicher Obhut«[273].

In bezug auf die Beurteilung des Klosterfonds als überkommene, heimatgebundene Einrichtung im Sinne von Art. 56 Abs. 2 VNV schließt sich das Gutachten der Position *Webers* aus dem Jahre 1962 an und bejaht diese ebenfalls.[274] Für die Beurteilung der Gesetzeskraft des die Einrichtung des Klosterfonds regelnden § 79 der Hannoverschen Landesverfassung von 1840 hat sich gegenüber dem Stand des Gutachtens eine Veränderung der Gesetzeslage ergeben. Mußte *Weber* noch davon ausgehen, daß § 79 Landesverfassungsgesetz 1840 nur noch als einfaches Gesetz gilt, so ist durch das »Dritte Gesetz zur Bereinigung des niedersächsischen Rechts vom 17. Mai 1967«[275] diese Bestimmung der ehemaligen Hannoverschen Verfassung dem Sachgebiet 100 (Verfassungsrecht) zugeordnet worden. *Kaulitz/Reis/Sperling* kommen zu dem Ergebnis, daß aufgrund dieser neuen Gesetzeslage Art. 55 Abs. 2 VNV so zu interpretieren ist, daß für den Klosterfonds betreffende Maßnahmen nicht nur einfache Gesetze erforderlich sind, sondern gemäß Art. 38 VNV ein die Verfassung änderndes Gesetz mit der entsprechend vorgeschriebenen Mehrheit.[276]

Zu beachten ist ferner der Grundsatz, daß der Wille des Stifters in jedem Falle zu berücksichtigen ist. Auch wenn dieser Rechtsgedanke nicht unmittelbar auf die Stiftungen des öffentlichen Rechts anwendbar ist, so muß doch diesem

---

[271] Im Gutachten sind die *Falksche Denkschrift*, das Urteil des preußischen Oberverwaltungsgerichts und die in den Gesetzeskommentaren von *Linckelmann/Fleck* bzw. *Linkelmann/Wiedemann* vertretenen Auffassungen zur Rechtsnatur des Klosterfonds genannt. Vgl. dazu Kapitel 5.2.

[272] KAULITZ/REIS/SPERLING, Rechtslage, 391.

[273] WACKE, Kirchen- und Klosterkammer Weimar, 14.

[274] Vgl.: WEBER, Rechtsgutachten, 15-19.

[275] Nds.GVBl. 1967, 135.

[276] Begründung erfolgt bei KAULITZ/REIS/SPERLING, Rechtslage, 395-396.

»allgemeinen Grundsatz des heute geltenden Verfassungsrechts«[277] grundlegende Bedeutung zugemessen werden.

Das Gutachten qualifiziert die Leistungen des Klosterfonds als Staatsleistungen im Sinne Art. 138 Abs. 1 WRV i. V. m. Art. 140 GG, die nur infolge gesetzlicher Regelungen des Bundes abgelöst werden können. Diese Bestimmungen sind aber noch nicht ergangen.[278] Die Vermögensverhältnisse des Klosterfonds können daher nicht Gegenstand von Veränderungen sein, bevor nicht entsprechende Bestimmungen ergangen sind.

Die Leistungen des Klosterfonds unterliegen, weil sie auf Rechten der Kirche an ihnen beruhen, auch dem Schutz des Art. 138 Abs. 2 WRV i. V. m. Art. 140 GG.[279] Als dergestalt qualifizierte Leistungen unterliegen sie einer besonderen, über Art. 14 GG hinausgehenden Eigentumsgarantie. Diese besondere Garantie will nicht in erster Linie »die entschädigungslose Wegnahme von Eigentum verhindern, sondern den Bestand des Eigentums in der Hand des Eigentümers sichern. Die Eigentumsgarantie ist danach heute also nicht mehr in erster Linie Sach-, sondern vor allem Rechtsträgergarantie«[280]. Auch aus dieser Bestimmung ergibt sich also ein Bestandsschutz des Klosterfondsvermögens: gemäß der geltenden Rechtsprechung ist ein solcher Eingriff, wie ihn Auflösung oder wesentliche Umgestaltung des Klosterfonds darstellen würden, nur zum Wohle der Allgemeinheit vorzunehmen; ein derartiger Umstand wäre aber erst schlüssig nachzuweisen. *Kaulitz/Reis/Sperling* schließen sich ausdrücklich der Position *Webers*[281] an und betonen ebenfalls, daß eine »Umgestaltung« der Vermögensmasse schon dann gegeben ist,

> »wenn man das formelle Eigentum an dem in Betracht kommenden Fonds unberührt lassen und durch strukturelle Änderung lediglich die abgesonderte Verwaltung des Vermögens der [...] Stiftungen aufgeben oder einzelne Vermögensbestandteile aus dieser Verwaltung ausgliedern würde«[282].

Eingriffe auf der Verwaltungsebene in die Klosterkammer, die obigen Tatbestand erfüllen, sind daher als unzulässig abzuweisen.

Über diese gesetzlichen Bestimmungen hinaus ist im Ergänzungsvertrag zum Loccumer Kirchenvertrag eine gesetzliche Festlegung der vom Klosterfonds an die Kirchen zu erbringenden Leistungen getroffen worden. Art. 11 des Ergänzungsvertrages bestimmt, daß »die Bestimmungen dieser Vermögen auch für

---

[277] Vgl.: KAULITZ/REIS/SPERLING, Rechtslage, 397.

[278] Vgl.: KAULITZ/REIS/SPERLING, Rechtslage, 396-401.

[279] Eine nähere Behandlung dieses Sachverhaltes erfolgt in Kapitel 5.4.

[280] KAULITZ/REIS/SPERLING, Rechtslage, 403.

[281] Vgl.: WEBER, Rechtsgutachten, 23-28.

[282] KAULITZ/REIS/SPERLING, Rechtslage, 406.

kirchliche Zwecke angemessen [zu] berücksichtigen [sind]«[283]. Diese mit Gesetzeskraft geltende Bestimmung erkennt zum einen die Zweckbestimmung des Klosterfondsvermögens für kirchliche Zwecke an und mißt andererseits den Kirchen durch den Vertragsabschluß in dieser Frage die Rolle eines (gleichwertigen) Rechtspartners in bezug auf den Hannoverschen Klosterfonds als Vertragsgegenstand zu.[284]

5.3.2.4 Urteil des Niedersächsischen Staatsgerichtshofes vom 13. Juli 1972[285]

Eine gerichtliche Entscheidung über den Rechtscharakter des Allgemeinen Hannoverschen Klosterfonds ist durch das Urteil des Niedersächsischen Staatsgerichtshofs vom 13. Juli 1972 erfolgt. Klage geführt wurde wegen der Übernahme der Bewirtschaftung der Klosterforsten durch das Landwirtschaftsministerium sowie der Bewirtschaftung der Klosterforsten für gemeinsame Rechnung mit den Landesforsten. Die bezogenen Gesetzesbestimmungen waren die Art. 56 Abs. 2 und Art. 29 Abs. 1 VNV.

Das Gericht stellte zunächst die maßgeblichen Gesetzesvorschriften für die Rechtsstellung und die wechselseitige Beziehung von Klosterfonds und Klosterkammer fest: dazu gehören das Gründungspatent von 1818, § 71 des Grundgesetzes des Königreichs Hannover von 1833 und § 79 des Landesverfassungsgesetzes für das Königreich Hannover von 1840. Damit bestätigt der NdsStGH die Rechtsauffassung des PrOVG bzgl. der Gesetzesgeltung von 1910.[286]

Zur Interpretation des Begriffs der überkommenen heimatgebundenen Einrichtung im Sinne Art. 56 Abs. 2 VNV wird festgestellt, daß dieser weder in der Verfassung noch in anderen Rechtsvorschriften eine nähere Interpretation erfahren hat. Aus anderen Vorschriften kann allerdings entnommen werden, daß allen diesen Einrichtungen gemeinsam ist,

> »daß sie in besonders augenfälliger Weise bestimmte Schwerpunkte kultureller, wissenschaftlicher oder ökonomischer Art verkörpern, die im Verlauf der historischen Entwicklung dieser Länder eine eigenständige Ausprägung erfahren haben. Diese Merkmale sind [...] auch für den Begriff der ›überkommenen heimatgebundenen Einrichtungen‹ in Art. 56 Abs. 2 LV maßgebend, wobei allerdings weiter eine entsprechende Verankerung im Bewußtsein des für diese Fragen aufgeschlossenen Teiles der eingesessenen Bevölkerung hinzukommen muß«[287].

---

[283] Nds.GVBl. 1966, 4

[284] Vgl.: KAULITZ/REIS/SPERLING, Rechtslage, 407-408.

[285] *KirchE* 13 (1972/1973) 2-19; vgl.: SPERLING, EBERHARD, »Hannoverscher Klosterfonds«. In: *ZevKR* 18 (1973) 84-94; KLOSTERKAMMER, Klosterfonds, 45-47.

[286] *PrOVGE* 57 (1911) 226-238.

[287] *KirchE* 13 (1972/1973) 10.

Von der Vorschrift Art. 56 Abs. 2 VNV können nur Einrichtungen betroffen werden, die eine Außenwirkung entfalten: »Ohne eine wechselseitige Beziehung zu der eingesessenen Bevölkerung sind kulturelle und historische Belange nicht denkbar.[288] Das Gericht befindet daher, daß der Allgemeine Hannoversche Klosterfonds zu den von Art. 56 Abs. 2 VNV geschützten Einrichtungen gehört:

> »Der AHK verkörpert dadurch, daß in ihm der in dem ehemaligen Land Hannover säkularisierte Klosterbesitz als geschlossene Vermögensmasse zusammengefaßt und seit mehr als 150 Jahren unverändert ganz bestimmten Zwecken nutzbar gemacht worden ist, eine für diesen Landesteil typisch gewordene Form der Erfüllung kultureller und sozialer Fürsorge.«[289]

Zu dieser Heimatnähe gehört nach Auffassung des Gerichts auch, daß der Klosterfonds zu verschiedenen, von ihm dotierten Institutionen eine wechselseitige Beziehung pflegt und so die verschiedensten Bevölkerungskreise berührt.

Bezüglich der Klosterkammer wird die Frage nicht abschließend beantwortet, ob sich der Schutz des Art. 56 Abs. 2 VNV auch auf sie erstreckt.[290] Genauso wie dem Klosterfonds wird ihr der historisch gewachsene Status, den sie innehat, bestätigt. Nach Ansicht des Gerichts schließt der Sachverhalt, daß es sich bei der Klosterkammer um eine Behörde der unmittelbaren Landesverwaltung handelt, nicht von der Einbeziehung in den Kreis der von Art. 56 Abs. 2 VNV geschützten Institutionen aus, wenn dem Gericht auch gewisse Zweifel bleiben[291]: Für das Gericht bestehen deshalb Zweifel, da die Aufgaben der Klosterkammer in ihrer Gesamtheit und ohne Veränderung einer anderen Behörde übertragen werden können, ohne an der Verwaltung des Klosterfonds etwas zu ändern.

Nach der Feststellung, daß der Klosterfonds unter den Schutz der überkommenen heimatgebunden Einrichtungen gemäß Art. 56 Abs. 2. VNV fällt, bestimmt das Gericht näher, wie weit sich dieser Schutz erstreckt. Es stellt fest, daß für den Bestandsschutz der Zeitpunkt des Inkrafttretens der VNV, der 1. Mai 1951, maßgebend ist und daher der zu diesem Zeitpunkt tatsächlich bestehende Gesamtstatus, wie er sich im Verlauf der Geschichte herausgebildet hat, zu erfassen ist:

---

[288] *KirchE* 13 (1972/1973) 10.

[289] *KirchE* 13 (1972/1973) 11.

[290] Zur Frage, ob die Klöster und Stifte, die Bestandteil des AHK sind oder von diesem verwaltet werden, Schutz als »überkommene heimatgebundene Einrichtungen« genießen, vgl.: SPERLING, EBERHARD: »Evangelische Klöster und Stifte in Niedersachsen. Anmerkungen zur Geschichte, Rechtslage und Aufgabenstellung«. In: *JGNKG* 72 (1974) 137-150; TILING, PETER VON: »Klöster und Stifter in der Provinz Hannover«. In: *ZevKR* 21 (1976) 265-273.

[291] Vgl.: *KirchE* 13 (1972/1973) 11-12.

»Für den AHK als einer solchen Einrichtung bedeutet dies, daß sich die Erhaltungsgarantie [...] auf seine tatsächliche Wirksamkeit erstreckt, wie sie im Jahre 1951 als Endpunkt einer langen geschichtlichen Entwicklung bestanden hat, und zwar unabhängig davon, ob seine damalige Verwaltungsstruktur durch Gesetz festgelegt war [...] oder ob diese in ihren Anfängen auf das Landesherrliche Patent vom 8. Mai 1818 zurückgehende Struktur - sei es infolge möglicher Verkennung der Rechtslage, aus Traditionsgründen oder aus Zweckmäßigkeitserwägungen - später ohne zwingenden Rechtsgrund beibehalten worden ist.«[292]

Ebenfalls ohne Bedeutung ist die Frage nach der Fortgeltung ehemaliger hannoverscher Gesetze. Das Gericht läßt auch die Frage offen, ob der Klosterfonds eine Stiftung des öffentlichen Rechts mit der Qualität einer selbständigen juristischen Person ist oder nur ein rechtlich unselbständiges staatliches Sondervermögen. In beiden Fällen

»würde der AHK in dem gleichen Umfang [...] dem Bestandsschutz des Art. 56 Abs. 2 LV unterliegen, da sich diese Vorschrift nicht auf die Rechtsnatur der begünstigten Einrichtung abstellt und in der praktischen Auswirkung sogar möglicherweise nur unselbständige staatliche Einrichtungen erfaßt«[293].

Zu diesem tatsächlichen Bestand des Allgemeinen Hannoverschen Klosterfonds gehört auch, daß er seit seiner Gründung durch eine besondere Verwaltungsbehörde, die Klosterkammer, verwaltet wird. In die Aufgabe der Klosterkammer, das Stiftungsvermögen als allein zuständige Behörde zweckentsprechend zu verwalten, ist zu keiner Zeit eingegriffen worden:

»Diese tatsächliche Entwicklung, die jedenfalls im Ergebnis dazu geführt hatte, daß der AHK nicht nur ausschließlich durch die Klosterkammer verwaltet, sondern daß auch die alleinige Vertretungsbefugnis der KlK in Angelegenheiten des Klosterfonds allgemein anerkannt war, ist durch die späteren staatsrechtlichen Verhältnisse weder unterbrochen noch abgeschwächt worden«[294].

Für das Gericht ist durch Rechtsprechung und Schrifttum bewiesen, daß sich die allgemeine Rechtsüberzeugung herausgebildet hat, daß der Klosterfonds von der Klosterkammer als »eigens und ausschließlich zu diesem Zweck bestellte Behörde« verwaltet und rechtlich vertreten wird.[295] Für den Klosterfonds als heimatgebundene Einrichtung folgt daher, daß zu seiner überlieferten Gestalt die Klosterkammer als Verwaltungsbehörde und Rechtsvertretung gehört. Aus dieser Feststellung ergibt sich, daß eine Änderung in der Verwaltung der Klosterkammer, mit der der Klosterfonds historisch verbunden ist, in seine dem Schutz von Art. 56 Abs. 2 VNV unterliegende Organisationsstruktur eingreift. Da ein Eingriff in

[292] *KirchE* 13 (1972/1973) 13.

[293] *KirchE* 13 (1972/1973) 13.

[294] *KirchE* 13 (1972/1973) 15.

[295] Vgl.: *KirchE* 13 (1972/1973) 15.

die Verwaltungstätigkeit der Klosterkammer immer auch einen Eingriff in die Vermögensverwaltung bedeutet, verstößt eine derartige Maßnahme nach Ansicht des Gerichts ebenfalls gegen den Grundsatz, daß das Vermögen immer getrennt von den Staatskassen zu verwalten ist. Nutzt der Staat sein Aufsichtrecht über die Klosterkammer dergestalt, daß er auch Einfluß auf die Verwaltung nimmt, »so bricht er mit dem zugunsten des AHK bisher uneingeschränkt anerkannt gewesenen Grundsatz, daß sein Vermögen auch in verwaltungsmäßiger Hinsicht von anderen öffentlichen Kassen völlig getrennt zu halten ist«[296]. Das schließt nicht aus, daß die Institution von Klosterfonds und Klosterkammer weiterentwickelt und den Zeiterfordernissen angepaßt werden kann. Überkommene Erscheinungsform und öffentliche Wirksamkeit dürfen nicht »in einer den Zielen der verfassungsrechtlichen Bestandssicherung zuwiderlaufenden Weise geschmälert«[297] werden.

> »Diese überlieferte Aufgabenstellung bedingt es, daß der AHK von einer allein auf die speziellen Belange des Fonds ausgerichteten Sonderbehörde verwaltet und daß die Verwaltung seines Vermögens [...] ausschließlich nach eigenen Interessengesichtspunkten erfolgt.«[298]

Der Staatsgerichtshof hat in seiner Urteilsfindung nur auf den Schutz des Klosterfonds durch die Verfassungsgarantie für überkommene heimatgebundene Einrichungen abgestellt. Durch die Feststellung, daß sich der Verfassungsschutz nur auf den tatsächlichen Gesamtstatus zum Zeitpunkt des Inkrafttretens der VNV bezieht, hat der Klosterfonds zwar eine weitreichende, aber keine umfassende Bestandsgarantie des Allgemeinen Hannoverschen Klosterfonds gegeben. Gemäß Art. 56 Abs. 2 VNV ist es nach wie vor möglich, die Gestalt des Klosterfonds und der Klosterkammer zu ändern: im Rahmen von Maßnahmen, die sich auf das ganze Land erstrecken und nicht organisatorischer Struktur sind, können die heimatgebunenen Einrichtungen sowohl geändert als auch aufgehoben werden.

Das Urteil ist im Sinne des Klosterfonds dahin zu bewerten, daß es zwar einen nachhaltigen Bestandsschutz ausgesprochen, aber keine endgültige Bestätigung der Einrichtung bewirkt hat.

5.3.3 Niedersächsische Verfassung vom 1. Juni 1993

Am 1. Juni 1993 trat die Niedersächsische Verfassung (NV) in Kraft und die Vorläufige Niedersächsische Verfassung (VNV) vom 13. April 1951[299] außer

[296] *KirchE* 13 (1972/1973) 16.

[297] *KirchE* 13 (1972/1973) 17.

[298] *KirchE* 13 (1972/1973) 19.

[299] Nds.GVBl. Sb. I, 5f.

Kraft[300]. Bzgl. der den AHK und die KlK betreffenden Vorschriften ist keine Änderung der Gesetzeslage festzustellen, wie aus folgender Übersicht hervorgeht[301]:

VORLÄUFIGE NIEDERSÄCHSISCHE LANDESVERFASSUNG VOM 13. APRIL 1951 - [AUSZUG]	NIEDERSÄCHSISCHE LANDESVERFASSUNG VOM 19. MAI 1993 [AUSZUG]
Art. 29. (1) Das Landesministerium beschließt über die Organisation der öffentlichen Verwaltung, soweit nicht ein Gesetz erforderlich ist. (2) [...]. (3) [...].	Art. 38 Verwaltungsorganisation, dienstrechtliche Befügnisse. (1) Die Landesverwaltung beschließt über die Organisation der öffentlichen Verwaltung, soweit nicht Gesetze die Organisation regeln. (2) [...]. (3) [...].
Art. 32: Allgemein verbindliche Anordnungen der Staatsgewalt, durch die Rechte oder Pflichten begründet, geändert oder aufgehoben werden, bedürfen der Form des Gesetzes.	Art. 41 Erfordernis der Gesetzesform. Allgemein verbindliche Vorschriften der Staatsgewalt, durch die Rechte und Pflichten begründet, geändert oder aufgehoben werden, bedürfen der Form des Gesetzes.
Art. 38. Verfassungsänderungen bedürfen der Änderung oder Ergänzung des Wortlautes der Verfassung. Ein verfassungsänderndes Gesetz wird vom Landtage mit zwei Dritteln der anwesenden Abgeordneten, mindestens jedoch von der Mehrheit der Abgeordneten, beschlossen.	Art. 46 Verfassungsänderungen. (1) Diese Verfassung kann nur durch ein Gesetz geändert werden, das ihren Wortlaut ausdrücklich ändert oder ergänzt. (2) [...]. (3) Ein verfassungsänderndes Gesetz bedarf der Zustimmung von zwei Dritteln der Mitglieder des Landtages. Für Verfassungsänderungen durch Volksentscheid gilt Artikel 49 Abs. 2.
Art. 43. (1) Die staatliche Verwaltung wird durch	Art. 56 Landesverwaltung. (1) Das Land übt seine Verwaltung durch

300 Nds.GVBl. 1993, 107-116

301 Siehe dazu auch: KORTE, HEINRICH: »Verfassung und Verwaltung des Landes Niedersachsen«. In: JöR NF 5 (1956) 1-158; GROSCHUPF, OTTO: »Die Entwicklung der Verfassung und Verwaltung in Niedersachsen von 1956-1979«. In: JöR NF 28 (1979) 381-447, bes. 413-422; REBE, BERND: »Die Entwicklung des niedersächsischen Verfassungs- und Verwaltungsrechts von 1979-1990«. In: JöR NF 40 (1991/1992) 609-653, hier: 610-612; IMGART, MANFRED: »Die Entstehung des Landes Niedersachsen und die Geschichte seiner Verwaltung«. In: FABER, HEIKO und SCHNEIDER, HANS-PETER: Niedersächsisches Staats- und Verwaltungsrecht. Frankfurt am Main : Metzner, 1985, 1-43; SCHNEIDER, HANS-PETER: »Verfassungsrecht«. In: FABER, HEIKO und SCHNEIDER, HANS-PETER (Hrsg.): Niedersächsisches Staats- und Verwaltungsrecht. Frankfurt am Main : Metzner, 1985, 44-135.

die Landesregierung und die ihr unterstellten Behörden ausgeübt. (2) Der allgemeine Aufbau und die räumliche Gliederung der allgemeinen Landesverwaltung bedürfen eines Gesetzes.	die Landesregierung und die ihr nachgeordneten Behörden aus. (2) Der allgemeine Aufbau und die räumliche Gliederung der allgemeinen Landesverwaltung bedürfen eines Gesetzes.
Art. 56. (1) Die kulturellen und historischen Belange der ehemaligen Länder Hannover, Oldenburg, Braunschweig und Schaumburg-Lippe sind durch Gesetzgebung und Verwaltung zu wahren und zu fördern. (2) Die überkommenen heimatgebundenen Einrichtungen dieser Länder sind weiterhin dem heimatlichen Interesse dienstbar zu machen und zu erhalten, soweit ihre Änderung oder Aufhebung nicht in Verfolg organisatorischer Maßnahmen, die sich auf das ganze Land Niedersachsen erstrecken, notwendig wird.	Art. 72 Besondere Belange der überkommenen Einrichtungen der ehemaligen Länder. (1) Die kulturellen und historischen Belange der ehemaligen Länder Hannover, Oldenburg, Braunschweig und Schaumburg-Lippe sind durch die Gesetzgebung und Verwaltung zu wahren und zu fördern. (2) Die überkommenen heimatgebundenen Einrichtungen dieser Länder sind weiterhin dem heimatlichen Intersees dieser Länder dienstbar zu machen und zu erhalten, soweit ihre Änderung oder Aufhebung nicht in Verfolg organisatorischer Maßnahmen, die sich auf das gesamte Land erstrecken, notwendig sind.

5.4 Eigentumsgarantie und Säkularisationsverbot des Grundgesetzes für kirchlich genutzte Vermögen[302]

Art. 140 GG inkorporiert in das Grundgesetz die Art. 136, 137, 138 und 141 der Deutschen Verfassung vom 11. August 1919, der sogenannten »Weimarer Verfassung« (WRV). Art. 138 Abs. 2 WRV garantiert den Religionsgesellschaften das Eigentum an dem für ihre Zwecke bestimmten Vermögen.

Hinsichtlich dieses Artikels ist zu fragen, auf welche Gegenstände sich die Eigentumsgarantie erstreckt, welcher Art sie ist und welche Auswirkungen sich aus der Interpretation dieses Artikels für den Allgemeinen Hannoverschen Klosterfonds ergeben.

Art. 140 GG i. V. m. Art. 138 Abs. 2 WRV ist in Zusammenhang mit Art. 14 GG zu interpretieren, der an sich schon das Eigentum natürlicher wie juristischer Personen gleichermaßen schützt und eine allgemeine Eigentumsgarantie darstellt.

Art. 138 Abs. 2 WRV dagegen zählt drei kirchliche Vermögensmassen, nämlich die für Kultus-, Unterrichts- und Wohltätigkeitszwecke auf und garantiert den

[302] Vgl.: KLOSTERKAMMER, Klosterfonds, 44; V. CAMPENHAUSEN, Staatskirchenrecht, 310-325; DERS., Eigentumsgarantie, 336-338; HECKEL, Kirchengut und Staatsgewalt, 328-370.

Religionsgesellschaften ihr Recht auf Nutzung an diesen. Wie *Heckel* in seiner Untersuchung[303] gezeigt hat, sollen mit der Aufzählung dieser Stiftungszwecke »nicht drei Gruppen des Kirchenvermögens als vor anderen priviliegiert herausgehoben werden«[304], sondern das Kirchengut in seiner öffentlichen Funktion geschützt werden.

Es muß also zwischen der besonderen Eigentumsgarantie gemäß Art. 140 GG i. V. m. Art. 138 Abs. 2 WRV für die Religionsgesellschaften und der allgemeinen Eigentumsgarantie nach Art. 14 GG unterschieden[305] werden, da sonst der Sinn von Art. 138 Abs. 2 WRV »angesichts des Ausschlusses entschädigungsloser Enteignung durch Art. 14 GG [...] leerliefe«[306], denn die »Bedeutung dieser besonderen Garantie ist in der Gewährleistung der kirchlichen Funktionsfreiheit zu erblicken, der das Kirchenvermögen dient.«[307]. Sie greift also über die Garantie des Materiellen gemäß Art. 14 GG hinaus.

Neben einer umfassenden Vermögensgarantie stellt Art. 138 Abs. 2 WRV auch ein verfassungsrechtliches Säkularisationsverbot zugunsten des kirchlichen Vermögens dar. Hatte »die Weimarer Lehre irrtümlich nur die privatrechtlichen Eigentumsverhältnisse im Auge«[308], so rückte in der Folgezeit die Interpretation ohne Gegenstimme von diesem ausschließlich privatrechtlichen Verständnis ab zugunsten des öffentlichen Aspektes der Kirche und unterschied zwischen Enteignungsakten gegen Privatpersonen, deren Eigentum der enteignende Staat anerkennt, und denen gegen kirchliches Gut, dessen Eigentum der Staat nicht anerkennt und das er als öffentliches Gut vereinnahmt. Nach *Heckel* ist Säkularisation keine Enteignung, weil sie nicht zwischen öffentlicher Gewalt und Privatperson geschieht. Die Säkularisation richtet sich auch nicht gegen das Privatvermögen der Kirche, sondern greift nach dem Kirchengut als öffentlichem Vermögen und trifft damit die Kirche als öffentliche Institution[309]:

> »Das ist kein Akt verwaltungrechtlicher oder gesetzlicher Expropriation, sondern politische Redintegration. Der Sinn des Grundrechts ist daher der Schutz des Kir-

---

303 HECKEL, Kirchengut und Staatsgewalt, 346ff.

304 HECKEL, Kirchengut und Staatsgewalt, 348

305 *Heckel* bemerkt dazu, daß man dem Verfassungsgesetzgeber sonst den Vorwurf machen müßte, »daß er an zwei Stellen demselben Rechtssubjekt das gleiche, einmal in Form der allgemeinen Eigentumsgarantie, das andere Mal in Gestalt einer Sondergarantie, versprochen habe. Bei aller Versuchung, das kanonische Sprichwort: ›Papa non videt, quod omnes vident‹ auf den Bonner Gesetzgeber [...] anzuwenden, [...] ist doch ein solches Ergebnis der Interpretation höchst bedenklich«. HECKEL, Kirchengut und Staatsgewalt, 369.

306 v. CAMPENHAUSEN, Staatskirchenrecht, 316.

307 v. CAMPENHAUSEN, Eigentumsgarantie, 336.

308 v. CAMPENHAUSEN, Eigentumsgarantie, 337.

309 Vgl.: HECKEL, Kirchengut und Staatsgewalt, 354.

chenguts in seiner öffentlichen Funktion für die Kirche gegenüber den Versuchen des Staates, aus dem Öffentlichkeitcharakter jenes Vermögens einen Rechtstitel für einen Zugriff auf das Kirchengut abzuleiten.«[310]

In der Auslegung ist das Säkularisationsverbot von Art. 138 Abs. 2 WRV entgegen der Eigentumsgarantie nach Art. 14 GG, »der jede Art und jeden Bestandteil privaten Vermögens gleichmäßig betrifft, abgestuft nach dem Intensitätsgrad der Funktionsbezogenheit«[311].

Grundsätzlich unantastbar sind RES SACRAE, Dinge, die unmittelbar gottesdienstlichen Zwecken dienen wie etwa Kirchengebäude und deren Ausstattung. Kirchliches Vermögen, das nur mittelbar kirchlichen Zwecken dient, »profitiert von Art. 138 II WRV im Falle der Enteignung nur noch bei der Entschädigungszumessung«[312] und ist schon eher dem Zugriff der Enteignung ausgesetzt: »Bei den übrigen kirchlichen Vermögen schwächt sich die Schutzfunktion des Art. 140 GG i. V. m. Art. 138 II WRV weiter in dem Maße ab, in dem seine Nähe zur spezifisch kirchlichen Funktion abnimmt.«[313] Nach neuerer Auffassung zählen zu den geschützten Vermögen auch diejenigen, die nur mittelbar kirchlichen Zwecken dienen, aber für Gottesdienste oder kirchliche Arbeit unabdingbar sind.[314] Auch für die an kirchlichen Vermögen mögliche Enteignung hat Art. 138 Abs. 2 WRV i. V. m. Art. 140 GG Auswirkungen: Entschädigungen müssen in vollem Umfange erfolgen, nicht nur in angemessenem. Durch Enteignung kann der Staat die Widmung des Vermögens nicht aufheben, so daß der Wechsel des Eigentümers die spezifische Funktion des enteigneten Gutes nicht aufhebt, wenn die Kirchen dem nicht zustimmen.[315]

Nach *v. Campenhausen* ist Art. 140 GG i. V. m. Art. 138 Abs. 2 WRV wie folgt zu interpretieren:

> »[Art. 138 Abs.2 WRV schützt alle] beweglichen und unbeweglichen sonstigen Vermögen im Eigentum der Religionsgemeinschaften selbst ... [wie] auch Vermögen ihrer öffentlich-rechtlichen Körperschaften, Anstalten und Stiftungen, schließlich Rechte der Religionsgemeinschaften an solchen Sachen, die ihnen nicht gehören, also fremd sind, die aber religiösen Zwecken dienen oder gewidmet sind. Die letzte Gruppe von Nutzungsrechten umfaßt Nutzungsrechte an Grundstücken und Gebäuden [...], aber auch das Recht auf Mitgenuß oder Anteil an Anstalten und Stiftungen, die im Eigentum oder unter Verwaltung Dritter stehen, z. B. Ansprüche der Religionsgemeinschaften gegen den Allgemeinen Hannoverschen Klosterfonds

310 Vgl. HECKEL, Kirchengut und Staatsgewalt, 354.

311 v. CAMPENHAUSEN, Eigentumsgarantie, 337.

312 v. CAMPENHAUSEN, Eigentumsgarantie, 337.

313 v. CAMPENHAUSEN, Staatskirchenrecht, 317.

314 Nachweis bei V. CAMPENHAUSEN, Eigentumsgarantie, Anm. 12.

315 Vgl.: V. CAMPENHAUSEN, Eigentumsgarantie, 337.

[...].«[316] »Die Garantie des Art. 140 GG i. V. m. Art. 138 II WRV schützt also das Vermögen der Religionsgemeinschaften gegen jede Art entschädigungsloser Entziehung durch die öffentliche Gewalt, und sichert die Funktion des so umschriebenen Gutes gegen jede Antastung durch die öffentliche Gewalt. [...]. Damit deckt sie zugleich die öffentliche Funktion der Religionsgemeinschaften nach ihrer materiell-vermögensrechtlichen Seite ab, denn deren Selbständigkeit ist in der Tat nur dann gesichert, wenn die für ihren Dienst unentbehrlichen Güter und Mittel gegen Zugriffe der öffentlichen Hand geschützt sind.«[317]

In bezug auf den Hannoverschen Klosterfonds bedeutet das, daß die Kirchen über die bestehenden Rechtstitel[318] im Rahmen des Haftungsüberganges bei Gesamtrechtsnachfolge[319] noch weitergehende Rechte auf Zuwendungen aus dem Vermögen des Klosterfonds haben, auch wenn sie nicht als direkte Destinatäre bezeichnet sind, da die Zweckbestimmung des Vermögens lediglich »zu Zuschüssen für die Landesuniversität, für Kirchen und Schulen, auch zu milden Zwecken aller Art«[320] lautet und keine Gewichtung der Vermögensleistungen vorgenommen ist.

Durch den Ergänzungsvertrag zum Vertrag des Landes Niedersachsen mit den Evangelischen Kirchen in Niedersachsen (»Loccumer Vertrag«) vom 4. März 1966 wird diesbezüglich allerdings in Art. 11 eine Konkretisierung vorgenommen: »Das Land wird weiterhin bei dem Allgemeinen Hannoverschen Klosterfonds [...]. [sc. und anderer Fonds] die Bestimmung dieser auch für kirchliche Zwecke berücksichtigen.«[321] Durch diesen Staatsvertrag ist die Vermögensmasse des Allgemeinen Hannoverschen Klosterfonds als zumindest mittelbar kirchlichen Zwecken dienend beschrieben. Wenn das Vermögen des Klosterfonds nicht schon durch seine Herkunft als »ehemals geistliches Gut« qualifiziert ist[322], so ist es durch Art. 11 des Loccumer Vertrages als wenigstens mittelbar kirchlichen Zwecken dienend anerkannt und unterliegt dem Säkularisationsverbot gemäß Art.140 GG i. V. m. Art. 138 Abs. 2 WRV. »Ein mit dem Ziel der Behinderung oder gar Unterbindung der in Art. 138 II WRV genannten Zwecke vorgenommener Eingriff in das Finanzvermögen würde unter das Säkularisationsverbot fallen«[323], weil der Allgemeine Hannoversche Klosterfonds für die materiell-vermögensrechtliche Seite der Kirchen unverzichtbare Leistungen erbringt. Er ist also durch Art. 140 GG i. V. m. Art. 138 Abs. 2 WRV in seinem Vermögensbe-

---

316 V. CAMPENHAUSEN, Staatskirchenrecht, 311-312.

317 V. CAMPENHAUSEN, Staatskirchenrecht, 318.

318 Zu den Leistungsverpflichtungen siehe Kapitel 4.2.

319 Vgl.: V. CAMPENHAUSEN, Staatskirchenrecht, 30-33.

320 § 79 Landesverfassungsgesetz von 1840. Hann.GS I. 1840, 141.

321 Nds.GVBl. 1966, 4.

322 So die Auffassung des Preußischen Oberverwaltungsgerichts, *PrOVGE* 57 (1911) 233.

323 S. GRUNDMANN, zit. nach: V. CAMPENHAUSEN, Staatskirchenrecht, 315.

stand garantiert und vor dem Zugriff durch die öffentliche Hand geschützt, da sein Vermögen direkt zu Leistungen an die Kirchen dient.

5.5 Exkurs: Die Verwaltung der Klosterforsten[324]

5.5.1 Die Verwaltung der Klosterforsten von 1850 bis 1971

Der Forstbesitz des AHK umfaßte im Jahre seiner Gründung 1818 ca. 9.000 ha. und wurde durch Klosteramtmänner und Pächter verwaltet. Eine erste rechtliche Regelung erfuhr die Verwaltung des mit der Zeit stark zunehmenden Forstbesitzes 1850[325]: Verwaltung und Pflege der Klosterforsten wurden künftig von der Domanialforstverwaltung übernommen, die Leitung der Forstverwaltung erfolgte duch die Klosterkammer unter Beiziehung forstlicher Mitglieder der Domanialkammer. Die Klosterforstämter wurden aufgelöst und die Klosterforstbeamten gingen in den Domanialforstdienst über. Die Bestimmungen des Forstverwaltungsreglements von 1842 wurden auf die Forsten des AHK ausgedehnt.

Eine Neuordung der Verwaltung und Bewirtschaftung der Forsten des AHK erfolgte im Jahre 1885 durch Vereinbarung des Ministers für Landwirtschaft, Domänen und Forsten, des Ministers der geistlichen, Unterrichts- und Medizinalangelegenheiten und des Finanzministers. Der AHK hatte bis 1880 4.750 ha. Ödlandflächen aufgekauft und einer systematischen Aufforstung zugeführt, durch Flächentausch von ca. 2.250 ha. mit dem Staatsforst in den Jahren 1882-1885 die eigenen Forstflächen abgerundet.

Die Vereinbarung hatte zum Ziel, mittels Übernahme der Bewirtschaftung der Klosterforsten durch die staatliche Forstverwaltung eine Ertragssteigerung zu erreichen. Nicht berührt wurden durch diese Vereinbarung die Eigentumsverhältnisse der Klosterforsten: sie blieben unverändert Eigentum des AHK, wie auch die Erträge der durch die staatliche Forstverwaltung bewirtschafteten Klosterforsten nach Abzug einer Aufwandsentschädigung dem AHK zufielen.

Im einzelnen sah die Vereinbarung vor, alle Forstarbeiten durch staatliche Oberförstereien mittels staatlicher Forstbeamter, die vom Staat besoldet wurden,

---

[324] v. CAMPENHAUSEN, Klosterkammer/1999, 54-58; DERS., Klosterfonds/Portrait, 480-482; DERS.: „Die Forsten des Allgemeinen Hannoverschen Klosterfonds sollen in privatrechtliche Bewirtschaftung überführt werden". In: *Holz-Zentralblatt* 121 (1995) 1422-1424; KLOSTERKAMMER, Klosterfonds, 61-63; KORTE, Verfassung und Verwaltung, 79; REBE, Verfassung und Verwaltung, 403-404; STALMANN, Klosterkammer, 18-19; STORCK, Klosterfonds, 546; NIEDERSÄCHSISCHES MINISTERIUM FÜR WISSENSCHAFT UND KULTUR, Rechtsgutachten, 2-7; THIEME, Rechtsgutachten, 4-6, 9-15; LIERMANN, Rechtsgutachten, 217-219; NEDDEN, HANS HELMUT ZUR: »Denkschrift über die Forstverwaltung des Allgemeinen Hannoverschen Klosterfonds«. Typoskript 1961; WEBER, Rechtsgutachten.

[325] Königliche Verordnung, die Verwaltung der Forsten des Allgemeinen Hannoverschen Klosterfonds betreffend, vom 3. Juli 1850, HannGS I. 1850, 91.

durchführen zu lassen.[326] Zuständig für die Verwaltung aller Klosterforsten, auch außerhalb des Regierungsbezirkes Hannover, war ein besonderer staatlicher Forstmeister innerhalb der neu errichteten Forstinspektion der Klosterkammer, der sämtliche Klosterforstsachen bearbeitete, sofern diese nicht in den Bereich fielen, der dem Oberforstmeister vorbehalten war.

Gegenüber den für die Klosterkammer tätigen Forstbeamten hat dieser Weisungsbefugnis und das Recht zu disziplinarischen Maßnahmen.

In der oberinstanzlichen Verwaltung war die Klosterkammer gemeinsam mit den verschiedenen Fachministerien zuständig: mit dem Minister für Landwirtschaft, Domainen und Forsten als fachtechnische Behörde, dem Minister der Finanzen bei der Erstellung der Etats und dem Minister der geistlichen, Medizinal- und Unterrichtsangelegenheiten als Stiftungsaufsicht. Zusammen mit den entsprechenden Ressortministern stand es der Klosterkammer zu, Einfluß auf die Auswahl der in der Forstverwaltung zu verwendenden Beamten zu nehmen.

Eine Weiterentwicklung des Verhältnisses zwischen Klosterkammer Hannover und staatlichen Stellen erfolgte durch den RdErl. des Niedersächsischen Ministers für Ernährung, Landwirtschaft und Forsten vom 20. Januar 1958[327] gemäß Beschluß des Landesministeriums vom 26. November 1957.

Gemäß RdErl. übt die forstwirtschaftliche Fachaufsicht über die Betriebsführung in den gesamten Forsten des der Stiftungsaufsicht des Niedersächsischen Kultusministers unterliegenden AHK der Niedersächsische Minister für Ernährung, Landwirtschaft und Forsten im Benehmen mit dem Kultusminister aus. Maßgeblich für die forstwirtschaftliche Fachaufsicht (Betriebsaufsicht) ist gemäß RdErl. der Stiftungszweck des AHK: die Erzielung möglichst hoher Reinerträge bei nachhaltiger Bewirtschaftung. Alle die Landesforsten betreffenden Vorschriften der Landesforstverwaltung betreffen in gleicher Weise die Klosterforsten, sofern nicht eine besondere Regelung getroffen wird. In den Fällen, in denen dem Minister für Ernährung, Landwirtschaft und Forsten die Betriebsaufsicht über Forsten des AHK zusteht, kann dieser vom Präsidenten der Klosterkammer unmittelbar Auskünfte einholen und ist diesem gegenüber weisungsberechtigt. Der Präsident der Klosterkammer berichtet in allen Forstangelegenheiten dem Minister für Ernährung, Landwirtschaft und Forsten unmittelbar; eine Benachrichtigung des

---

326 Diese Vereinbarung entsprach weitgehend dem tatsächlichen Zustand. Durch die 1850 getroffene Regelung waren die meisten Klosterforsten bereits unter der Verwaltung der königlich hannoverschen Domänenkammer; nach der Annexion des Königreichs Hannover durch Preußen war die Verwaltung von der Domänenkammer an die Staatsforstverwaltung übergegangen. Gemäß der Vereinbarung von 1885 ging auch die Verwaltung der bisher ausnahmsweise durch die Klosterkammer selbst verwalteten Klosterforsten auf die staatliche Forstverwaltung über.

327 Nds.MBl 1958, 67.

Kultusministers steht ihm frei. Sofern der Präsident gegen eine Weisung des Ministers für Ernährung, Landwirtschaft und Forsten im Hinblick auf die besonderen Verhältnisse des AHK Vorstellung erhebt, der nicht stattgegeben wird, kann der Präsident die Angelegenheit dem Kultusminister vortragen; in diesem Falle ruht die Angelegenheit bis zu einer Verständigung zwischen beiden Ministern.

Bei der Aufstellung des Haushaltsplanes wird der Minister für Ernährung, Landwirtschaft und Forsten durch den Kultusminister in den seiner Betriebsaufsicht unterstehenden Bereichen beteiligt; dieser nimmt zu den geplanten Vorhaben Stellung und wird vom Kultusminister über die getroffenen Entscheidungen informiert. Unberührt bleibt durch den RdErl. die bisherige Bearbeitung der Personalangelegenenheiten der bei der Klosterkammer und den Klosterforsten eingesetzten Landesforstbeamten und forsttechnischen Angestellten; die 1885 getroffene Vereinbarung gilt weiterhin.

5.5.2 Versuch der Eingliederung der Klosterforstverwaltung in die Staatsforstverwaltung im Jahre 1971

Durch Beschluß des Niedersächsischen Landesministeriums vom 20. Juli 1971[328] über die Bewirtschaftung und Verwaltung der Forsten und des landwirtschaftlich genutzten Grundbesitzes des AHK wurde die Bewirtschaftung dieser durch den Niedersächsischen Minister für Ernährung, Landwirtschaft und Forsten angeordnet. Die Bewirtschaftung sollte durch die Landesforstverwaltung zusammen mit den Landesforsten auf gemeinsame Rechnung erfolgen, der AHK einen Nutzungsanteil entsprechend dem Flächenverhältnis an den Erträgen der gesamten Forsten erhalten, mindestens aber einen Garantiebetrag, dessen Höhe alle fünf Jahre überprüft werden sollte. Die Angestellten der Klosterforstämter waren in den Landesdienst zu übernehmen; soweit durch die Organisationsänderung Bedienstete der Klosterkammer ihrer Aufgaben verlustig gingen, war deren anderweitige Weiterbeschäftigung durch die beteiligten Ministerien einvernehmlich zu regeln.

Die Umsetzung dieses Beschlusses erfolgte durch gemeinsamen Runderlaß der Kultusministers und des Ministers für Ernährung, Landwirtschaft und Forsten vom 23. September 1971.[329] Der Runderlaß entzog die Organisation der Bewirtschaftung, die Verwaltung der Einnahmen und Ausgaben der Klosterforsten, den Abschluß der für die laufende Bewirtschaftung erforderlichen Rechtsgeschäfte der Klosterforsten und die Weisungsbefugnis über die Bediensteten der Klosterforstämter der Klosterkammer und übertrug diese auf den Minister für Ernährung, Landwirtschaft und Forsten.

---

[328] Nds.MBl. 1971, 1167.

[329] Nds.MBl. 1971, 1167-1168.

Ergebnis der Maßnahmen war eine vollständige Eingliederung der Klosterforsten in die staatliche Forstverwaltung; sofern staatliche Forstämter allein oder überwiegend Klosterforsten bewirtschafteten, hatten sie die Bezeichnung »Staatl. Forstamt (Klosterforstamt)« zu führen.

Nachdem der Nds.StGH durch Urteil vom 13. Juli 1972[330] festgestellt hat, daß der Beschluß des Landesministeriums vom 20. Juli 1971 einen Verstoß gegen Art. 56 II und Art. 29 I VNV darstellt, wurde dieser verfassungswidrige Beschluß durch Beschluß vom 22. August 1972[331] rückwirkend aufgehoben. Durch RdErl. des Ministers für Ernährung, Landwirtschaft und Forsten vom 25. August 1972[332] wurden die Bezeichnungen der Forstämter und Bezirksbetriebe in Klosterforstämter und Klosterbezirksbetriebe geändert, diese wieder zu Dienststellen der Klosterkammer umgewandelt und der Klosterkammerpräsident wieder mit der Forstinspektion beauftragt. Ausdrücklich wurde festgestellt, daß in »allen grundsätzlichen Angelegenheiten, welche die Bewirtschaftung der Klosterforsten betreffen, [...] die Entscheidung des Klosterkammerpräsidenten einzuholen« ist[333]. Somit war der vorherige Zustand wiederhergestellt.

5.5.3 Geplante Neuordung im Jahre 1995

Erbrachten die Klosterforsten noch bis in die Zeit nach dem Zweiten Weltkrieg einen maßgeblichen Anteil des Haushaltes der Klosterkammer, so nahm dieser im Zuge der Strukturkrise der deutschen Forstwirtschaft aufgrund der steigenden Personal- und Materialkosten bei fallenden Preisen für Holzprodukte stark ab und führte etwa 1980 in eine interne Subventionierung der Klosterforsten mit einer Summe von bis zu 4 Mio. DM. Vor diesem Hintergrund und angesichts des Beispiels von Betrieben des Großprivatwaldes suchte die Klosterkammer nach Wegen, ihre Forstverwaltung und Forstbewirtschaftung zu verändern, um sich „innovativ und flexibel bei sich steigernder Produktivität den sich verändernden Marktbedingungen anpassen zu können"[334]. Nach der Einholung von Gutachten entschied sich die Klosterkammer für eine privatwirtschaftliche Bewirtschaftung der Klosterforsten und damit für die Aufgabe der administrativen Beförsterung durch von der Landesverwaltung ausgeliehene Landesbeamte. Vorgesehen war die Gründung einer rechtlich selbständigen Dienstleistungsgesellschaft in Eigentum des AHK, die auf Grundlage eines Geschäftsbesorgungsvertrages die Klosterforsten bewirtschaften sollte. Ferner sollte diese Gesellschaft weitere Ge-

[330] Siehe Kapitel 5.3.2.4.

[331] Nds.MBl. 1972, 1175.

[332] Nds.MBl. 1972, 1175.

[333] RdErl. vom 25. August 1972. Nds. MBl. 1972, 1175.

[334] Klosterkammer 1998, 57.

schäftsfelder im Dienstleistungsbereich und im Holzhandel besetzen mit dem Ziel der Erweiterung der gesellschaftlichen Basis, der Steigerung der Produktivität und des Gewinns. Das neu zu gründende Unternehmen sollte bei Reorganisation der Verwaltungsstruktur der Klosterforsten alle Waldarbeiter und einen Teil der bisher beschäftigten Forstbeamten, unter der Bedingung der Beurlaubung aus dem Beamtenstatus, übernehmen. Diese beurlaubten Beamten sollten bei finanzieller Verbesserung unter Einführung von leistungsbezogenen Elementen entlohnt werden. Ziel der Maßnahme sollte sein,

> „durch den Übergang zu privater Bewirtschaftung die Flexibilität und die Kraft zur Anpassung an veränderte Rahmenbedingungen zu gewinnen. Es gilt, in neuer Unternehmensform neue Geschäftsfelder zu erschließen, auch mit Service-Leistungen einen Deckungsbeitrag zu erzielen. [...]. Die öffentlich-rechtlich organisierten Forsten haben in beliebig großer Zahl unter Beweis gestellt, daß sie nicht geeignet sind, wie ein privatwirtschaftlicher Betrieb ständig innovativ zu arbeiten, auf den Markt flexibel zu reagieren. Das aber haben die privaten Waldbesitzer geschafft, wenn es auch dort bekanntermaßen Probleme gegeben hat. Diese Beweglichkeit und Wachheit ist das, was die private Wirtschaft der öffentlichen Verwaltung voraus hat. Die Forstbetriebe der Klosterkammer sind Wirtschaftsbetriebe und wollen sich dieser Herausforderung stellen, indem sie ihre Ressourcen erhalten, die wirtschaftlichen Möglichkeiten aber ganz ausschöpfen."[335]

Aufgrund von Widerständen seitens der in den Klosterforsten Beschäftigten, der Berufsverbände, der Personalvertretungen und letztlich der aufsichtsführenden Ministerien kam es jedoch nicht zur Realisierung dieses angestrebten Modells.

5.5.4 NEUORDNUNG DER BEWIRTSCHAFTUNG DER KLOSTERFORSTEN IM JAHRE 1998[336]

Seit Mai 1998 werden die Klosterforsten des AHK in Form eines Landesbetriebes bewirtschaftet, deren Grundlagen durch eine vom Präsidenten der Klosterkammer eingesetzte Arbeitsgruppe, bestehend aus Mitarbeitern der Klosterforsten, Vertretern des Landwirtschaftsministeriums und des Landesrechnungshofes, erarbeitet wurden.[337]

Die Forstabteilung der Klosterkammer, zwei Klosterforstämter (Wennigsen und Miele) sowie fünf Revierförstereien wurden aufgelöst, so daß der Klosterkammerforstbetrieb nunmehr aus zwei Klosterforstämtern (Westerhof und Soltau) mit

---

335 V. CAMPENHAUSEN, Die Forsten, 1424.

336 Beschluß des Landesministeriums vom 24. Februar 1998 und gemeinsamer RdErl. des Ministeriums für Wissenschaft und Kunst und des Ministeriums für Landwirtschaft vom 03. April 1998, Nds.MBl. 1998, 880-881. Abgedruckt unter 8.9.1.

337 »Betriebsanweisung für den Landesbetrieb 'Klosterkammerforstbetrieb' (KFB)«. Nds.MBl. 1998, 881-883. Abgedruckt unter 8.9.2.

jeweils acht Revierförstereien besteht, die von den beiden Forstamtsleitern gemeinsam geleitet werden. Die durch das Landwirtschaftsministerium wahrgenommene Fachaufsicht erstreckt sich auf die Genehmigung der mittelfristigen waldbaulichen Planung, des Wirtschaftsplanes und Jahresabschlusses und der einvernehmlichen Bestellung von externen Sachverständigen zur Überprüfung der Betriebsführung. Rechtsform, Aufsicht, Organisation, Aufgaben und Grundsätze der Wirtschaftsführung sind in der Betriebsanweisung festgelegt.

6 Zusammenfassung

Anhand der Betrachtung der Gestalt des Allgemeinen Hannoverschen Klosterfonds ist deutlich geworden, daß seine Struktur und sein Wesen nur aus seiner geschichtlichen Entwicklung heraus verstanden werden kann. Eine isolierte Betrachtung einzelner Fakten oder der Versuch einer Beurteilung ohne Einbeziehung seiner Vergangenheit kann zu keinem treffenden Ergebnis führen.

Der Gang durch die Geschichte des Klosterfonds und der Klosterkammer hat gezeigt, daß seine Gestalt von einmaliger Art in Deutschland ist. Im Fürstentum Calenberg-Göttingen hat unter Herzogin Elisabeth eine Entwicklung ihren Ausgang genommen, die bis heute in der Einrichtung des Allgemeinen Hannoverschen Klosterfonds »greifbar« ist und Auswirkungen auf das Leben im Gebiet der früheren Provinz Hannover hat. In einer Synthese des überkommenen vorreformatorischen Rechtsdenkens mit dem reformatorischen landesherrlichen Kirchenregiment und der neuen evangelischen Lehre hat Herzogin Elisabeth die bestehenden kirchlichen Einrichtungen unter Wahrung der überkommenen Ordnung von innen heraus reformiert und ihnen so im Geiste der ursprünglichen Stifter eine neue Ordnung gegeben: Eine Beschreibung der Geschichte des Klosterfonds kann daher nicht ohne die Begriffe Kontinuität und innere Erneuerung auskommen. Aber Herzogin Elisabeth hat nicht den bestehenden Zustand bestätigt und eine Fortschreibung dessen betrieben, sondern eine wirkliche Weiterentwicklung eingeleitet. Daß diese Vorgehensweise keine Selbstverständlichkeit darstellt, läßt sich endeutig aus dem Vorgehen der anderen Welfenfürsten ersehen. An das Klosterregiment von Herzogin Elisabeth haben sich später alle Landesherren gehalten, zu deren Herrschaft das Territorium Calenberg-Göttingen gekommen ist. In einzigartiger Weise ist mit dem geistlichen Vermögen verfahren worden, und die Rechtspersönlichkeit der einzelnen Klostervermögen ist niemals in Frage gestellt worden, wenn ihm auch nicht immer eine korrekte Behandlung zuteil geworden ist und der praktische Umgang mit den Klostergütern sich oftmals nicht von dem der Kammergüter unterschied. Ihre Rechtspersönlichkeit ist kontinuierlich beibehalten und die Verfügungsgewalt über ihr Vermögen ist ihnen nicht entzogen, sondern durch landesherrliche Maßnahmen bestätigt worden. Gerade aus den kritischen Situationen sind die Klöster gestärkt hervorgegangen: Die sicherlich hohen wirtschaftlichen Belastungen durch Pfandleistungen für den Landesherrn haben ihnen im Rechtsverkehr die Anerkennung als gleichwertige juristische Persönlichkeit gebracht. Weitere solcher und ähnlicher Maßnahmen wären noch zu nennen.

Durch die Schenkung der drei Göttinger Klöster an die Julius-Universität zu Helmstedt, die einem ganz anderen Zweck dienen sollte, ist der Anstoß zu einer

Zentralisierung des Klostervermögens gewesen, an deren Ende die heutige Klosterkammer als Verwaltungseinrichtung steht. Die Klostervermögen waren bis zur Säkularisation selbständig und wurden ihrem Stiftungszweck gemäß verwendet, kontrolliert durch die zentrale Verwaltung bei der fürstlichen Ratsstube. Das hat die Vermögen desolat gewordener Klöster davor geschützt, anderweitig verwendet oder eingezogen zu werden. Die Welfen respektierten auch nach der Reformation den ursprünglichen Verwendungszweck wie die juristische Persönlichkeit des geistlichen Gutes und verfuhren im Geiste und Rechtsbewußtsein ihrer Vorfahren. Vielleicht ist hier auch der Ort, an dem von dem sprichwörtlichen »niedersächsischen Beharrungsvermögen« die Rede sein muß.

Unter Wahrung des »ruhmwürdigen Verhaltens der Vorfahren« zentralisierten die Welfen das ihnen zugefallene säkularisierte geistliche Vermögen in den Gebieten, die ihnen nach dem Wiener Kongreß zugefallen sind, zusammen mit dem bisher getrennt verwalteten geistlichen Gut in den eigenen Landen in einer Großstiftung, dem Allgemeinen Hannoverschen Klosterfonds. Sie gingen bei dieser Stiftungserrichtung sogar soweit, daß sie das unter westfälisch-französischer Herrschaft zweckentfremdete geistliche Vermögen »reluierten« und dem Klosterfonds zuwiesen. Der überkommene Klosterfonds ist heute eine der größten Stiftungen Norddeutschlands. Wichig für die Einrichtung dieser neuen Großstiftung ist festzuhalten, daß sie mit der gleichen Rechtspersönlichkeit ausgestattet ist, den die in ihr aufgegangenen Stiftungen früher gehabt haben: der einer selbständigen juristischen Person.

In die Entwicklung von Klosterfonds und Klosterkammer ist zu keiner Zeit eingegriffen worden. Wohl ist die Institution Gegenstand der Anfrage gewesen, nie aber der Veränderung. Eine Ausnahme hiervon bildet nur die Zeit der nationalsozialistischen Diktatur in den Jahren 1933 bis 1945; glücklicherweise ist dennoch kein allzugroßer Schaden am Vermögen entstanden und die Einrichtung als solche selbst nicht beeinträchtigt worden.

Die Auseinandersetzungen mit dem Klosterfonds und der Klosterkammer haben sich aber nicht nur auf eine vergleichsweise stillschweigende Akzeptanz der Einrichtung beschränkt. Immer wieder ist die sich weiterentwickelnde Struktur des Klosterfonds rechtsverbindlich anerkannt worden. Den Standpunkt, daß der Klosterfonds eine selbständige juristische Person des öffentlichen Rechts ist und nur der Rechtsaufsicht des Staates, nicht aber seinem wie auch immer gearteten Einfluß unterliegt, haben sich alle auf seine Gründung folgenden Untersuchungen zu eigen gemacht. Die im Laufe der Zeit ergangenen Gutachten lassen anhand der vielen möglichen bezogenen Rechtspositionen erkennen, daß die rechtliche Gestalt des Klosterfonds komplex ist und einer differenzierten Betrachtung bedarf.

Einen vorläufigen Schlußpunkt in der Rechtsdiskussion um den Allgemeinen Hannoverschen Klosterfonds hat das Urteil des Nds.StGH vom 13. Juli 1972 gebracht. Das Gericht stellte in diesem Urteil allein auf den Schutz überkommener heimatgebundener Einrichtungen gemäß Art. 56 Abs. 2 VNV ab und erkannte diesen verfassungsrechtlichen Schutz dem Klosterfonds zu. Ob dieser Schutz auch für die Klosterkammer gilt, ließ das Gericht offen, verneinte aber nicht die generelle Möglichkeit. Allerdings befand das Gericht, daß die Klosterkammer durch ihre Tätigkeit, die ein Wesensmerkmal des Klosterfonds darstellt, an der Bestandsgarantie des Klosterfonds teilhat. Der Beschluß gewährt dem Klosterfonds die uneingeschränkte Verwaltung seines Stiftungsvermögens, da ein Eingriff in die Vermögensverwaltung nach Ansicht des Gerichts die dem Schutz von Art. 56 Abs. 2 VNV unterliegende Struktur verletzt. Ausdrücklich wird festgestellt, daß die Erscheinungsweise wie die öffentliche Wirksamkeit des Klosterfonds nicht beeinträchtigt werden dürfen. Damit ist die überkommene Struktur, deren Gestalt zum Zeitpunkt des Inkrafttretens der VNV im Jahre 1951 nach Ansicht des Nds.StGH allein Beurteilungsmaßstab ist, mit einem umfangreichen und nur schwer zu durchbrechenden Schutz versehen. Andere Gesetzesgrundlagen zieht das Gericht nicht heran. Einen nur vorläufigen Schutz des Klosterfonds stellt das Urteil deswegen dar, weil Art. 56 Abs. 2 VNV dem Land die Möglichkeit einräumt, »in Verfolg organisatorischer Maßnahmen, die sich auf das ganze Land erstrecken«, die bestehenden heimatgebundenen Einrichtungen zu ändern oder ganz aufzuheben.

In der abschließenden Betrachtung des Säkularisationsverbotes des Grundgesetzes wird jedoch eine Möglichkeit sichtbar, dem Klosterfonds einen umfassenden Schutz zuteilwerden zu lassen, weil er als unmittelbar kirchlichen Zwecken dienendes Vermögen zu qualifizieren ist. Falls man das Vermögen des Klosterfonds, das eindeutig geistlicher Herkunft ist und zu geistlichen Zwecken gemäß dem Gründungspatent zu verwenden ist, nicht als »kirchliches Vermögen unter staatlicher Obhut«[338] bezeichnen kann, so dient es doch eindeutig kirchlichen Zwecken. Die im Loccumer Vertrag von 1965 enthaltene Bestimmung, daß gemäß Art. 11 das Land bei dem Allgemeinen Hannoverschen Klosterfonds die Bestimmung dieses Vermögens für kirchliche Zwecke weiterhin berücksichtigen will, geht eindeutig in diese Richtung. Wenn der Staat auf das Vermögen des Klosterfonds Einfluß nimmt, und das geschieht aufgrund seiner besonderen Struktur schon durch eine Einwirkung gleich welcher Art auf die Verwaltung, verletzt er das Recht der Kirchen an diesem Vermögen. Weil aber Art. 138 Abs. 2. WRV i. V. m. Art. 140 GG ein Säkularisationsverbot ausspricht, ist zu fragen, inwieweit sich dieses in seiner Geltung abgestufte Säkularisationsverbot auf den Klosterfonds auswirkt. Einige auf Rechtsansprüchen an den Klosterfonds basierende Leistungen kommen direkt RES SACRAE zugute. Unmittelbar dem Gottesdienst dienende Sachen sind aber mit einem strikten Säkularisationsverbot belegt. Da

[338] WACKE, Kirchen- und Klosterkammer Weimar, 14.

kirchliches Vermögen aus seiner Natur heraus immer einen öffentlichen Charakter hat, fallen alle Maßnahmen gegen kirchliche oder kirchlichen Zwecken dienenden Vermögen unter das Säkularisationsverbot. Das kirchliche oder kirchlichen Zwecken dienende Vermögen ist nicht unter privatrechtlichem Gesichtspunkt der schlichten Eigentumsgarantie zu betrachten; diese Betrachtungsweise ist unangemessen, da sie zu kurz greift. Aus dieser Rechtsinterpretation erwächst dem Klosterfonds ein umfassender Schutz seines Vermögens, da die Widmung eines kirchlichen Zwecken dienenden Vermögens nur durch die Kirchen selbst und nicht durch andere Maßnahmen aufgehoben werden kann.

7 Literaturverzeichnis

7.1 Primärliteratur

7.1.1 Ungedruckte Quellen

Anwort des Prinzregenten an das Ministerium zu Hannover vom 8. Mai 1818 bezüglich des Berichtes des Kabinettsministers v. Arnswaldt über die Verwaltung des geistlichen Gutes. HStA Hannover, Hann. Des. 92, XXXIV. No. III. 3. [Neue Signatur: Hann. 92, 1040].

Bericht des Kabinettsministers v. Arnswald an den Prinzregenten Georg »betreffend die Verwaltung des geistlichen Gutes« vom 16. April 1818. HStA Staatsarchiv Hannover, Hann. Des. 92, XXXIV. No. III. 3. [Neue Signatur: Hann. 92, 1040].

7.1.2 Gedruckte Quellen

Falk, []: »Denkschrift des preußischen Ministers für geistliche, Unterrichts- und Medizinalangelegenheiten Dr. Falk betreffend die Entstehung, den rechtlichen Charakter und den Umfang der Verbindlichkeiten des Hannoverschen Klosterfonds nebst dem Verzeichnis dieser Verpflichtungen vom 14. November 1877«. Drucksache Nr. 63 des Hauses der Abgeordneten, 13. Legislaturperiode, II. Session 1877/78. Abgedruckt bei: Böckler, K. F. W. (Hrsg.): *Dritte Folge der Eberhardtschen Sammlung der Gesetze, Verordnungen und Ausschreibungen in Kirchensachen für den Bezirk des Königlichen Provinzial-Konsistoriums zu Hannover*. Hannover: 1878, 711-726.

Grotefend, Georg August: *Die Gesetze und Verordnungen für die Provinz Hannover* / aus der Hannoverschen und Preussischen Gesetz-Sammlung chronologisch zusammengestellt und durch die darauf bezüglichen Ministerial-Erlasse, Ausschreiben der Königl. Landdrosteien, Konsistorien etc. erläutert. Düsseldorf : Schwann`sche Verlagshandlung, 1879.

Huber, Ernst Rudolf (Hrsg.): *Dokumente zur Deutschen Verfassungsgeschichte*: Band 1 : Deutsche Verfassungsdokumente 1803-1850. Stuttgart : Kohlhammer, ²1961.

Huber, Ernst Rudolf (Hrsg.): *Dokumente zur Deutschen Verfassungsgeschichte*: Band 3 : Dokumente der Novemberrevolution und der Weimarer Republik 1918-1933. Stuttgart : Kohlhammer, 1966.

Niedersächsischer Staatsgerichtshof: »Urteil vom 13. Juli 1971«. In: *KirchE* 13 (1972/1973) 3-19.

PREUẞISCHES OBERVERWALTUNGSGERICHT: »Urteil vom 27. Mai 1910«. In: *PrOVGE* 57 (1911) 226-238.

SEHLING, EMIL (Hrsg.): *Die evangelischen Kirchenordnungen des XVI. Jahrhunderts* / fortgeführt vom Institut für evangelisches Kirchenrecht der Evangelischen Kirche in Deutschland zu Göttingen. Band VI/I, Niedersachsen, I. Hälfte, Die Welfischen Lande, 1. Halbband: Die Fürstentümer Wolfenbüttel und Lüneburg mit den Städten Braunschweig und Lüneburg / bearbeitet von A. Ritter und A. Spengler. Tübingen : J. C. B. Mohr (Paul Siebeck), 1955.

SEHLING, EMIL (Hrsg.): *Die evangelischen Kirchenordnungen des XVI. Jahrhunderts* / fortgeführt vom Institut für evangelisches Kirchenrecht der Evangelischen Kirche in Deutschland zu Göttingen. Band VI, Niedersachsen, I. Hälfte, Die Welfischen Lande, 2. Halbband: Die Fürstentümer Calenberg-Göttingen und Grubenhagen mit den Städten Göttingen, Northeim, Hannover, Hameln und Einbeck, Die Grafschaften Hoya und Diepholz, Anhang: Das Freie Reichsstift Loccum / bearbeitet von A. Ritter und A. Spengler. Tübingen : J. C. B. Mohr (Paul Siebeck), 1957.

7.2 Sekundärliteratur

7.2.1 UNGEDRUCKTE SEKUNDÄRLITERATUR

NEDDEN, HANS HELMUT ZUR: »Denkschrift über die Forstverwaltung des Allgemeinen Hannoverschen Klosterfonds«. Typoskript, 1961.

NIEDERSÄCHSISCHES MINISTERIUM FÜR WISSENSCHAFT UND KULTUR: »Allgemeiner Hannoverscher Klosterfonds (AHK) [Rechtsgutachten betreffend die Organisation der Klosterforsten]«. Typoskript, 1994.

STALMANN, ALBRECHT: »Denkschrift [bzgl. Klosterfonds und Klosterkammer Hannover]«. Typoskript, 1961.

THIEME, WERNER: »Rechtsgutachten über personalwirtschaftliche Fragen der Neuordnung der Forstverwaltung des Allgemeinen Hannoverschen Klosterfonds«. Typoskript, 1995.

WEBER, WERNER: »Rechtsgutachten über die Zulässigkeit der Überführung der Verwaltung der Klosterforsten aus dem Allgemeinen Hannoverschen Klosterfonds auf die Landesforstverwaltung«. Typoskript, 1962.

7.2.2 GEDRUCKTE SEKUNDÄRLITERATUR

ASCHOFF, HANS-GEORG: »Herzog Heinrich der Jüngere und Herzogin Elisabeth von Braunschweig-Lüneburg«. In: *JGNKG* 82 (1984) 53-75.

BECKER, [PREUßISCHER MINISTER FÜR WISSENSCHAFT, KUNST UND VOLKSBILDUNG]: »Ansprache des Ministers für Wissenschaft, Kunst und Volksbildung, Prof. D. Dr. Becker«. In: Klosterkammer Hannover (Hrsg.): *Zum 110jährigen Bestehen der Klosterkammer in Hannover*. Hannover : Göhmann, 1928, 5-7.

BERTRAM, ADOLF: *Geschichte des Bistums Hildesheim* / Dritter Band. Hildesheim und Leipzig : Lax, 1925.

BRAUCH, ALBERT: *Die calenbergischen Klöster 1634-1714* / überarbeitet von Annelies Ritter. Veröffentlichungen der Historischen Kommission für Niedersachsen und Bremen / Band XII / Geschichte des Hannoverschen Klosterfonds / Dritter Teil. Hildesheim : Lax, 1976.

BRENNEKE, ADOLF: »Das Kirchenregiment der Herzogin Elisabeth während ihrer vormundschaftlichen Regierung im Fürstentum Calenberg-Göttingen«. In: *ZRGkan* 14 (1925) 62-160.

BRENNEKE, ADOLF: »Herzogin Elisabeth von Braunschweig-Lüneburg, die hannoversche Reformationsfürstin, als Persönlichkeit«. In: *JKNKG* 38 (1933) 140-170.

BRENNEKE, ADOLF; BRAUCH, ALBERT: *Geschichte des Hannoverschen Klosterfonds: Zweiter Teil: Die Calenbergischen Klöster unter Wolfenbütteler Herrschaft 1584-1634* / Veröffentlichungen der Historischen Kommission für Niedersachsen Nr. 12: Geschichte des Hannoverschen Klosterfonds, Zweiter Teil. Göttingen : Vandenhoeck & Ruprecht, 1956.

BRÜNING, KURT: »Das Land Niedersachsen«. In: BRÜNING, KURT (Hrsg): *Handbuch der Historischen Stätten Deutschlands* / Zweiter Band: Niedersachsen und Bremen. Stuttgart : Kröner, ^{2}1960, XVII-LXXXV.

CAMPENHAUSEN, AXEL FRHR VON: »Alte Stiftungen in den `neuen Ländern'«. In: GOYDKE, JÜRGEN; RAUSCHNIG, DIETRICH; ROBRA, RAINER; SCHREIBER, HANS-LUDWIG; WULFF, CHRISTIAN (Hrsg.) in Verbindung mit der Juristischen Fakultät der Martin-Luther-Universität Halle-Wittenberg: *Vertrauen in den Rechtsstaat*. Beiträge zur deutschen Einheit. Festschrift für Walter Remmers. Köln u. a.: Heymanns, 1995, 539-546.

CAMPENHAUSEN, AXEL FRHR. VON: »450 Jahre Klosterfonds«. In: Niedersächsische Landeszentrale für politische Bildung (Hrsg.): *450 Jahre Reformation im Calenberger Land und Allgemeiner Hannoverscher Klosterfonds*. Hannover : Wittmann & Wäsch, 1993, 26-47.

CAMPENHAUSEN, AXEL FRHR. VON: »450 Jahre Klosterfonds«. In: *ZNds* 92 (1992) 279-286.[Zit.: Klosterkammer/ZNds].

CAMPENHAUSEN, AXEL FRHR. VON: »Aktuelle Fragen des kirchlichen Stiftungswesens«. In: *ZevKR* 13 (1967/68) 115-138.

CAMPENHAUSEN, AXEL FRHR. VON: »Alte Stiftungen in den neuen Ländern. Rekonstituierung gegen Widerstände«. In: CAMPENHAUSEN, AXEL FRHR. VON; KRONKE, HERBERT; WERNER, OLAF (Hrsg.): *Stiftungen in Deutschland und Europa*. Düsseldorf : IDW-Verlag, 1998, 183-199.

CAMPENHAUSEN, AXEL FRHR. VON: »Der Allgemeine Hannoversche Klosterfonds und die Klosterkammer Hannover - Portrait eines gemeinwirtschaftlichen Unternehmens«. In: *ZögU* 4 (1981) 475-483.

CAMPENHAUSEN, AXEL FRHR. VON: »Der Allgemeine Hannoversche Klosterfonds«. In: *ZNds* 86 (1986) 263-266.

CAMPENHAUSEN, AXEL FRHR. VON: »Die Bedeutung der Niedersächsischen Klöster«. In: *ZNds* 79 (1979) 94-97.

CAMPENHAUSEN, AXEL FRHR. VON: »Die kirchlichen Stiftungen in Vergangenheit und Gegenwart«. In: *JGNKG* 82 (1984) 113-143.

CAMPENHAUSEN, AXEL FRHR. VON: »Die kirchlichen Stiftungen, ihre Bedeutung in Vergangenheit und Gegenwart«. In: Hauer, Rolf (Hrsg.) u. a.: *Stiftungen aus Vergangenheit und Gegenwart*. Band 5. Tübingen : J. C. B. Mohr (Paul Siebeck), 1986, 57-82.

CAMPENHAUSEN, AXEL FRHR. VON: »Eigentumsgarantie und Säkularisationsverbot im Grundgesetz«. In: *BayVBl.* 102 (1971) 336-338.

CAMPENHAUSEN, AXEL FRHR. VON: »Eine niedersächsische Institution: Die Klosterkammer Hannover«. In: *Niedersachsenbuch* 5 (1985) 100-115.

CAMPENHAUSEN, AXEL FRHR. VON: »Evangelische Klöster in Niedersachsen«. In: *Deutsches Adelsblatt* 21 (1982) 199-200.

CAMPENHAUSEN, AXEL FRHR. VON: »Evangelische Klöster in Niedersachsen, die Reformation und die staatliche Aufsicht«. In: Kloster Walsrode / Klosterkammer Hannover (Hrsg.): *1000 Jahre Kloster Walsrode*. Walsrode : Gronemann, 1986, 31-50.

CAMPENHAUSEN, AXEL FRHR. VON: »Stiftungen des öffentlichen Rechts«. In: CAMPENHAUSEN, AXEL FRHR. VON (Hrsg.): *Handbuch des Stiftungsrechts*. München : C. H. Beck, ^{2}1999, 443-472.

CAMPENHAUSEN, AXEL FRHR. VON: *Der Allgemeine Hannoversche Klosterfonds und Klosterkammer Hannover* / Unter Mitarbeit von Anke, Hans Heinrich, u. a. Hannover : Schlütersche, 1999. [Zit.: Klosterfonds/1999].

CAMPENHAUSEN, AXEL FRHR. VON: *Staatskirchenrecht*. München: C. H. Beck, ^{3}1996.

FAUST, ULRICH: »Benediktinisches Mönchtum in Norddeutschland«. In: *GermBen* VI (1979) 19-31.

FRIEDLAND, KLAUS: »Erich I.«. In: *NDB* 4, 584.

FRIEDLAND, KLAUS: »Erich II., Herzog von Braunschweig-Lüneburg (Calenberg)«. In: *NDB* 4, 584-585.

GROSCHUPF, OTTO: »Die Entwicklung der Verfassung und Verwaltung in Niedersachsen von 1956-1979«. In: JöR NF 28 (1979) 381-447.

HAUER, ROLF: »Gemeinsamkeiten im Leben von Stiftungen am Beispiel der Siemens-Familienstiftung und des Allgemeinen Hannoverschen Klosterfonds«. In: RÜTH, FRITZ (Hrsg.) u. a.: *Lebensbilder Deutscher Stiftungen.* Band 3. Tübingen : J. C. B. Mohr (Paul Siebeck), 1974, 141-152.

HECKEL, JOHANNES: »Kirchengut und Staatsgewalt: Ein Beitrag zur Geschichte und Ordnung des heutigen gesamtdeutschen Staatskirchenrechts«. In: RECHTS- UND STAATSWISSENSCHAFTLICHE FAKULTÄT DER UNIVERSITÄT GÖTTINGEN (Hrsg.): *Rechtsprobleme in Staat und Kirche.* Göttinger Rechtswissenschaftliche Studien. Band 3 (FS Rudolf Smend). Göttingen : Schwartz und Co, 1952, 104-143. Abgedruckt in: DERS.: *Das blinde, undeutliche Wort Kirche: Gesammelte Aufsätze* / Siegfried Grundmann (Hrsg.). Köln : Böhlau, 1964, 328-370.

HOKE, R.: »Restitution«. In: *HRG* VI, 947-949.

HUBER, ERNST RUDOLF: *Deutsche Verfassungsgeschichte seit 1789.* Band I: Reform und Restauration 1789-1830. Stuttgart : Kohlhammer, ^{2}1966.

IMGART, MANFRED: »Die Entstehung des Landes Niedersachsen und die Geschichte seiner Verwaltung«. In: FABER, HEIKO und SCHNEIDER, HANS-PETER: Niedersächsisches Staats- und Verwaltungsrecht. Frankfurt am Main : Metzner, 1985, 1-43.

JANICKE, KARL: »Erich I.«. In: *ADB* 6, 203-204.

KAULITZ, JÜRGEN; REIS, HANS; SPERLING, EBERHARD: »Zur Rechtslage des Allgemeinen Hannoverschen Klosterfonds, des Braunschweigischen Vereinigten Kloster- und Studienfonds und anderer ähnlicher Stiftungen und Fonds«. In: *ZevKR* 16 (1971) 386-410.

KLETTKE-MENGEL, INGEBORG: »Herzogin Elisabeth von Braunschweig-Lüneburg (Calenberg)«. In: *NDB* 4, 443-444.

KLOSTERKAMMER HANNOVER (Hrsg.): »Klosterfonds und Klosterkammer Hannover«. In: *ZNds* 82 (1982) 17-60.[Klosterkammer/ZNds].

KLOSTERKAMMER HANNOVER (Hrsg.): »Klosterfonds und Klosterkammer Hannover«. In: *ZNds 97* (1997), I-XLIV. [Zit. Klosterkammer-b/ZNds].

KLOSTERKAMMER HANNOVER (Hrsg.): *Klosterfonds und Klosterkammer Hannover.* Hannover : Benatzky [1975].

KLOSTERKAMMER HANNOVER (Hrsg.): *Klosterkammer Hannover* [Informationsblatt VI/90]. Hannover, 1990.

KORTE, HEINRICH: »Verfassung und Verwaltung des Landes Niedersachsen«. In: JöR NF 5 (1956) 1-158.

KORTE, HEINRICH: *Verfassung und Verwaltung des Landes Niedersachsen*. Göttingen : Vandenhoeck & Ruprecht, 1962.

KRUMWIEDE, HANS-WALTER: »Kirchengeschichte: Geschichte der evangelischen Kirche von der Reformation bis 1803. In: PATZE, HANS (Hrsg.): *Geschichte Niedersachsens* / Band 3, Teil 2. Veröffentlichungen der historischen Kommission für Niedersachsen und Bremen; 36. Hildesheim : Lax, 1983, 1-216.

KRUSCH, BRUNO: Die hannoversche Klosterkammer in ihrer geschichtlichen Entwicklung, ihre Zwecke und Ziele und ihre Leistungen für das Wohl der Provinz / Sonderabdruck aus den ›Mitteilungen des Universitätsbundes Göttingen‹ 1 (1919). Hannover : Schulze, o. J.

LIERMANN, HANS: »Rechtsgutachten über das Recht des Allgemeinen Hannoverschen Klosterfonds auf uneingeschränkte eigenständige Verwaltung seines Stiftungsvermögens«. In: *JGNKG* 70 (1972) 201-220.

LIERMANN, HANS: Handbuch des Stiftungsrechts: I. Band: Geschichte des Stiftungsrechts. Tübingen : J. C. B. Mohr (Paul Siebeck), 1963.

LINCKELMANN, KARL; FLECK, ERNST: *Das Hannoversche Privatrecht*. Hannover : Helwing, 1903.

LINKELMANN, KARL; WIEDEMANN, HEINRICH: *Das Hannoversche Privatrecht*, Hannover : C. B. Engelhard, ²1930.

MAGER, INGE: »Hannover I«. In: TRE XIV, 428-437.

MEIER, ERNST VON: *Hannoversche Verfassungs- und Verwaltungsgeschichte 1680-1866* : Zweiter Band: Die Verwaltungsgeschichte. Leipzig : Dunker & Humblot, 1899.

QUIDDE, THOMAS: »Das Gutachten der Sachverständigenkommission für die Verwaltungs- und Gebietsreform in Niedersachsen«. In: *Neues Archiv für Niedersachsen* 18 (1969) 107-116.

REBE, BERND (Hrsg): *Verfassung und Verwaltung des Landes Niedersachsen* / begründet. von Heinrich Korte. Fortgeführt von Bernd Rebe. Unter Mitarbeit von Manfred Berenskötter u. a. Göttingen : Vandenhoeck & Ruprecht, ²1986.

REBE, BERND: »Die Entwicklung des niedersächsischen Verfassungs- und Verwaltungsrechts von 1979-1990«. In: JöR NF 40 (1991/1992) 609-653.

RHEDEN-DOHNA, ARMGARD VON: »Die Säkularisation der Hildesheimer Feldklöster und der Anfang der Klosterkammer Hannover.«. In: *Niedersächsisches Jahrbuch für Landesgeschichte* 69 (1997) 281-299. [Zit.: Feldklöster und Klosterkammer].

RICHTER, MARTIN: »Anprache des Präsidenten der Klosterkammer Dr. iur. Dr. med. h. c. Richter«. In: KLOSTERKAMMER HANNOVER (Hrsg.): *Zum 110jährigen Bestehen der Klosterkammer in Hannover*. Hannover : Göhmann, 1928, 8-27.

RILKE, WALDEMAR: »Der Allgemeine Hannoversche Klosterfonds und die Hannoversche Klosterkammer«. In: BERNDL, HEINRICH (Hrsg.) u. a.: *Lebensbilder Deutscher Stiftungen*. Band 2. Tübingen : J. C. B. Mohr (Paul Siebeck) 1971, 23-33.

RÖHRIG, HERBERT: »Klosterfonds und Klosterkammer. In: *ZNds* 71 (1971), 387-392.

SCHNATH, GEORG: »Das Schicksal des Klosterguts in den frühen Welfenlanden und seine besondere Rechtsstellung im heutigen Lande Niedersachsen«. In: *Blätter für deutsche Landesgeschichte* 109 (1973) 265-269.

SCHNATH, GEORG: »Von der Entstehung der Territorien bis zur Entstehung des Landes Niedersachsen«. In: SCHNATH, GEORG (Hrsg.) u.a.: *Geschichte des Landes Niedersachsen*. Freiburg-Würzburg : Ploetz, ^{3}1979, 19-66.

SCHNEIDER, HANS-PETER: »Verfassungsrecht«. In: FABER, HEIKO und SCHNEIDER, HANS-PETER (Hrsg.): Niedersächsisches Staats- und Verwaltungsrecht. Frankfurt am Main : Metzner, 1985, 44-135.

SCHULZE, REINER: »Stiftungsrecht«. In: *HRG* IV, 1980-1990.

SEELAND, HERMANN: »Der Allgemeine Hannoversche Klosterfonds«. In: *LThK* ^{2}1932, 818-819.

SPERLING, EBERHARD: »Evangelische Klöster und Stifte in Niedersachsen. Anmerkungen zur Geschichte, Rechtslage und Aufgabenstellung«. In: *JGNKG* 72 (1974) 137-150.

SPERLING, EBERHARD: »Hannoverscher Klosterfonds«. In: *ZevKR* 18 (1973) 84-94.

SPRENGLER-RUPPENTHAL, ANNELIESE: »Die Herzogin Elisabeth von Calenberg-Göttingen und der Landgraf Phillipp von Hessen«. In: *JGNKG* 82 (1984) 27-52.

STALMANN, ALBRECHT, *Die Hannoversche Klosterkammer*. Hannover : Lax, 1948.

STALMANN, ALBRECHT: »Die Klosterkammer und der Hannoversche Klosterfonds unter der Herrschaft der NSDAP«. In: *Tradition: Zeitschrift für Firmengeschichte und Unternehmerbiographie* 7 (1962) 257-280.

STOFFERS, WILLI: »Hannoverscher Klosterfonds«. In: *LThK* ^{2}1960, 2-3.

STORCK: »Der Allgemeine Hannoversche Klosterfonds«. *PrVBl* 28 (1907) 545-548.

THIELE, CHRISTOPH: »Kirchliche Stiftungen und Rückübertragungsansprüche nach dem Vermögensgesetz«. In: *ZevKR* 40 (1995) 227-234.

TILING, PETER VON: »Klöster und Stifter in der Provinz Hannover«. In: *ZevKR* 21 (1976) 265-273.

WACKE, GERHARD: »Über die von der Vereinigten Kirchen- und Klosterkammer Weimar verwalteten Kirchengüter«. In: *AkathKR* 125 (1951) 1-28.

WEIß, J.: »Reformation«. In: *HRG* IV, 459-468.

8 Textanhang

8.1 Bestimmungen des Reichsdeputationshauptschlusses (1803)

§ 4. Dem Könige von England, Kurfürsten von Braunschweig-Lüneburg, für seine Ansprüche auf die Grafschaft Sayn-Altenkirchen, Hildesheim, Corvey und Höxter, und für seine Rechte und Zuständigkeiten in den Städten Hamburg und Bremen, und in derselben Gebieten, namentlich dem Gebiete der letzteren, so wie dasselbe unten bestimmt werden wird, wie auch die Abtretung des Amtes Wildeshausen: das Bistum Osnabrück. [...].

§ 34. Alle Güter der Domkapitel und ihrer Dignitarien werden den Domänen der Bischöfe einverleibt, und gehen mit den Bisthümern auf die Fürsten üerb, denen diese angewiesen sind. In den zwischen mehrere vertheilten Bistümern werden die in den einzelnen Theilen befindlichen Güter dieser Art mit denselben vereinigt.

§ 35. Alle Güter der fundirten Stifter, Abteyen und Klöster, in den alten sowohl als auch in den neuen Besitzungen, Katholischer sowohl als A. C. Verwandten, mittelbarer wie unmittelbarer, deren Verwendung in den vorhergehenden Anordnungen nicht förmlich festgesetzt worden ist, werden der freien und vollen Disposition der respectiven Landesherrn, sowohl zum Behuf des Aufwandes für Gottesdienst, Unterrichts- und andere gemeinnützige Anstalten, als zu Erleichterung ihrer Finanzen überlassen, unter dem bestimmten Vorbehalte der festen und bleibenden Ausstattung der Domkirchen, welche werden beibehalten werden, und der Pensionen für die aufgehobene Geistlichkeit, nach den, unten theils bemerkten, theils noch unverzüglich zu treffenden näheren Bestimmungen.

§ 36. Die namentlich und förmlich zur Entschädigung angewiesenen Stifter, Abteyen und Klöster, so wie die der Disposition des Landesherrn überlassenen, gehen überhaupt an ihre neuen Besitzer mit allen Gütern, Rechten, Kapitalien und Einkünften, wo immer sie auch gelegen sind, über, sofern oben nicht ausdrückliche Trennungen festgesetzt worden sind.

§ 42. Die Säkularisation der geschlossenen Frauenklöster kann nur im Einverständniß mit dem Diöcesan-Bischofe geschehen. Die Mannsklöster hingegen sind der Verfügung der Landesherrn oder neuen Besitzer unterworfen, welche sie nach freiem Belieben aufheben oder beibehalten können. Beide Gattungen können nur mit Einwilligung des Landesherrn oder neuen Besitzers Novizen aufnehmen.

§ 61. Die Regalien, Bischöfliche Domainen, Domkapitelische Besitzungen und Einkünfte fallen den neuen Landesherrn zu.

§ 63. Die bisherige Religionsausübung eines jeden Landes soll gegen Aufhebung und Kränkung aller Art geschützt seyn; insbesondere jeder Religion der Besitz und ungestörte Genuß ihres eigenthümlichen Kirchenguts, auch Schulfonds nach der Vorschrift des Westfälischen Friedens ungestört verbleiben; [...].

§ 65. Fromme und milde Stiftungen sind, wie jedes Privateigenthum, zu conservi-ren, doch so, daß sie der landesherrlichen Aufsicht und Leitung untergeben blei-ben.

8.2 Dokumente betr. die Errichtung der königlichen Klosterkammer

8.2.1 Bericht des Kabinettsminister v. Arnswaldt an den Prinzregenten Georg »betreffend die Verwaltung des geistlichen Gutes« vom 16. April 1818[339]

[Bl. 1] Betreffend die Verwaltung des geistlichen Gutes

Hannover, den 16ten April 1818

An des Prinzen Regenten Königliche Hoheit

Durchlauchtigster Prinz Regent, Vielgeliebtester und hochgeehrtester Herr Bruder, Gnädigster Fürst und Herr!

Zufolge der von Eurer Liebden und Eurer Königlichen Hoheit und unter dem 14ten Juli 1816 ertheilten Befehle, haben wir Höchstdenselben einen von mir, dem Minister von Arnswaldt, zu entwerfenden Plan der künftigen Verwaltung des geistlichen Gutes vorzulegen. Die Ausführung dieses höchsten Befehls hat eine nähere Untersuchung der Beschaffenheit dieses durch die Erwerbung des Fürstenthums Hildesheim sehr vermehrten Vermögens, und einige Communi- [Bl. 2] cationen mit der Königlichen Kammer erfordert, um die Absonderung desjenigen Theils, welcher als Domcapitularisches Gut, zufolge des Reichs-Deputations=Hauptschlusses von 1803 den Landesherrlichen Domainen zufällt, gehörig vorzubereiten. Diese Vorarbeiten haben erst jetzt zu Stande gebracht werden können: daher wir hoffen, Eure Liebden und Eure Königliche Hoheit werden die bisherige Verzögerung des gegenwärtigen gehorsamsten und unterthänigsten Berichts, in Rücksicht vorgedachter Umstände zu entschuldigen geruhen.

Zufolge des höchsten Befehls haben wir zuvörderst die Frage zu erörtern, ob es thunlich und rathsam sey, die Verwaltung der geistlichen Güter mit der Domai-

[339] Abschrift aus: HStA, Hann. Des. 92, XXXIV. No. III, 3. [Neue Signatur: Hann. 92, 1040]. Unterstreichungen im Original.

nen=Administration zu verbinden, um dadurch eine größere Gleichheit in den Administrations-Grundsätzen zu bewirken. Wir haben nicht ermangelt, diesen Gesichtspunkt nach seiner grossen Wichtigkeit zu beachten und bey den speciellen Vorschlägen, die wir über die Ver- [Bl. 3] waltung der untern Behörden und Erhebung der Gefälle hiernächst gehorsam und unterthänig vorlegen werden, Gelegenheit gefunden, ihn zu benutzen. Hingegen haben sich die Bedenklichkeiten gegen eineVerbindung in der obern Verwaltungs-Behörde ergeben, die wir uns verpflichtet halten, Eurer Liebden und Eurer Königlichen Hoheit hier in ihrem ganzen Umfange darzulegen.

Das Interesse der beyden Verwaltungen, welche hier in Frage stehen, ist nicht allein verschieden, sondern es entstehen auch zu Zeiten Collisionen zwischen denselben, wobey eine Behörde, welche beyde vertreten müsste, in Verlegenheit gerathen würde. Dieser Umstand ist erheblich genug, dass des hochsel. Königs Georg des Ersten Majestät sogar, zufolge eines Rescripts vom 19./30. Julii 1726, ausdrücklich ein Bedenken geäußert, das Directorium der Kammersachen und das Directorium der Kloster-Angelegenheiten im Königlichen Ministerio der nehmlichen Person aufzutragen, weil solche Sachen zuweilen gegen- [Bl. 4] einanderlaufen.

Ferner scheint es uns, daß auch hiervon abgesehen, die eigenthümliche Bestimmung des geistlichen Gutes schon an sich selbst eine gänzliche Trennung der Administration von allen anderen Verwaltungen erfordere: und wenn auch die besonderen Zwecke der Einkünfte des geistlichen Gutes durch eine abgesonderte Rechnungsführung und Ablieferung aller reinen Überschüsse in eine besondere Casse gesichert werden könnten, so würde doch die Administration des geistlichen Gutes durch eine Verbindung mit der Königlichen Cammer der fortwährenden unmittelbaren Aufsicht des Königlichen Ministerii entzogen, welche uns ganz unentbehrlich scheint. Der ganze Haushalt der Kloster=Casse ist den höheren Zwecken des geistlichen Departements, der Universitäten und Schulen untergeordnet, und es muß sich nach den jedesmaligen Bedürfnissen dieser Institute richten. Z. b. dürfte kein Bau=Etat der Administration genehmigt werden, ohne daß vorher erwogen worden, [Bl. 5] ob nicht dringendere Ausgaben behuf der Universitätsgebäude oder anderer Anstalten gerade in diesem Jahre eine Ersparung an anderer Seite und einen Aufschub der vorgeschlagenen Verbesserungen nöthig oder rathsam machen. Alle solche Berathungen aber können nicht wohl anders statt finden, als bey einer besonderen Verwaltung unter unmittelbarer Leitung des Königlichen Ministerii.

Auch würde die Ersparung an Verwaltungskosten, durch eine Verbindung mit der Königlichen Cammer-Verwaltung nicht von Bedeutung seyn, indem die Administration von Einkünften aus liegenden Gründen, die nach Eurer Liebden und Eurer Königlichen Hoheit vorliegenden Etats mehr als 250.000 Rthn jährlich betragen, allemahl ein vermehrtes Personale bey der Cammer=Verwaltung erfordern würde, damit diese ihren ohnehin überhäuften Geschäften vorkommen könne.

Endlich kommen zu diesen in der Sache selbst liegenden Gründen noch einige andere [Bl. 6] hinzu, die aus der Rücksicht auf äussere Verhältnisse entspringen.

Nach den gnädigsten Intentionen Eurer Liebden und Königlichen Hoheit, sollen alle geistlichen Güter im ganzen Königreiche miteinander vereinigt werden, um aus den Aufkünften derselben die Bedürfnisse aller Provinzen, so weit es möglich seyn wird, zu befriedigen. Insofern nun die Calenbergschen Klostergüter in die gesammte Masse des geistlichen Guts gezogen würden, dürften wohl die Landstände zu einem Widerspruche gegen die Verbindung der Verwaltung mit der Domanial=Administration veranlasst werden. Es ist nehmlich in den alten Landtagsabschieden nicht allein alle Veräußerung und Vertauschung von Klostergütern untersagt, sondern im Recesse, den der Herzog Georg im Jahre 1639 mit den Ständen errichtet hat, ausdrücklich versprochen, daß die Haushaltung und Verwendung des Klostergutes behuf der Convente und der Schulen, verbessert und desfalls baldmöglichst mit einigen [Bl. 7] von den Landständen eine Consultation angestellt werden solle.

Es ist dies zwar damals nicht zur Ausführung gekommen, und desfalls auch, soviel und bekannt ist, kein Anspruch erhoben worden. Wir können aber kaum bezweifeln, dass die Vereinigung einer bisher für sich bestehenden Verwaltung mit der Königlichen Cammer-Administration, zur Erneuerung veralteter, jedoch nicht erloschener Ansprüche, Anlaß geben mögte: umsomehr, als bey manchem die Besorgniß wohl entstehen dürfte, es könnte in künftigen Zeiten dadurch eine gänzliche Incorporation des geistlichen Gutes in die Domainen herbeygeführt werden.

Da wir nun glauben annehmen zu dürfen, daß es in Eurer Liebden und Eurer Königlichen Hoheit gnädigsten Intentionen liege, eine solche Discussion mit den Ständen auf alle Weise vermeiden zu wollen, um so mehr, als eine wirkliche Einmischung der Stände in diese Verwaltungs=Angelegenheiten nicht [Bl. 8] wünschenswerth zu seyn scheint, so müssen wir auch in dieser Rücksicht Eurer Liebden und Eurer Königlichen Hoheit gehorsamst und unterthänigst anheim geben, die vormals von dem Königlichen Ministerio unmittelbar und seit der Wiederherstellung der Landes=Verhältnisse von der hiesigen Regierungs=Behörde geführte Verwaltung der Calenbergschen Klostergüter, mit dem Hildesheimschen geistlichen Gute, welches bislang unter der Aufsicht der hiesigen Regierungs=Behörde von einer Commission in Hildesheim verwaltet worden und dem von einer besonderen Commission zu Osnabrück, unter Aufsicht der dasigen Regierung administrirten Vermögen aufgehobener Stifter und Klöster zu vereinigen, und für dieselbe eine eigene Kloster=Cammer zu errichten, welche die Angelegenheiten jener Gütermasse unter unmittelbarer Aufsicht des Königlichen Ministerii besorgen solle.

Was die Gegenstände dieser zu errichtenden Verwaltung betrift, so ist bereits [Bl. 9] oben erwähnt worden, daß die Güter der aufgehobenen Dom=Capitul zu Hildesheim und Osnabrück bisher mit den Vermögen der andern aufgehobenen Stifter und Klöster unter derselben Administration gestanden haben. Es dürfte inzwischen rathsam seyn, beym Eintritte einer neuen Verwaltung jene domcapitularischen Güter, welche, zufolge des Reichs-Deputations=Schlusses von 1803, den Landesherrlichen Domainen zufallen, von den übrigen zu trennen und die Hildesheimschen sofort der Königlichen Cammer zu übergegeben. Die Osnabrückschen aber vorläufig in die gegenwärtig noch unter Aufsicht der Königlichen Provinzial=Regierung stehenden dasigen Domainen zu incorporieren, da sie denn bey der bevorstehenden Uebergabe der Verwaltung an die Königliche Cammer mit übergeben würden.

Es dürften inzwischen dabey die künftig noch von Eurer Liebden und Eurer Königlichen Hoheit zu fassenden Beschlüsse über [Bl. 10] die Dotation der zu errichtenden Bißthümer und Capitel, ausdrücklich vorbehalten seyn.

In Ansehung des Geschäftskreises des zu errichtenden Collegii glauben wir unmaaßgeblich, dass die Befugnisse desselben auf Verwaltungs=Gegenstände zu beschränken, und daß die Obrigkeiten und andern Königlichen Diener zur Pflicht zu machen sey, der Kloster=Cammer die von ihr geforderten Nachrichten zu geben, ihre Aufträge auszurichten und Anweisungen zu befolgen, ohne dieses zu einem förmlichen Landes=Collegio zu erklären: indem die Landesherrliche Oberaufsicht über bestehende Corporationen nebst allem, was die Rechte der dazu gehörigen Personen angeht, ihr nicht mit zu übertragen, sondern nach wie vor von den Regiminal=Behörden, und namentlich theils vom Königlichen Ministerio, theils von den demselben untergeordneten Regierungen zu versehen seyn wird.

Was ferner die Einrichtung der Collegii [Bl. 11] selbst betrift, so geben Eurer Liebden und Eurer Königlichen Hoheit wir gehorsamst und unterthänigst anheim, dasselbe mit drey Räthen zu besetzten, von denen einer das Departement der Calenbergschen, der andere der Hildesheimschen, und der Dritte der Osnabrückschen Güter zu besorgen hätte. Da wir für diesmal nur solche Personen dazu in Vorschlag zu bringen haben, deren Diensteinkommen nach den bisherigen Verhältnissen zu regulieren seyn dürfte, wesfalls wir uns auf ein besonderes gehorsamstes und unterthänigstes P.S^{tum} beziehen, so wird die Bestimmung der den Stellen selbst für künftige Fälle beyzulegenden Gehalte füglich vorbehalten bleiben können.

Es wird sodann nothwendig seyn, dem Collegio einen Secretair zuzuordnen, wozu unsers Ermessens ein der Landwirthschaft kundiger Mann jedesmahl auszuwählen seyn dürfte, damit man sich desselben bey der anzustellenden Untersuchung von Pachtungen, Aufstellungen von Anschlägen und [Bl. 11] andern oeconomischen Arbeiten bedienen könne. Der Gehalt dieser Stelle dürfte auf 700 Rthn. Conventionsmünze zu bestimmen seyn, daneben aber Diäten und Reisekosten bey der Ausrichtung von Aufträgen verabreicht werden.

Die Angelegenheiten der Forstverwaltung werden um so weniger einer besonderen Anordnung bedürfen, als die selben durchgehends der Aufsicht der Königlichen Oberforstmeister untergeben sind.

In Ansehung der Hildesheimschen und Osnabrückschen Forsten insbesondere, wo die dem geistlichen Gute gehörigen Forsten wegen der gemischten Lage der Reviere ganz mit der Domanial=Forst=Verwaltung vereinigt sind, und von den nehmlichen Unterofficianten respicist werden, scheint es uns rathsam, die ganze Benutzung der Königlichen Cammer gegen Auszahlung einer gewissen Quote der Einkünfte, oder eines von Zeit zu Zeit von neuem zu behandelnden Aversional-Quanti zu überlassen.

[Bl. 12] Ein anderer Zweig der Verwaltung der eine besondere Rücksicht verdient, sind die Bau-Angelegenheiten. So wie Eure Liebden und Eure Königliche Hoheit geruhet haben, anzuordnen, dass ein Bauverständiger den Vortrag über alle diese Angelegenheiten in der Königlichen Cammer versehen solle, um die eingehenden Bauanschläge einer genauen Revision und Controle zu unterziehen so geben wir gehorsamst und unterthänigst anheim, auch bey der Kloster=Cammer ein gleiches eintreten zu lassen und glauben, daß dies Geschäft füglich dem Cammer=Baumeister neben seinem gegenwärtigen Dienste mit übertragen werden könne, wofür ihm ein Jahrgehalt von 200 Rthn. auszusetzten wäre. Was die Local=Aufsicht über die im Lande zerstreuten Gebäude und die dabey vorfallenden Reparaturen und Neubauten betrift, so scheint es uns vor der Hand nicht nothwendig, neben dem Kloster- und Universitäts=Baumeister zu Göttingen noch andere eigene Bediente anzustellen, indem [Bl. 13] der Versuch gemacht werden kann, die hieher gehörenden Geschäfte durch besondere Aufträge an Cammer=Bau=Bediente versehen zu lassen. Wir behalten uns daher vor, demnächst nach Befinden der Umstände gehorsamste und unterthänigste Vorschläge darüber zu machen.

Der gegenwärtige Haupt-Rechnungsführer der hiesigen Kloster=Casse würde in gleicher Eigenschaft bey der vereinigten Casse aller geistlichen Güter angestellt bleiben. Daneben aber wird es nothwendig seyn, fürs erste und bis dahin, da die vorzüglich in Hildesheim sehr grosse Zahl von Pensionairen der aufgehobenen Stifter und Klöster ausgestorben seyn wird, eine Casse in Hildesheim und Osnabrück bestehen zu lassen. In Hildesheim würde der daselbst angestellte General-Stifts-Einnehmer, und in Osnabrück der gegenwärtig mit der Führung der dortigen geistlichen Guts-Casse provisorisch beauftragte Regierungs-Secretair Nieberg dieses Geschäft fortsetzten, wofür jener das ihm ohnehin gebührende [Bl. 14]

Diensteinkommen bezöge, diesem aber 350 Rthn. Gehalt und 100 Rthn. für einen Schreiber auszusetzen seyn dürften.

Die Revision der sämmtlichen Register wird die Anstellung eines Revisors erfordern, für welchen wir ein Jahrsgehalt von 500 Rthn. Conventionsmünze in Vorschlag bringen.

Zwey Canzellisten werden nach Unserer Meinung nöthig seyn, wovon inzwischen der älteste die Geschäfte eines Registrators, und der andere die eines Pedellen mit versehen kann. Es scheint uns ein Gehalt von 400 Rthn. für den ersten und 300 Rthn. für den zweiten angemessen.

Endlich wird ein Bote erforderlich seyn, für den wir ein Gehalt von 150 Rthn. vorschlagen.

Wir gehen nunmehr zu der untern Verwaltung und unmittelbaren Erhebung über.

Die Calenbergschen Kloster=Aemter werden in Ansehung ihrer oeconomischen und Rechnungs-Geschäfte in das nehmliche Verhältnis zu der [Bl. 15] Kloster=Cammer treten, in welchem sie bisher zu der Regierung gestanden haben, und derselben über die erhobenen Auskünfte Rechnung ablegen.

Im Hildesheimischen waren bisher besondere Receptoren für die Einkünfte jeder aufgehobenen Stiftung angestellt. Da sich aber diese Recepturen vielfältig durchkreuzten, mehrere Receptoren an denselben Orten und oft von denselben Personen Gefälle erheben, woraus viele Inconvenienzen bey der Hebung sowohl, als vorzüglich bei Remissionen entstehen, so dürfte es rathsam seyn, alle diese Hebungen, ohne Rücksicht auf ihren Ursprung, blos nach der Lokalität unter die Domanial=Ämter zu vertheilen, welche, ihrer Lage nach, dazu besonders geeignet und mit gehörigen Kornböden versehen sind. Diese werden die Administrations=Geschäfte auf dieselbe Weise, wie es bei den Domainen der Fall ist, zu besorgen, die Aufsicht über die grossen Oeconomien, so wie über die Meyer und Consiten [Bl. 16] des geistlichen Gutes zu führen und bey Verpachtungen und Remissionen das Interesse der Kloster=Cammer wahrzunehmen haben. Der Rechnungsführende Beamte wird der Kloster=Cammer jährlich Rechnung ablegen, und für die Mühe und Kosten der Perception zwey Procent von der Brutto-Einnahme, jedoch mit Ausschluss der Pachtgelder von Oeconomien, die unmittelbar in die Haupt-Casse gezahlt werden, zu genießen haben.

Es werden dazu die Hildesheimischen Aemter Bilderlahe, Vienenburg, Gronau und Wohldenberg die gelegensten seyn: und daneben dem Calenbergschen Amte Grohnde und dem Grubenhagenschen Amte Catlenburg, in deren Bezirken ebenfalls Gefälle an geistlichen Corporationen vorhanden sind, der Auftrag zu ertheilen seyn, die Hebung derselben zu besorgen.

In Ansehung der erstgedachten wird die Ausführung dieses Plans dadurch sehr begünstigt, daß die beiden bedeutendesten der gedachten Recepturen, nehmlich die den Aemtern [Bl. 17] Bilderlahe und Vienenburg zu übertragenden, zugleich mit den Amtssitzen in die Klostergebäude zu Lamspringe und Wöltingerode verlegt werden könnten, und dadurch den unentbehrlichen Bodenraum gewinnen. Die Königliche Kammer hat es längst gewünscht, die Amtssitze der gedachten beyden Aemter, wofür keine Official=Wohnungen vorhanden sind, und die auch auf andere Art nicht schicklich untergebracht werden können, in jene im Umfange derselben belegene Kloster=Gebäude zu verlegen. Wir haben darüber mit derselben bereits Communication gepflogen, und da sich von keiner Seite erhebliche Schwierigkeiten zeigen, die vorgeschlagene Veränderung vielmehr dem Herrschaftlichen Interesse nach der Ansicht der Königlichen Cammer sehr vortheilhaft seyn wird, wie dieselbe selbst Eurer Liebden und Eurer Königlichen Hoheit vortragen wird, so geben wir Höchstdenselben gehorsamst und unterthänigst anheim, gnädigst zu genehmigen, dass die Überweisung der Kloster-Gebäude zu Lamspringe [Bl. 18] und Wöltingerode an die Königliche Cammer zu dem erwähnten Zwecke mittelst einer Übereinkunft mit der Königlichen Cammer vollzogen werde, über deren nähere Bedingungen wir uns fernere gehorsamste und unterthänigste Bericht-Erstattung vorbehalten.

Von dieser allgemeinen Anordnung in Ansehung der Hildesheimschen Recepturen dürfte inzwischen mit den Prästationen, die nach Hildesheim selbst geliefert werden, eine Ausnahme zu machen und daselbst ein Special-Receptur für dieselben anzuordnen seyn. Außer sehr beträchtlichen Geld=Zinsen, muss der grösste Theil der Korn=Gefälle dahin geliefert werden, und wenn sich auch die Consiten dazu verstehen wollen, darunter eine Abänderung eintreten zu lassen, so wäre dieselbe doch wegen der erforderlichen und nur zu Hildesheim vorhandenen Kornböden nicht thunlich auch wegen des bessern Marktes zur Versilberung des Getreides nicht rathsam. Da nun dieses Hebungsgeschäft nebst der Aufsicht über die höchst [Bl. 19] bedeutenden Korn=Vorräthe, den in Hildesheim befindlichen, ohnehin sehr beschäftigten Cammer-Beamten nicht wohl übertragen werden kann; es daneben auch sehr wichtig ist, daß jemand in Hildesheim anwesend sey, der die Aufsicht über die dortigen Gebäude führe, solange dieselben dem geistlichen Gute angehören, und nicht etwa zu andern Zwecken eingerichtet und abgetreten werden; so geben Eurer Liebden und Eurer Königlichen Hoheit wir gehorsamst und unterthänig anheim, einen eigenen Klosterbeamten in Hildesheim anzustellen, welcher neben der ihm zu übertragenden Receptur zugleich auch die mannigfaltigen Geschäfte übernehmen kann, welche durch die grosse Zahl von Pensionen, welche daselbst zu zahlen sind, veranlaßt werden, und unter andern, in Berechnungen über die wechselnden Preise der zu vergütenden Naturalien und über die Beträge der Ascensionen, in Untersuchungen der Lebensbescheinigungen und der Legitimationen von Erben bestehen.

[Bl. 20] Im Osnabrückschen, wo bisher ebenfalls einzelne Receptoren angestellt waren, werden die Hebungen hiernächst auf ähnliche Art, als oben in Ansehung der Hildesheimschen angegeben worden, unter die Domainen=Aemter vertheilt werden können: die nähern Bestimmungen dieser Anordnung aber noch einer Communication mit der Königlichen Regierung daselbst bedürfen. Zu der unmittelbaren Aufsicht über die Verwaltung wird inzwischen auch nach der Errichtung einer Kloster=Cammer, die Beybehaltung der Commission welche bey der Säcularisation im Jahre 1803 errichtet worden, im Jahre 1813 wieder eingetreten, und die Aufsicht bis jetzt führt, wenigstens eine Zeitlang noch nicht vermieden werden können. Die Entfernung, welche die Communication erschwert, der Uebergang der Aufkünfte in eine ganz veränderte Hebung, wobey leicht Verwirrung entstehen kann, der eine Local=Behörde am leichtesten vorzubeugen vermag, und die Beschaffenheit der Intraden selbst, die zum [Bl. 21] Theil auf Behandlung beruhen, und daher einer genauen Controle bedürfen, so wie auch das Pensionswesen erfordern Arbeiten, die am besten durch die obenerwähnte Commission geschehen können, welche in das nehmliche Verhältniß zu der Kloster=Cammer treten wird, in welchem sie bis jetzt zu der Königlichen Regierung zu Osnabrück gestanden hat.

Die einstweilige Beybehaltung dieser Commission wird übrigens wenige Kosten verursachen, da dieselbe von dem Dom=Syndicus Meier, der ohnehin ein Recht auf Beibehaltung seiner frühern Dienst-Einnahme hat, geführt werden kann, und demselben nur noch der größern Zuverlässigkeit wegen, statt der dadurch anderweite Beförderung aus der Commission ausgetretenen Personen, ein einziger zuzuordnen seyn dürfte, wofür dem Regierungs=Rath Struckmann, der den Auftrag provisorisch besorgt, solange derselbe dauern wird, eine Renumeration von jährlich 400 Rthn. bewilligt werden mögte.

[Bl. 22] Wenn Eurer Liebden und Eurer Königliche Hoheit hier gehorsamst und unterthänigst vorgelegte, von mit, dem Minister von Arnswaldt, entworfene und nach reiflicher Prüfung von uns insgesamt für zweckmäßig gehaltene Plan Höchstdero Beyfall erhalten sollte, so würden wir uns die baldigste Ausführung möglichst angelegen seyn lassen, und zweifeln nicht daran, daß dieselbe im Laufe des mit dem bevorstehenden 1ten May anfangenden Rechnungs-Jahres vollständig zu Stande wird gebracht werden können. Um diese möglichst abzukürzen, nehmen wir uns inzwischen die Freyheit, hieneben ein zu erlassendes Patent über die Errichtung der Kloster=Cammer benebst dem Entwurfe einer diesem Collegio zu ertheilenden Instruction, zu höchstgefälliger Prüfung vorzulegen, und beziehen uns in Ansehung auf die anzustellenden Personen auf einen besonderen Vortrag in einem gehorsamst und unterthänigst angefügten Postscripte [Bl. 23] des gegenwärtigen Berichtes.

Wir beharren in Zuneigungsvollster Ergebenheit und in tiefer Devotion, Eurer Liebden und Eurer Königlichen Hoheit, ganz affectionirt=ergebener, und unterthänigste, treu-gehorsamste und pflichtschuldigste Diener,

gez. Decken / Bremer / Arnswaldt / Rehberg

8.2.2 Anwort des Prinzregenten Georg vom 8. Mai 1818 auf den Bericht des Ministers v. Arnswaldt[340]

An das Ministerium zu Hannover

Georg Prinz Regent

Wir haben mittels des Uns von hoch. Lbden und auch zu erstatteten Berichts vom 16ten v. M. den Plan der künftigen Verwaltung des geistlichen Guts gern erhalten, der von auch dem Minister von Arnswaldt mit rühmlichem Fleisse ent worfen und ausgearbeitet worden ist. Wie Wir nun die in Vorschlag gebrachte Errichtung einer eigenen Kloster-Cammer, welche die Angelegenheiten jener Gütermasse unter unmittelbarer Aufsicht unsers Ministerii besorgen soll allerdings für das zweckmässigste halten, und mithin hier durch völlig genehmigen, alda finden auch diejenigen Vorschläge unseren Beifall, welche die Errichtung dieser neuen Behörde betreffen und in dem obenerwähnten Berichte in Mehreren enthalten sind. Diesen Vorschlägen gemäss ist mithin nunmehro das Weitere zu verfügen, und wir haben zu solchem Ende das darüber zu erlassende Patent mit Unserer Signatur versehen, auch die Instruction für das Collegium selbst in dem Maße vollzogen wie die Anlage ergiebt, die Wir Eur[er] L[ie]bden und auch mit gedachtem Patent hierneben zugehen lassen.

Wir, Carlton House d. 8ten May 1818

Georg, Prinzregent

8.3 Verordnungen und Gesetze des Königreiches Hannover (1814-1866)

8.3.1 Landesherrliches Patent über die »Errichtung einer allgemeinen Kloster-Cammer zu Hannover vom 8. Mai 1818«[341]

Georg, Prinz-Regent, im Namen und von wegen Unseres Herrn Vaters Majestät, Georg des Dritten, von Gottes Gnaden König des vereinigten Reichs Großbritan-

[340] Abschrift: HStA, Hannover Des. 92, XXXIV. No. III 3. [Neue Signatur: Hann. 92, 1040].

[341] Hann.GS 1818, Nr.11.

nien und Irland etc., auch Königs von Hannover, Herzogs zu Braunschweig und Lüneburg etc.

Fügen zu wissen: Demnach Unsere in Gott ruhende Vorfahren an der Regierung die Einkünfte der aufgehobenen Stifter und Klöster zu einem unter dem Namen der Kloster-Cammer besonders verwalteten Fond vereinigt, um davon, nach der ursprünglichen Absicht der Fundatoren, jedoch auf eine, den Erfordernissen der Zeiten angemessene Art, die geistlichen Bedürfnisse Unserer Unterthanen nach Möglichkeit zu befriedigen und solche namentlich für Kirchen, Schulen, höhere Gymnasien und wohlthätige Anstalten aller Art zu verwenden: Wir aber, nach vorgedachtem, ruhmwürdigen Beispiele, die Güter aufgehobener geistlicher Stiftungen und Klöster in den von Uns erworbenen und mit Unserem Königreiche vereinigten Provinzen zu gleichen Zwecken und zum wahren Besten Unserer Unterthanen jeder christlichen nicht weniger zu verwenden beschlossen, und desfalls mit dem geistlichen Gute in Unsern älteren Provinzen vereinigt haben, um die von Uns beabsichtigte Verwendung auf ewige Zeiten zu sichern; so haben Wir erwogen, daß es rathsam sey, die Verwaltung dieses geistlichen Gutes, welches in Ansehung des in den Fürstenthümern Calenberg und Göttingen belegenen, vormals von Unserem Ministerio als Kloster-Cammer, und nachmals von demselben untergeordneten Regierungs-Behörden, einstweilen verwaltet worden, in eine Administration zu vereinigen, und diese durch eine eigene, unter unmittelbarer Aufsicht Unseres Staats- und Cabinets-Ministerii stehende und in Unserer Residenzstadt Hannover hiedurch errichtete, Kloster-Cammer führen zu lassen. Wir geben solchemnach diese Unsere Gnädigste Willensmeinung hiedurch öffentlich zu erkennen, und befehlen allen und jeden Unserer Unterthanen, welche in Angelegenheiten des derselben zur Verwaltung übergebenen geistlichen Guts etwas zu verhandeln haben mögen, sich an diesselbe zu wenden; denen Obrigkeiten aber, in allen, zu dieser Verwaltung gehörenden Dingen der von Uns errichteten Kloster-Cammer die von derselben erforderlich eracheteten Nachrichten und Berichte zu erstatten und ihre Anweisung zu befolgen.

Hieran geschieht Unser Gnädigster Wille.

Gegeben zu Carlton-House, den 8ten Mai des 1818ten Jahrs. Seiner Majestät Regierung im Acht und Funfzigsten.

George P. R.

E. Grf. v. Münster.

8.3.2 Grundgesetz des Königreichs Hannover vom 26. September 1833[342]

§ 71. Das von den vormaligen Klöstern und anderen ähnlichen Stiftungen in verschiedenen Theilen des Königreichs herrührende zu einem abgesonderten Fonds vereingte Vermögen soll für immer von allen anderen Staatscassen völlig getrennt bleiben, und allein zu den erforderlichen Zuschüssen behuf der Bedürfnisse der Landesuniversität, der Kirchen und Schulen und zu wohlthätigen Zwecken aller Art verwendet werden.

Die Verwaltung dieses Vermögens steht unter Leitung des Ministerii, jedoch soll der allgemeinen Ständeversammlung jährlich eine Übersicht der Verwendungen aus demselben mitgetheilt werden. In Rücksicht der Veräußerungen einzelner Theile dieses Vermögens finden alle diejenigen Vorschriften ihre volle Anwendung, die bei Veräußerungen von Domanialvermögen in der gegenwärtigen Verfassungsurkunde vorgeschrieben sind.

8.3.3 Landesverfassungsgesetz für das Königreich Hannover vom 6. August 1840[343]

§ 79. Das von den vormaligen Klöstern und ähnlichen Stiftungen in den verschiedenen Theilen des Königreiches herrührende, zu einer abgesonderten Masse vereinigte Vermögen soll von den übrigen öffentlichen Cassen gänzlich getrennt bleiben, und allein zu Zuschüssen für die Landesuniversität, für Kirchen und Schulen, auch zu milden Zwecken aller Art verwendet werden.

Die Verwaltung gebührt allein der vom Könige dazu bestellten Behörde.

Den allgemeinen Ständten soll am Anfange eines jeden Landtags eine Übersicht der daraus Statt gehabten Verwendungen und der mit der Substanz desselben vorgegangenen Veränderungen zur Nachricht mitgetheilt werden.

Veräußerungen einzelner Theile dieses Klostervermögenms sind, der Regel nach, unzulässig und können nur unter denselben Bedingungen und Voraussetzungen Statt finden, unter welchen eine Veräußerung von Domainen und Regalien zufolge § 131 dieser Verfassungs-Urkunde erlaubt ist.

---

342 Hann.GS I, 286.

343 Hann.GS I, 141; Nds.GVBl. Sb. III, 5.

8.3.4 »GESETZ, BETREFFEND DIE AUFHEBUNG DES KLOSTERS ST. MICHAELIS UND DER RITTERAKADEMIE ZU LÜNEBURG, VOM 6. AUGUST 1850«[344]

Ernst August usw. Wir erlassen, mit Zustimmung Unserer getreuen Landschaft des Fürstenthums Lüneburg,. das folgende Gesetz.

§ 1. Das Kloster St. Michaelis zu Lüneburg nebst der Ritterakademie wird unbeschadet der Privatrechte Dritter aufgehoben.

§ 2. Das Vermögen des Klosters wird mit dem des allgemeinen Klosterfonds vereinigt. Alle Rechte und Pflichten des Klosters und seines Vorstandes gehen auf die Verwaltung des allgemeinen Klosterfonds über.

§ 3. Gegenwärtiges Gesetz tritt mit dem 1. Oktober d. J. in Kraft.

Dasselbe ist durch die erste Abtheilung der Gesetzessammlung zu verkünden.

8.3.5 »GESETZ, BETREFFEND DIE AUFHEBUNG DER MANNSSTIFTER, VOM 24. JANUAR 1850«[345]

Ernst August usw. In Beziehung auf § 31 des Gesetzes vom 5. September 1848, verschiedene Aenderungen der Landesverfassung betreffend, erlassen Wir wegen Aufhebung der daselbst genannten Mannsstifter [sc. zu Bardowick, Einbeck, Hameln, Ramelsloh und Wunstorf] unter verfassungsmäßiger Zustimmung der allgemeinen Ständeversammlung, das folgende Gesetz.

§ 1. Mit dem Zeitpunkte der Aufhebung, welcher für jedes der fraglichen Stifter con Unserem Ministerium der geistlichen und Unterrichts-Angelegenheiten bekannt gemacht werden wird, tritt der allgemeine Klosterfonds in das gesamte Stiftsvermögen, mit Einschluß der Patronat-, Präsentations- und Kollationsrechte des Stifts und der Stiftspersonen, als Universalnachfolger ein.

§ 2. Abgaben, welche bei Veränderungsfällen von Dritten der Person eines Stiftsangehörigen zu leisten sind, sind an den feststehenden Terminen an den allgemeinen Klosterfonds zu entrichten. [...].

§ 3. [...]. § 4. [...].

---

[344] Hann.GS I, 135.

[345] Hann.GS I, 5.

8.4 Gesetze und Vereinbarungen unter Preußischer Verwaltung

8.4.1 »Gesetz, betreffend die Vereinigung des Königreichs Hannover, des Kurfürstenthums Hessen, des Herzogthums Nassau und der freien Stadt Frankfurt mit der Preußischen Monarchie. Vom 20. September 1866«[346]

Wir Wilhelm, von Gottes Gnaden König von Preußen etc. verordnen, mit Zustimmung beider Häuser des Landtags, was folgt:

§ 1. Das Königreich Hannover, das Kurfürstenthum Hessen, das Herzogthum Nassau und die freie Stadt Frankfurt werden in Gemäßheit des Artikels 2. der Verfassungsurkunde für den Preußischen Staat mit der Preußischen Monarchie für immer vereinigt.

§ 2. Die Preußische Verfassung tritt in diesen Landestheilen am 1. Oktober 1867 in Kraft. Die zu diesem Behufe nothwendigen Abänderungs-, Zusatz- und Ausführungsbestimmungen werden durch besondere Gesetze festgestellt.

§ 3. Das Staatsministerium wird mit der Ausführung des gegenwärtigen Gesetzes beauftragt.

8.4.2 »Patent wegen Besitznahme des vormaligen Königreichs Hannover. Vom 3. Oktober 1866[347]«

Wir, Wilhelm, von Gottes Gnaden König von Preußen etc. thun gegen Jedermann hiermit kund:

Nachdem in Folge eines von Hannover im Bunde mit Oesterreich, und in Verletzung des damals geltenden Bundesrechtes begonnenen, von Uns in gerechter Abwehr siegreich geführten Krieges, die zum Königreich Hannover früher vereinigten Lande von Uns eingenommen sind, so haben Wir beschlossen, dieselben mit Unserer Monarchie zu vereinigen und zu diesem Behufe mit Zustimmung beider Häuser des Landtags das Gesetz vom 20. September d. J. erlassen und verkündigt.

Demzufolge nehmen Wir durch gegenwärtiges Patent mit allen Rechten der Landeshoheit und Oberherrlichkeit in Besitz und einverleiben Unserer Monarchie mit sämmtlichen Zubehörden und Ansprüchen die Länder, welche das vormalige Königreich Hannover gebildet haben, namentlich: die Fürstenthümer Calenberg,

---

[346] Pr.GS 1866, 555f.

[347] Pr.GS 1866, 591f.

Göttingen, Grubenhagen, Lüneburg, Osnabrück, Hildesheim mit der Stadt Goslar und Ostfriesland mit dem Harlinger Lande; die Herzogthümer Bremen, Verden und Arensburg-Meppen und den Hannoverschen Antheil am Herzogthum Lauenburg; die Niedergrafschaft Lingen; die Grafschaften Hoya, Diepholz, Hohnstein und Bentheim, und das Land Hadeln.

Wir werden Unserem Königlichen Titel die entsprechenden Titel zufügen.

Wir befehlen, den Preußischen Adler an den Grenzen zur Bezeichnung Unserer Landesherrlichkeit aufzurichten, statt der bisher angehefteten Wappen Unser königliches Wappen anzuschlagen und die öffentlichen Siegel mit dem Preußischen Adler zu versehen.

Wir gebieten allen Einwohnern des nunmehr zu Unserer Monarchie vereingten ehemaligen Königreiches Hannover, fortan Uns als ihren rechtmäßigen König und Landesherrn zu erkennen und Unseren Gesetzen, Verordnungen und Befehlen mit pflichtgemäßem Gehorsam nachzuleben.

Wir werden Jedermann im Besitze und Genusse seiner wohlerworbenen Privatrechte schützen und die Beamten, welche für uns in Eid und Pflicht zu nehmen sind, bei vorausgesetzter treuer Verwaltung im Genusse ihrer Diensteinkünfte belassen. Die gesetzgebende Gewalt werden Wir bis zur Einführung der Preußischen Verfassung allein ausüben.

Wir wollen alle Gesetze und Einrichtungen der bisherigen Hannoverschen Lande erhalten, soweit sie der Ausdruck berechtigter Eigenthümlichkeiten sind und in Kraft bleiben können, ohne den durch die Einheit des Staats und seiner Interessen bedingten Anforderungen Eintrag zu thun.

Unser bisheriger General-Gouverneur ist von Uns angewiesen, hiernach die Besitznahme auszuführen.

8.4.3 »Denkschrift des Ministers der geistlichen, Unterrichts- und Medizinalangelegenheiten Dr. Falk vom 14. November 1877, betreffend die Entstehung, den rechtlichen Charakter und den Umfang der Verbindlichkeiten des Hannoverschen Klosterfonds«[348]

I. Entstehung des Klosterfonds.

In dem unter dem Namen »Allgemeiner Klosterfonds« in der Provinz Hannover bestehenden, von den vormaligen Klöstern und anderen ähnlichen Stiftungen in den verschiedenen Theilen der Provinzen herrührenden Vermögen sind nach dem Zeitpunkte der Vereinigung mit dem Fonds fünf verschiedene Massen zu unterscheiden, je nachdem das Vermögen

1) aus dem Reformationszeitalter herrührt,
2) infolge des Reichsdeputations-Haupt-Recesses von 1803,
3) infolge der Wiener Congreß-Acte vom 9. Juni 1815 resp. eines Staatsvertrages mit Hessen vom 23. September 1815 erworben ist,
4) aus dem Vermögen der im Jahre 1850 aufgehobenen sechs Mannsstifter besteht, oder
5) auf Zuwendungen einzelner Objecte vermöge besonderer Überweisung beruht.

Den erheblichsten Theil bildet das aus dem Reformationszeitalter herrührende Gut.

Dasselbe bildet die Grundlage für die im übrigen später zugewachsenen, vorstehend unter 2 bis 5 näher bezeichneten Vermögenstheile.

Dieser älteste Theil besteht aus den Gütern der Klöster zu Wennigsen, Barsinghausen, Mariensee, Marienwerder, Wülfinghausen, Marienstein, Weende, Hilwartshausen, Mariengarten, Wiebrechtshausen, Fredelsloh, Northeim und Bursfelde, sämmtlich in demjenigen Theile der Provinz Hannover belegen, aus welchem im Jahre 1495 das Fürstenthum Calenberg unter Herzog Erich dem Aelteren gebildet wurde, und welcher von diesem Zeitpunkte an ungetheilt unter Einer und derselben Landesherrschaft verblieben ist.

---

[348] Falk []: »Denkschrift des preußischen Ministers für geistliche, Unterrichts- und Medizinalangelegenheiten Dr. Falk betreffend die Entstehung, den rechtlichen Charakter und den Umfang der Verbindlichkeiten des Hannoverschen Klosterfonds nebst dem Verzeichnis dieser Verpflichtungen vom 14. November 1877«. Drucksache Nr. 63 des Hauses der Abgeordneten, 13. Legislaturperiode, II. Session 1877/78. Abgedruckt in: Böckler, K. F. W. (Hrsg.): *Dritte Folge der Eberhardtschen Sammlung der Gesetze, Verordnungen und Ausschreibungen in Kirchensachen für den Bezirk des Königlichen Provinzial-Konsistoriums zu Hannover*. Hannover: 1878, 711-726. Dem hier wiedergegebenen Text liegt eine Abschrift der Klosterkammer Hannover zugrunde.

Bekanntlich blieben zur Zeit der Reformation die Klöster in dem grösseren Theile Deutschlands in ihrem äusseren und inneren Bestande. Die derzeit vielfach von den protestantischen Landesherren getroffenen Verfügungen über das geistliche Gut hoben die Klosterstiftungen nicht auf, sondern beschränkten sich den protestantischen Bekenntnissgrundsätzen*) gemäß darauf, denselben kraft Oberbischöflicher Gewalt eine durch die Reformation erforderte veränderte kirchliche Bestimmung zu geben, und zwar in der Regel nur mit Zustimmung der berechtigten kirchlichen Korporationen, falls sie nicht durch die Religionsänderung erloschen war.

Völlig im Einklang mit den erwähnten Bekenntnißgrundsätzen und mit der danach in den protestantischen Gebieten sich vollziehenden Rechtsentwicklung hat während des reformatorischen Zeitalters im Fürstenthum Calenberg das Klosterwesen seinen Fortgang genommen. Durch Visitationen wurde auf die Abstellung von Mißbräuchen in den Klöstern und auf die Annahme und Erhaltung reiner Lehre hingewirkt, zugleich auch dafür Sorge getragen, dass die Einkünfte der Klöster zu kirchlichen, Unterrichts- und Mildthätigkeitszwecken nützliche Verwendung fanden**).

Der erste Vorgang, bei welchem die Aufrechterhaltung der Selbständigkeit der kirchlichen Einzelstiftung mehr in den Hintergrund gedrängt wurde, - gewissermassen ein Vorläufer der späteren Verschmelzung des Klostervermögens - ist die vom Herzoge Friedrich Ulrich zuerst im Jahre 1629 vollzogene und im Jahre 1633 wiederholte Schenkung der drei Göttingschen Klöster Weende, Mariengarten und Hilwartshausen an die Universität zu Helmstedt. Zu einer wirklichen Aufhebung der juristischen Persönlichkeit jedes einzelnen Klosters kam es aber noch nicht.

Erst im Jahre 1650 jedoch wurde der Grund zu einer eingreifenden äusseren Umgestaltung des Klosterwesens im Calenbergischen gelegt und der erste Anfang der Bildung eines allgemeinen Klosterfonds gemacht.

Durch Erbreceß vom 14. Dezember 1635 war nämlich die Hochschule zu Helmstedt den drei damals theilenden Linien des Lüneburg'schen Hauses gemeinschaftlich geblieben und zugleich bestimmt, »daß das Direktorium über die Universität unter den drei Linien jährlich abwechseln solle.«

Von Zeit zu Zeit fand nun durch Abgeordnete der Herzöge von Braunschweig-Lüneburg, Celle und Calenberg eine Visitation der Universität und Berathschlagung über die zur Förderung ihres Wohlstandes zu ergreifenden Massregeln statt. So traten die Abgeordneten der drei Fürsten auch im Monat November 1650 in Helmstedt zusammen, und dort wurde durch den Visitationsreceß vom 20. November des gedachten Jahres in Betreff der drei vom Herzog Friedrich Ulrich 1629 der Universität geschenkten Göttingschen Klöster die Bestimmung getroffen, dass dieselben zwar zum Nutzen der Universität auch ferner dienen, dass indessen dieselbe die eigene Verwaltung der Güter nicht ferner haben solle. Die neue Ordnung setzt der Recess unter Nr. 22 folgendermassen fest:

»Die Bestell- und Absetzung der Clöster-Verwalter und Diener, sodann die etwa für gut befundene Verpachtung soll allemahl von Sr. Hertzog Georg Wilhelms fürstl. Gn. alß dem Landesfürsten jedoch mit Zuzieh- und Verwilligung der Universitaet: dann auch die Einnahme der Rechnung in der Deputatoum der Universitaet gegenwarth geschehen.

Was nun jährlich nach Abzug der zu der unentbehrlichen Haußhalts-Nothdurfft, Besoldung der Clos[t]erdiener, Abtragung der Landesonerum auch Ausreichung dero den creditoribus gemeldeten Clöster gebührenden jährlichen Zinsen übrig bleiben wird, davon sollen zuförderst 1555 Rthlr. 20 mgr. bahr genommen und zu Besoldung der Professorum verwendet werden. Und weil die Professores auff solche maaße und hiedurch, daß ihnen in obgemeldeter donation versprochenes augmentum salarii empfangen. So verbleibet Inhalts der donation Sein Hertzogen Georg Wilhelms fürstl. Gn. alß dem Landesfürsten und der fürstlichen Successoribuns über dasjenige, was nach Abzug solcher 1555 Rthlr. 20 mgr. von dem Überschuss der Closter noch übrig bleibet, die freye disposition jedoch derogestalt bevor, dass solcher völliger Ueberschuss zu nichts anders alß zu völliger Ableg- und Tilgung dero auff den Clostern haftenden Capitahl-Summen und wenn solches geschehen oder auch Zeit noch wehrender Bezahlung die vorgedachten Capithalien etwas zurückgehalten werden könnte und würde, zu dero bey gedachter Universitaet sich befindenden unvermögenden studirenden Jugend Unterhalt oder etwas davon zu der Bibliotheca verwendet werden solle. Wenn dann jährlich die Universitaet visitiret wird, kann Nachfrage angestellt werden, ob auch nach Inhalt dieser von Sr. Hertzig Augusti alß Sein Hertzog Georg Wilhelms frstl. Gnd. gemachten Verordnung die Gelder verwendet werden.«

Demgemäss wurde die Ablieferung der Überschüsse nicht nur der drei Hemlstedt´schen Klöster, sondern auch der noch fortbestehenden Frauenklöster Wennigsen, Barsinghausen, Mariensee, Marienwerder, Wülfinghasuen, Wiebrechtshausen und Fredelsloh, sowie das mit einem Konvente nicht mehr besetze Marienstein nach Hannover angeordnet und die Erhebung und Berechnung dieser Gelder einem dazu ernannten Beamten aufgetragen. Die Überschüsse wurden, soweit sie sich in damahliger Zeit, unmittelbar nach dem dreissigjährigen Kriege, überhaupt ergaben, zur möglichsten Befriedigung der geistlichen Bedürfnisse der Unterthanen und namentlich für Kirchen, Schulen und wohlthätige Zwecke aller Art verwendet.

So entstand die Klosterkasse zu Hannover.

Ganz in Übereinstimmung mit der getroffenen Anordnung wurde demnächst in der Klosterordnung Herzogs Georg Wilhelm vom 27. November 1663 für die Jungfrauenklöster zu Wennigsen, Wülfinghausen, Wiebrechtshausen und

Fredelsloh über die Umgestaltung und Regelung der äusseren Verhältnisse Bestimmung getroffen; eine innere Umwandlung der Klöster fand dagegen nicht statt.

Während der Regierungszeit des Herzogs Johann Friedrich, der, obschon zur katholischen Kirche übergetreten, doch die klösterlichen Verhältnisse in der getroffenen Ordnung erhielt, wurden auch die Überschüsse des bis dahin verpfändet gewesenen St. Blasienstiftes zu Northeim, sowie des Klosters Bursfelde und des Aushofes Lipprechtsrode zur Klosterkasse gezogen.

Als im Jahre 1680 von dem Kürfürsten Ernst August ein Regierungsreglement ***) erlassen wurde, hatten sich die Verhältnisse der Klosterverwaltung schon konsolidirt und blieben bei dieser Regelung unangetastet. Die Bearbeitung der Kloster-Sachen wurde durch das Reglement von den vier errichteten Kollegien der »Geheimen Rathsstube« (nicht der Kammer, welcher nach Nr. 3 des Reglements alle Domainensachen gehören sollten) überwiesen. Nach Nr. 2 und 7 des Reglements sollten nämlich vor das Plenum des Geheimen Raths alle Kloster-Sachen, »so der Klöster jura, Pachtungen, Bestellungen der Verwalter, importante neue Baue, der Klosterverwalter-Abrechnungen und General-Kloster-Rechnungen, die Remissiones über 50 Thlr. in einer Summe, Vergebungen der Klosterstellen, Stipendia etc. concerniren«, gehören.

Aus der Geheimen Raths-Stube hat sich allmählig die Klosterkammer herausgebildet, indem die Geheime Raths-Stube in den Kloster-Angelegenheiten sich anfänglich selten, mit der Zeit aber häufiger als Klosterkammer bezeichnete und in Folge dessen auch von anderen Seiten so bezeichnet wurde. Die Bezeichnung kommt schon vor in der erneuerten Klosterordnung vom 25. Oktober / 5. November 1737, und ein Ausschreiben vom 22. März 1737 ist in der Überschrift als Ausschreiben der Klosterkammer bezeichnet, aber unter der Firma der »Geheimten und Kloster-Räthe« erlassen.

Einer eingreifenden Änderung in Betreff des Klostervermögens ist noch zu erwähnen, des Recesses nämlich, welcher unter den 25. Januar 1745 zwischen Hannover und Braunschweig-Wolfenbüttel geschlossen wurde, dass die Zahlung des 1650 festgesetzten Betrages aus den Klostergütern Weende, Mariengarten und Hilwartshausen zur Universität Helmstedt sowie alle aus dem früheren Verhältniss der Universität zu den fraglichen Klöstern resultirenden Rechte mit Weihnachten 1744 aufhören sollten. Von hier an flossen also auch die vollen Überschüsse der mehrgedachten drei Klöster in die Klosterkasse.

Inzwischen vollzog sich nun auch nach und nach eine durch die moderne Entwicklung der Behörden leicht erklärliche und durch mannigfache sonstige Umstände, namentlich durch das allmähliche Aussterben vieler Klöster begünstigte Centralisation der Verwaltung, welche bald dahin führte, dass auch den noch mit einem Konvente besetzten fünf Calenberg´schen Jungfrauen-Klöstern nur noch ein geringer Theil des Vermögens (Etwas Garten- und Ackerland, einige Gefälle und Geldkapitalien) als s.g. Binnen-Intraden unter einer gewissen Konkurrenz des Klosterbeamten zur Selbstverwaltung übrig blieb. Es steht fest, dass bereits im Anfange dieses Jahrhunderts die Güter der besetzten sowohl als der unbesetzten Klöster, ohne dass dies durch eine spezielle Verordnung festgestellt wäre, zu einem ausschliesslich der Verwaltung des Geheimen Raths-Kollegiums unterstellten Fonds vereinigt waren. Anlangend die Verwendung der Einkünfte von diesem Fonds, so ergeben die seit dem Jahre 1653 vollständig vorhandenen Rechnungen der Klosterkasse, dass ausser den Ausgaben für die Universität Helmstdt und später für die Universität Göttingen, für welche bei ihrer Stiftung durch Rescript des Königs vom 26. Januar / 6. Februar 1733 ein jährlicher Betrag von 4000 Thlr. auf die Klosterkasse übernommen war, nur Ausgaben zur Befriedigung von kirchlichen und Schulbedürfnissen, sowie zu Wohltäthigkeitszwecken jeder Art daraus bestritten wurden.

So hatte sich das Klosterwesen in dem Calenberg'schen Theile des Hannoverschen Landes entwickelt, als durch den Reichsdeputationshauptschluss vom 25. Februar 1803 dem Könige-Kurfürsten nicht nur das Bisthum Osnabrück, sondern auch alle Güter des dortigen Domkapitels als Entschädigung überwiesen, ferner aber alle Güter der fundirten Stifter, Abteien und Klöster in den alten sowohl als in den neuen Besitzungen der freien Disposition des Landesherrn überlassen wurden.

Die unmittelbar darauf (Juni 1803) eintretende Okkupation Hannovers durch Napoleon verhinderte, dass den Bestimmungen des Reichsdeputations-Recesses sogleich irgend welche Folge gegeben wurde.

Das Land blieb, abgesehen von der kurzen Preussischen Besitznahme im Jahre 1806 und mit Ausnahme der bereits im Jahre 1807 dem Königreich Westfalen einverleibten Landestheile, bis zum Jahre 1810 unter französischer Herrschaft. Dieselbe hat den damals bestehenden Klosterfonds in keiner Weise angegriffen. Dies wird in einem Schreiben des Königlich Westfälischen Regierungs-Kollegiums zu Hannover vom 24. März 1810 an das Gouvernement mit folgenden Worten bezeugt: »Da selbige (scil. die von der Kloster-Cammer verwalteten Güter) als Domainen nicht angesehen werden konnten, indem deren Aufkünfte nicht für den Landesherrn bestimmt waren, sondern zu milden Stiftungen resevirt und landesverfassungsmässig nur allein dazu verwendet worden sind, so sind selbige auch zu den Kaiserlich französischer Seits in den hiesigen Landen formirten Dotationen weder ganz noch zum Theil zugezogen, sondern unverändert geblieben.«

Ebenso hat in der kurzen Zeit der Preussischen Besitznahme Hannovers im Jahre 1806 König Friedrich Wilhem III. die ungeschmälerte Aufrechterhaltung des Klosterfonds zugesichert. Es hatte nämlich der Prorektor der Universität Göttingen,

Dr. Planck, sich veranlasst gesehen, des Königs von Preußen Majestät um eine Erhaltung der Universität und ihrer Privilegien mittelst besonderer Vorstellung zu bitten, ohne seinerseits auf die wesentliche Bedeutung des Klosterfonds für die Universität hinzuweisen. In der Erwiderung des Königs Friedrich Wilhelm III. vom 24. Juni 1806 heisst es aber, dass Se. Majestät »sehr gern die Bitte um Bestätigung ihrer Privilegien und eine beruhigende Zusicherung der Fortdauer ihres bisherigen Daseins bewilligen und vorzüglich in dieser Rücksicht bereits die immerwährende von den Domainen abgesonderte Verwaltung der Klosterkammer und Bestimmung ihrer Einkünfte zu milden Stiftungen, worunter die Universität den ersten Platz einnehme, genehmigt haben.«

Eine Zusicherung in demselben Sinne wurde auf eine Vorstellung der vereingten Deputirten sämmtlicher Kurhannoverscher Landschaften durch die Allerhöchste Resolution vom 24. Juni 1806 ertheilt, in der es heisst: »Da ich nun auch im übrigen weit davon entfernt bin, die Bestimmung der Klostergüter und deren Einkünfte zu milden Zwecken und Anstalten zu ändern, so gebe Ich Euch gern die Zusicherung, dass die von den Domainen abgesonderte Verwaltung und Verwendung derselben zu so wohlthätigen und rühmlichen Zwecken immerwährend fortdauern und die grösste Sorgfalt angewendet werden soll, diese Einkünfte durch eine gute Administration zu vermehren und deren Anwendung durch Abstellung aller etwanigen Missbräuche zu verbessern.«

Nur die westfälische Regierung, welcher bei Konstituirung des Königreichs Westfalen von den hier in Betracht kommenden Landestheilen des Fürstenthum Göttingen unterworfen wurde, während demselben erst der Vertrag zwischen dem Kaiser der Franzosen und dem König von Westfalen vom 14. Januar 1810 das Fürstenthum Calenberg hinzufügte, vereinigte die Klostergüter und deren Einkünfte mit dem Staatsgute.

Nach Beendigung der westfälischen Herrschaft im Jahre 1813 wurde in den älteren Hannoverschen Landestheilen sofort der vor der Fremdherrschaft bestandene frühere Zustand wieder hergestellt; in dem durch den Reichsdeputationshauptschluss von 1803 erworbenen Bisthum Osnabrück aber wurden die geistlichen Güter durch eine besondere, »Provinzialverwaltung der geistlichen Güter« benannte Behörde verwaltet. Als ferner im November 1813 vermöge einer mit Preußen getroffenen Übereinkunft von dem Bisthum Hildesheim Besitz für die Krone Hannovers ergriffen wurde, bildete es die erste Sorge des die Regierung für den kranken Georg III. führenden Prinz-Regenten (nachmaligen Königs Georg VI.), die Massregeln, welche dort unter westfälischer Herrschaft hinsichtlich der geistlichen Güter getroffen waren, zu beseitigen. Es wurde die Ministerialverordnung vom 8. Januar 1814 erlassen, welche unter Berufung darauf, dass die westfälische Regierung während der letzten Jahre einen grossen Theil der Güter geistlicher Korporationen und Stiftungen im Fürstenthum Hildesheim verkauft habe, eine Untersuchung der abgeschlossenen Kaufkontrakte in Aussicht stellte, vorläufig aber jeden anderweiten Verkauf geistlicher Güter verbot. Bald nachher, nachdem inzwischen das Bisthum durch die Wiener Kongeressakte vom 9. Juni 1815 förmlich von Preußen abgetreten war, erliess der Prinz-Regent eine Deklaration vom 25. August 1815, worin derselbe sich vorbehielt, »nach Befinden der Umstände die Reluition solcher Güter, Parzellen und Pertinenzien, die zu Domanialgut oder zu dem Vermögen aufgehobener Stifter und Klöster gehört haben, gegen Erstattung des erweislich darauf von dem Acquirenten aus dessen Vermögen bezahlten Kaufpreises«, auszuüben.

Demgemäß wurden denn auch die nach bestimmten Grundsätzen zur Reluition ausgewählten Stifts- und Klostergüter vermöge eines mit einem jeden einzelnen Acquirenten über die Reluitionssumme getroffenen gütlichen Abschlusses zurückgenommen, die Reluitionssummen aber mit Hülfe eines öffentlichen Anlehens bezahlt, welches zufolge der Ministerial-Bekanntmachung vom 29. Oktober 1816 »für die speziell und ohne irgend einige Verbindung mit andern herrschaftlichen Kassen« zu errichtende Hildesheimische Stifts- und Klostergüter-Reluitionskasse aufgenommen und von deren Einkünften aus den reluirten Gütern zurückbezahlt wurde. Diese und die nicht veräusserten geistlichen Güter wurden ebenso, wie die Osnabrück´schen geistlichen Güter, von einer eigenen Behörde, welche »Stiftsgüter-Verwaltungs-Kommission« hiess, verwaltet. Durch Verfügung vom 29. Dezember 1816 wurde das durch die Wiener Kongressakte von Preußen an Hannover abgetretene Petersstift zu Störten dem allgemeinen Klosterfonds inkorporiert.

Im Jahre 1817 wurde das Kloster Höckelheim, welches mit den durch den zu Paris am 23. September 1815 zwischen den Kronen Preußen unnd Hannover geschlossenen, von dem Kurfürsten von Hessen und dem Landgrafen von Hessen-Rotenburg genehmigten Vertrag an Hannover abgetretenen sogenannten Hessischen Enklaven demselben überwiesen worden, dem von der Kloster-Kammer verwalteten Klostergute einverleibt. Wegen der nach Obigem besonders verwalteten geistlichen Güter, sowie wegen der geistlichen Güter in Ostfriesland, welche durch die Wiener Kongressakte vom 9. Juni 1815 auf Hannover übergingen, wurde eine definitive Verfügung vorerst nicht getroffen. Diese erfolgte vielmehr erst durch das Allerhöchste Patent vom 8. Mai 1818. In Betreff der Entstehung dieses Patents mögen hier folgende Ausführungen Platz finden:

Bereits unter dem 14. Juli 1816 hatte der Prinz-Regent, dessen Entschluss, das neu erworbene Vermögen der Stifter und Klöster mit dem älteren geistlichen Gute zu vereinigen, feststand, dem Ministerium den Auftrag ertheilt, ihm einen von dem Departement der Klostersachen versehenden Minister von Arnswaldt zu entwerfenden »Plan der Künftigen Verwaltung des geistlichen Guts« vorzulegen.

Diesem Befehle kam das Ministerium mittelst Berichts vom 16. April 1818 nach.

Im Eingange desselben wird die Verzögerung der Angelegenheit damit entschuldigt, dass die Ausführung des Befehls »eine nähere Untersuchung der Beschaffenheit dieses durch die Erwerbung des Fürstenthums Hildesheim sehr vermehrten Vermögens und einige Kommunikationen mit der Königlichen Kammer erfordert habe«, um die Absonderung desjenigen Theil, welcher als domkapitularisches Gut zufolge des Reichs-Deputations-Hauptschlusses von 1803 den landesherrlichen Domainen zufalle, gehörig vorzubereiten. Es sei nun zuvörderst die wichtige Frage, »ob es thunlich und rathsam sei, die Verwaltung der geistlichen Güter mit der Domainen-Administration zu verbinden, gebührend beachtet, und dieser Gesichtspunkt bei den speciellen Vorschlägen über die Verwaltung der untern Behörden und Erhebung der Gefälle benutzt. Es haben sich aber gegen eine Verbindung beider Administration in der Verwaltungsbehörde folgende Bedenklichkeiten ergeben.«

»Das Interesse beider Verwaltungen sei nicht allein verschieden, sondern es entstehen auch zu Zeiten Collisionen zwischen denselben. Dieser Umstand sei erheblich genug, dass der König Georg I. sogar zufolge eines Reskripts vom 19./30. Juli 1726 ausdrücklich ein Bedenken geäussert habe, das Direktorium der Cammersachen und dasjenige der Klosterangelegenheiten im Königlichen Ministerion der nämlichen Person aufzutragen, weil solche Sachen zuweilen gegeneinander laufen. Ferner scheine dem Ministerium, dass, auch hiervon abgesehen, die eigenthümliche Bestimmung des geistlichen Guts schon an sich selbst eine gänzliche Trennung der Administration von allen andern Verwaltungen erfordere; und wenn auch die besonderen Zwecke der Einkünfte des geistlichen Guts durch eine abgesonderte Rechnungsführung und Ablieferung aller reinen Überschüsse in eine besondere Casse gesichert werden könne, so werde doch die Administration des geistlichen Guts durch eine Verbindung mit der (dem Ministerium koordinirten) Königlichen Cammer der fortwährenden unmittelbaren Aufsicht der Ministerii entzogen, welche dem letzteren ganz unentbehrlich scheine, da der ganze Haushalt der Klostercasse den höheren Zwecken des geistlichen Departements, der Universität und Schulen untergeordnet sei und sich nach den jedesmaligen Bedürfnissen dieser Institute richten müsse.

Auch werde die Ersparung an Verwaltungskosten durch eine Verbindung mit der Königlichen Cammerverwaltung nicht von Bedeutung sein, indem die Administration ein vermehrtes Personal bei der Cammerverwaltung erfordern würde, damit diese ihren ohnehin überhäuften Geschäften vorkommen könne.«

»Endlich kommen zu diesen in der Sache selbst liegenden Bedenken noch einige andere hinzu, die aus der Rücksicht auf äussere Verhältnisse entspringen.

Nach den Intentionen des Prinz-Regenten sollen alle geistlichen Güter im ganzen Königreiche mit einander vereinigt werden, um aus den Aufkünften derselben die Bedürfnisse aller Provinzen, soweit es möglich sein werde, zu befriedigen. Insofern nun die Calenbergischen Klostergüter in die »gesammte Masse des geistlichen Guts« gezogen würden, dürften wohl die Landstände zu einem Widerspruche gegen die Verbindung der Verwaltung mit der Domanial-Administration veranlasst werden.

Es sei nämlich in den alten Landtagsabschieden nicht allein alle Veräusserung und Vertauschung von Klostergütern untersagt, sondern im Rezesse, den der Herzog Georg im Jahre 1639 mit den Ständen errichtet habe, ausdrücklich versprochen, dass die Haushaltung und Verwendung des Klosterguts behuf der Convente und Schulen verbessert und desfalls baldmöglichst mit einigen von den Landständen eine Consultation angestellt werden solle. Es sei dieses zwar damals nicht zur Ausführung gekommen und desfalls auch, soviel dem Ministerium bekannt sei, kein Anspruch erhoben worden. Das Ministerium könne aber kaum bezweifeln, dass die Vereinigung einer bisher für sich bestandenen Verwaltung mit der Königlichen Cammeradministration zur Erneuerung veralteter, jedoch nicht erloschener Ansprüche Anlaß geben möchte, umsomehr als bei Manchem die Besorgniß wohl anstehen dürfte, es könnte in künftigen Zeiten dadurch eine gänzliche Inkorporation des geistlichen Guts in die Domainen herbeigeführt werden. Eine solche Diskussion mit den Ständen zu vermeiden, liege gewiss in den Intentionen des Prinz-Regenten, und es müsse daher auch in dieser Rücksicht anheimgegeben werden, die vormals von dem Königlichen Ministerio umittelbar und seit der Wiederherstellung der Landesverhältnisse von der Regierungsbehörde zu Hannover geführte Verwaltung der Calenbergschen Klostergüter mit dem Hildesheimischen geistlichen Gute, welches bislang unter der Aufsicht der Regierungsbehörde zu Hannover von einer Commission in Hildesheim verwaltet worden, und dem von einer besonderen Commission in Osnabrück unter Aufsicht der dasigen Regierung administrirten Vermögen aufgehobener Stifter und Klöster zu vereinigen und für dieselbe eine eigene Kloster-Cammer zu errichten, welche die Angelegenheiten jener Gütermasse unter unmittelbarer Aufsicht des Königlichen Ministerii besorgen solle.«

»Was die Gegenstände dieser zu errichtenden Verwaltung betreffe, so sei bereits oben erwähnt worden, dass die Güter der aufgehobenen Domkapitel zu Hildesheim und Osnabrück bisher mit dem Vermögen der andern aufgehobenen Stifter und Klöster unter derselben Administration gestanden haben.

Es dürfte inzwischen rathsam sein, beim Eintritte einer neuen Verwaltung jene domkapitularischen Güter, welche zufolge des Reichsdeputationshauptschlusses von 1803 den landesherrlichen Domainen zufallen, von den übrigen zu trennen und die Hildesheim'schen sofort der Königlichen Kammer zu übergeben, die Osnabrück'schen aber vorläufig in die gegenwärtig noch unter Aufsicht der Königlichen Provinzialregierung stehenden Domainen zu inkorporiren, da sie dann bei der bevorstehenden Übergabe der Verwaltung an die Königliche Kammer mit übergehen würden; die künftig noch zu fassenden Beschlüsse über die Dotation der zu errichtenden Bisthümer und Capitel seien ausdrücklich vorbehalten. In Ansehung des Geschäftskreises des zu errichtenden Collegii glaube das Ministerium, dass die Befugnisse desselben auf Verwaltungsgegenstände zu beschränken und dass den Obrigkeiten und anderen Königlichen Dienern zu Pflicht zu machen sei, der Kloster-Cammer die von ihr geforderten Nachrichten zu geben, ihre Aufträge auszurichten und Anweisungen zu befolgen, ohne diese zu einem förmlichen Landescollegium zu erklären, indem die landesherrliche Oberaufsicht über bestehende Corporationen nebst allem, was die Rechte der dazu gehörigen Personen angehe, ihr nicht mit übertragen, sondern nach wie vor von den Regiminalbehörden und namentlich theils vom Königlichen Ministerio, theils von den demselben untergeordneten Regierungen zu versehen sein werden.«

Der Bericht geht hierauf zu Vorschlägen über wegen der Einrichtung des Collegiums, sowie der unteren Verwaltung, welche hier ohne Interesse sind.

Zum Schlusse des Berichts bemerkt das Ministerium, dass es, um die Ausführung des Planes für den Fall seiner Genehmigung durch den Prinz-Regenten möglichst abzukürzen, ein zu erlassendes Patent über die Errichtung der Klostercammer nebst dem Entwurfe einer diesem Collegio zu ertheilenden Instruktion beifüge. Durch Erlass vom 8. Mai 1818 eröffnete hierauf der Prinz-Regent dem Ministerium, dass er den Plan der künftigen Verwaltung des geistlichen Guts gern erhalten habe, und wie er die in Vorschlag gebrachte Errichtung einer eigenen Kloster-Cammer, welche die Angelegenheiten jener Gütermasse unter unmittelbarer Aufsicht des Minsterii allerdings für das Zweckmässigste halte und mithin hierdurch völlig genehmige, also finden auch diejenigen Vorschläge den Beifall des Regenten, welche die Einrichtung dieser neuen Behörde betreffen und in dem oben erwähnten Bericht in Mehrerem enthalten seien. Diesen Vorschlägen gemäß sei nun das Weitere zu verfügen.

Der Regent übersendet dem Ministerium sodann das ihm mit dem Entwurfe wörtlich gleichlautend vollzogene Patent vom 8. Mai 1818 nebst der gleichfalls vollzogenen Instruktion für das Collegium.

»Demnach Unsere in Gott ruhende Vorfahren an der Regierung die Einkünfte der aufgehobenen Stifter und Klöster zu einem unter dem Namen der Kloster-Cammer besonders verwalteten Fond vereinigt, um davon, nach der ursprünglichen Absicht der Fundatoren, jedoch auf eine, den Erfordernissen der Zeiten angemessene Art, die geistlichen Bedürfnisse Unserer Unterthanen nach Möglichkeit zu befriedigen und solche namentlich für Kirchen, Schulen, höhere Gymnasien und wohlthätige Anstalten aller Art zu verwenden: Wir aber, nach vorgedachtem, ruhmwürdigen Beispiele, die Güter aufgehobener geistlicher Stiftungen und Klöster in den von Uns erworbenen und mit Unserem Königreiche vereinigten Provinzen zu gleichen Zwecken und zum wahren Besten Unserer Unterthanen jeder christlichen nicht weniger zu verwenden beschlossen, und desfalls mit dem geistlichen Gute in Unsern älteren Provinzen vereinigt haben, um die von Uns beabsichtigte Verwendung auf ewige Zeiten zu sichern; so haben Wir erwogen, daß es rathsam sey, die Verwaltung dieses geistlichen Gutes, welches in Ansehung des in den Fürstenthümern Calenberg und Göttingen belegenen, vormals von Unserem Ministerio als Kloster-Cammer, und nachmals von demselben untergeordneten Regierungs-Behörden, einstweilen verwaltet worden, in eine Administration zu vereinigen, und diese durch eine eigene, unter unmittelbarer Aufsicht Unseres Staats- und Cabinets-Ministerii stehende und in Unserer Residenzstadt Hannover hiedurch errichtete, Kloster-Cammer führen zu lassen. Wir geben solchemnach diese Unsere Gnädigste Willensmeinung hiedurch öffentlich zu erkennen, und befehlen allen und jeden Unserer Unterthanen, welche in Angelegenheiten des derselben zur Verwaltung übergebenen geistlichen Guts etwas zu verhandeln haben mögen, sich an diesselbe zu wenden; denen Obrigkeiten aber, in allen, zu dieser Verwaltung gehörenden Dingen der von Uns errichteten Kloster-Cammer die von derselben erforderlich eracheteten Nachrichten und Berichte zu erstatten und ihre Anweisung zu befolgen.«

In die Zeit nach dem Erlasse des vorstehenden Patents föllt die Inkorporirung der unter 4 und 5 zu Eingang dieser Denkschrift erwähnten Gütermassen.

Es hatten nämlich die sechs Mannstifter St. Petri et Pauli zu Bardowiek, St. Alexandri zu Einbeck, Beatae Mariae Virginis zu Einbeck, St. Bonifacii zu Hameln, Ramelsloh und St. Cosmae et Damiani zu Wunstorf ihre volle Selbständigkeit noch bis zum Jahre 1848 bewahrt.

Das Gesetz vom 5. September 1848, betreffend Abänderung des Landesverfassungsgesetzes vom 6. August 1840 (Hannov. Gesetzsamml. de 1838 I.p.261), bestimmte nun über dieselben im § 31 das Folgende: »Die sechs Mannsstifter (folgen die obigen Namen) sollen aufgehoben und das Vermögen derselben soll, unbeschadet der den vorhandenen Pfründnern und Beanwarteten daraus gebührenden Einkünfte, sowie der etwaigen Privatrechte Anderer, mit dem allgemeinen Klostervermögen vereinigt werden.«

In Folge dieser Bestimmung wurde unter dem 24. Januar 1850 das Gesetz, die Aufhebung der Mannsstifter betreffend (Hann. Gesetzsamml. de 1850 I.p.5), erlassen, dessen § 1 lautet: »Mit dem Zeitpunkte der Aufhebung, welcher für jedes der fraglichen Stifter von Unserem Ministerium der geistlichen- und Unterrichts-Angelegenheiten bekannt gemacht werden wird, tritt der allgemeine Klosterfonds in das gesammte Stiftungsvermögen, mit Einschluss der Patronats-, Präsentations- und Collationsrechte des Stifts und der Stiftsperson als Universalnachfolger ein.«

Demgemäß wurde das Vermögen aller sechs Mannsstifter zu verschiedenen Zeitpunkten nach und nach mit dem Vermögen des Fonds vereinigt.

Die fünfte der oben erwähnten Vermögensmassen besteht aus folgenden Gütern:

Bereits von der Königlich Preussischen Regierung war verfügt, dass die im Hildesheimschen belegenen, zum Heimfall anstehenden von Stopler'schen Lehngüter Lechstedt, Wehrstedt und Binder, im Fall ihrer Apertur an Stelle des dem Grafen v. d. Schulenburg geschenkten Klosters Ringelheim den Domainen einverleibt werden sollten.

Beim Ableben des Herrn von Stopler im Jahre 1816 nahm die Hildesheimsche Stiftgüter-Verwaltungs-Commission auf Grund einer, die frühere Preussische bestätigenden Verfügungen der Hannoverschen Regierung vom 11. Juni 1816 die nunmehr heimgefallenen vorgenannten Lehngüter in Besitz, worauf dieselben mit dem übrigen Hildesheimschen geistlichen Gute in Folge des Patens von 1818 dem Klosterfonds überwiesen wurden.

Einen zweiten auf besonderer Überweisung beruhenden Bestandtheil des allgemeinen Klosterfonds bildet das Vermögen der sogenannten Celle'schen Beneficial-Kasse, welche durch Verfügung vom 26. Juni 1824 mit dem allgemeinen Klosterfonds vereinigt wurde. Die Aufkünfte dieser Kasse bestanden aus verschiedenen Prästationen, welche in alten Zeiten zu gewissen Canonikaten, Vivarien, Commenden und andern Geistlichen Lehen gewidmet waren, und welche nach eingetretener Reformation von den Landesherrschaft »wohl verdienter Leute Kindern«, entweder behuf ihrer Studien ad tempus oder auch wohl ad vitam, conferirt wurden, nachher aber ihr Fundament aus der vom Herzog Christian von Celle 1618 publizirten Polizei-Ordnung erlangt haben, indem es dort im 3. Capitel § 1 heisst, der Herzog habe sich in Gnaden dahin erklärt und gegen die Landschaft pflichtbar gemacht, dass er die in seinen Fürstenthümern Celle und Grubenhagen und Grafschaften Hoya, Bruchhausen und Diepholz (ausser den Stiftern zu Braunschweig, Bardowiek, Ramelsloh und Einbeck) habenden Beneficia und geistlichen Lehne, an Niemand weiter verschreiben, sondern, sobald dieselben erledigt werden, zusammenschlagen und alle deren Intraden von dem fürstlichen Beamten erheben und an die fürstliche Canzley zu Celle einliefern lassen wolle, um dieselben in Zukunft »zur Unterhaltung der Gotteshäuser, Schulen Prediger, Schuldiener, auch armer Studenten in allen Fakultäten, den Überschuss aber zur Vermehrung der Intraden zu verwenden.«

Ferner wurden durch Verfügung vom 29. November 1824 die des Königs Majestät durch einen Vergleich mit dem Fürsten von Bentheim vom 16. März 1823 zugefallenen Klostergüter in der Grafschaft Bentheim der Kloster-Cammer überwiesen.

Schliesslich gehört zu dieser Kategorie das Vermögen des s. g. Klosters St. Michaelis zu Lüneburg. Dieses Kloster war durch einen Recess des Herzogs Christian Ludwig vom 27. Oktober 1655 mit der Lüneburgschen Ritterschaft aufgehoben, mit der Bestimmung, dass die Güter des Klosters zu einer Ritterschule für den eingesessenen Lüneburger Adel, ferner aber zur Unterhaltung von Kirchen und Schulen, Armen- und Gotteshäusern verwandt werden sollten. Die Befugniss hierzu leitete der Herzog aus dem ihm zustehenden jus eoiscopale ausdrücklich her und gab als Motiv an, dass das Kloster von dem Hauptzweck seiner Fundation und der geistlichen Güter ziemlich weit abgeschritten sei, und er es daher für unverantwortlich halte, mit einer nützlicheren und besseren, dem ursprünglichen Zweck entsprechenden Verwendung länger anzustehen.

Der Recess erklärte seiner Disposition für eine »immerwährende lex provincials und Satzung« und bestimmte, was später auch geschah, dass dieselbe der gesammten Lüneburg'schen Landschaft zu Genehmigung vorzulegen sei.

Die Hannoversche Regierung wünschte besonders in Anlass von Anträgen der allgemeinen Stände diesen Stiftungsfonds aufzuheben und mit dem allgemeinen Klosterfonds zu vereinigen.

Nach längeren Verhandlungen mit der Lüneburg'schen Ritterschaft und nachdem die Rechte der Lüneburg'schen Ritterschaft durch Zahlung von 100 000 Rthlr. abgefunden waren, wurde mit der Lüneburg'schen Landschaft das Gesetz vom 6. August 1850 wegen Aufhebung des Klosters und der Ritterakademie vereinbart, nach dessen § 2 das Vermögen desselben »mit dem allgemeinen Klosterfonds vereingt und alle Recht[e] und Pflichten des Klosters und seines Vorstandes auf die Verwaltung des allgemeinen Klosterfonds« übergingen.

II. Der rechtliche Charakter des Klosterfonds.

Aus der durch die vorstehende historische Entwicklung dargelegten Entstehung des Hannoverschen Allgemeinen Klosterfonds ergiebt sich der rechtliche Charakter desselben von selbst.

Der Klosterfonds ist eine mit selbständiger juristischer Persönlichkeit versehene Stiftung, deren rechtliche Vertretung und Verwaltung von der Klosterkammer zu Hannover geführt wird. Das Substrat der juristischen Persönlichkeit ist das zu einem Gesamtcomplexe vereinigte Vermögen

1) der aufgehobenen Stifter und Klöster im vormaligen Königreiche Hannover mit Ausnahme derjenigen, deren Vermögen entweder zum Staatsgute eingezogen ist (z. B. der Stifter im Herzogthum Bremen, in der Provinz Ostfriesland, Grafschaft Hoya) oder aber, sei es als Communalgut oder als lokales Stiftungsgut, auf politische Gemeinden übergegangen ist;

2) der noch jetzt bestehenden Damenstifter im Fürstenthum Calenberg (Wennigsen, Barsinghausen, Wülfinghausen, Mariensee, Marienwerder auch Wunstorf).

Die juristische Persönlichkeit gründet sich auf die Rechtsregel des gemeinen Rechts, nach welcher Stiftungen für einen frommen und gemeinnützigen Zweck als selbständige juristische Persönlichkeiten gelten, und auf die erfolgte Anerkennung durch die Staatsgewalt.

Mit obiger Rechtsauffassung stimmt die seit dem Jahre 1818 constant und unbestritten geübte Praxis sowohl bei der Gesetzgebung als bei allen vor Verwaltungsbehörden und Gerichten vorgekommenen Rechtsgeschäften [überein].

Der Stiftungszweck des Klosterfonds besteht in der angeordneten Verwendung zu »Zuschüssen für die Landesuniversität, für Kirchen und Schulen, auch zu milden Zwecken aller Art.«

Die in Betreff der Oberaufsicht und Verwaltung des Klosterfonds in Geltung befindlichen gesetzlichen Bestimmungen finden sich:

1) in dem Hannoverschen Landesverfassungsgesetze vom 6. August 1840, und zwar:

a) im § 75 Abs. 2. »Dem Könige gebührt das Oberaufsichtsrecht über alle kirchlichen Zwecken, für den Unterricht und für andere öffentliche Zwecke bestimmten Stiftungen.«

b) im § 79 Abs. 1 und 2. »Das von den vormaligen Klöstern und anderen ähnlichen Stiftungen in den verschiednen Theilen des Königreichs herrührende, zu einer abgesonderten Masse vereinigte Vermögen soll von den übrigen öffentlichen Cassen gänzlich getrennt bleiben, und allein zu Zuschüssen für die Landesuniversität, für Kirchen und Schulen, auch zu milden Zwecken aller Art verwandt werden.

Die Verwaltung dieses Vermögens gebührt allein er vom Könige dazu bestellten Behörde.«

c) im § 79 Abs. 4. »Veräusserungen einzelner Theile dieses Klostervermögens sind, der Regel nach, unzulässig und können nur unter denselben Bedingungen und Voraussetzungen stattfinden, unter welchen eine Veräusserung von Domainen und Regalien zufolge § 131 dieser Verfassungsurkunde erlaubt ist.«

2) in dem oben bereits wörtlich mitgetheilten Königlichen Patente vom 8. Mai 1818 (Hann. Ges.-Samml. de 1818. I. p. 45)

3) im § 6 der revidirten Amtsordnung vom 10. Mai 1858. »Die Ämter haben die örtliche Verwaltung des Klosterguts, soweit nicht besondere Beamte dafür bestellt sind.«

III. Umfang der Verbindlichkeiten des Klosterfonds.

Der Umfang der Verbindlichkeiten ergiebt sich aus dem als Anlage beigefügten Verzeichniss.

Nicht aufgenommen sind alle diejenigen Leistungen, welche lediglich auf einer Seitens der zuständigen Behörden zur Erfüllung des Stiftungszweckes stattgehabten Bewilligung beruhen, wenn schon auch bei diesem im einen oder andern Falle in Folge der historischen Entwickelung eine rechtliche Verpflichtung des Klosterfonds entstanden sein mag. Andererseits wird bemerkt, dass die geschehene Aufnahme einer Verbindlichkeit in das Verzeichniß nicht zu Ungunsten des

Klosterfonds zum Präjudiz gereichen soll, indem bei manchen Leistungen die rechtliche Verpflichtung nicht als unbestritten gelten kann.

---

*) Artic. Smalk. Art. 3 de colleg. Canonicorum, Cathedralibus et Monasteriis.

**) Vergl. Spittler Geschichte des Fürstenthums Calenberg Band I. Seite 221. Havemann Geschichte der Lande Braunschweig und Lüneburg Band II. Seite 192ff., Seite 307 ff. Landtagsabschied vom 27. August 1586. Gandersheimer Landtagsabschied vom 10. Oktober 1601. Hannoverscher Landtagsabschied vom 3. April 1639.

***) Spittler, Geschichte des Fürstenthums Calenberg, Band 2, Beilage XII, S. 109.

8.4.4 Vereinbarung über die künftige Gestaltung der Organisation der von der Königlichen Klosterkammer Hannover resortierenden Klosterforsten vom 31. Januar 1885[349]

»Berlin, den 31. Januar 1885

Zur Besprechung über die künftige Gestaltung der Organisation der von der Königlichen Klosterkammer Hannover resortierenden Klosterforsten waren heute bei dem Herrn Staatsminister und Minister für Landwirtschaft, Domänen und Forsten, Dr. Lucius, erschienen: der Herr Staatsminister und Minister der geistlichen, Unterrichts- und Medizinalangelegenheiten Dr. von Gössel und der Herr Staats- und Finanzminister von Scholz. Es wurde dabei Nachstehendes vereinbart:

1. Mit Auflösung der Königl. Finanzdirektion zu Hannover am 1. Juli 1885 werden auch diejenigen Klosterforsten, welche bisher durch besondere klösterliche Verwaltungs- und Schutzbeamte verwaltet und beschützt worden sind, den Bestimmungen der Verordnung vom 3. Juli 1850 unterworfen. Vom gleichen Zeitpunkt ab treten alle betheiligten Forstbeamten in den Dienst der Staatsforstverwaltung und werden auf deren Etat übernommen.
2. Sobald der möglichst zu beschleunigende Austausch von klösterlichen Forstflächen gegen Flächen der Staatsforstverwaltung zur Ausführung gelangt ist, werden auch aus den schon bisher von Staatsforstbeamten verwalteten und beschützten Klosterforsten besondere Oberförstereien gebildet. Soweit die Verhältnisse es gestatten, können den betheiligten Staatsoberförstern auch Gemeindewaldungen zur Verwaltung übertragen werden.
3. Vom 1. Juli 1885 ab wird für die klösterlichen Forsten bei der Königlichen Regierung zu Hannover ein besonderer Forstmeister bestellt. Derselbe bearbeitet

[349] Zit. nach: THIEME, Rechtsgutachten, 10-11.

bei der Königlichen Klosterkammer sämtliche Klosterforstsachen, soweit solche nicht dem Oberforstmeister der Königlichen Regierung vorbehalten sind. Dieser zeichnet im Konzept, bezw. Superrevidiert alle Klosterforstsachen.

4. Sämtliche mit der Verwaltung und dem Schutz der Klosterforsten beauftragten Forstbeamten beziehen ihr Einkommen aus der Staatskasse. Diese enthält ihre Entschädigung durch ein nach Durchschnittssätzen bemessenes Aversionalquantum aus Fonds der Klosterkammer. Bei eintretender allgemeiner Einkommensveränderung der Staatsforstbeamten wird die Aversionalsumme entsprechend abgeändert.
5. Dem Oberforstmeister stehen bei der Königlichen Klosterkammer die nämlichen Befugnisse zu, wie den Oberforstbeamten bei den Königlichen Regierungen.
6. Es wird anerkannt, daß die Königliche Klosterkammer berechtigt ist, den betheiligten Forstbeamten gegenüber die Befolgung ihrer Anordnungen nöthigenfalls durch Executivstrafen zu erzwingen. Von jeder derartigen Strafverfügung ist aber der Königlichen Regierung zu Hannover, als Disziplinarbehörde, Mittheilung zu machen.
7. Die Prüfung und Feststellung der Betriebseinrichtungswerke, die Feststellung der Materialabnutzungswerke, des Natural- und Geldetats (diese unter Mitwirkung des Herrn Finanzministers) und die Bearbeitung der zur Cognition der Centralstelle gelangten forsttechnischen Sachen, sowie der Areal-Veränderungs-Angelegenheiten werden gemeinschaftlich von den Herren Ministern der geistlichen, Unterrichts- und Medizinalangelegenheiten und für Landwirtschaft, Domänen und Forsten bewirkt. Dieselbe werden in Zukunft auch die allgemeine Kontrolle der Material-Abnutzung übernehmen. Zur Überschreitung des zulässigen Abnutzungssolls in einer Oberförsterei um mehr als 10%, hat die Königliche Klosterkammer künftig die Ministerial-Genehmigung einzuholen.
8. Bezüglich der bei der neuen Organisation in den Klosterförstereien zu verwendenden Beamten findet eine Verständigung zwischen den betheiligten beiden Herren Ressortministern statt. Dasselbe soll auch in Zukunft bei eintretendem Wechsel in der Person der verwaltenden Beamten und des Forstmeisters geschehen.«

8.4.5 »Gesetz, betreffend den Staatshaushalt« von 1898[350]

§ 2 Abs. 4: [Zu den in den Staatshaushalt aufzunehmenden Einnahmen und Ausgaben gehören auch] die Einnahmen und Ausgaben derjenigen zu besonderen

[350] Pr.GS 1898, 77f.

Zwecken bestimmten Fonds, über welche dem Staate allein die Verfügung zusteht, sofern diese Fonds nicht juristische Persönlichkeit besitzen.

§ 3 Abs. 1: Mit den Spezialetats der betreffenden Staatsverwaltungen sind dem Landtage Nachweisungen von den veranschlagten Einnahmen und Ausgaben derjenigen der alleinigen Verfügung des Staates unterliegenden besonderen Fonds mizuteilen, welche juristische Persönlichkeit besitzen und welche ganz oder zum Teil zu solchen Zwecken bestimmt sind, für welche auch allgemeine Staatsmittel verwendet werden.

8.5 Deutsche Verfassung von 1919 (Weimarer Verfassung)[351]

Art. 138 WRV: (1) Die auf Gesetz, Vertrag oder besonderen Rechtstiteln beruhenden Staatsleistungen an die Religionsgesellschaften werden durch die Landesgesetzgebung abgelöst. Die Grundsätze hierfür stellt das Reich auf. (2) Das Eigentum und andere Rechte der Religionsgesellschaften und religiösen Vereine an einem für Kultus-, Unterrichts- und Wohltätigkeitszwecke bestimmten Anstalten, Stiftungen und sonstigen Vermögen werden gewährleistet.

Art. 153 WRV: Das Eigentum wird von der Verfassung gewährleistet. Sein Inhalt und seine Schranken ergeben sich aus den Gesetzen. Eine Enteignung kann nur zum Wohle der Allgemeinheit und auf gesetzlicher Grundlage vorgenommen werden. Sie erfolgt gegen angemessene Entschädigung, soweit nicht ein Reichsgesetz etwas anderes bestimmt. Wegen der Höhe der Entschädigung ist im Streitfalle der Rechtsweg bei den ordentlichen Gerichten offen, soweit Reichsgesetze nichts anderes bestimmen. Enteignung durch das Reich gegenüber Ländern, Gemeinden und gemeinnützigen Verbänden kann nur gegen Entschädigung erfolgen. Eigentum verpflichtet. Sein Gebrauch soll zugleich Dienst sein für das Gemeine Beste.

8.6 Grundgesetz der Bundesrepublik Deutschland[352]

Art. 14 GG: (1) Das Eigentum und das Erbrecht werden gewährleistet. Inhalt und Schranken werden durch Gesetze bestimmt. (2) Eigentum verpflichtet. Sein Gebrauch soll zugleich dem Wohle der Allgemeinheit dienen. (3) Eine Enteignung ist nur zum Wohle der Allgemeinheit zulässig. Sie darf nur durch Gesetz oder auf Grund eines Gesetzes erfolgen, das Art und Ausmaß der Entschädigung regelt. Die Entschädigung ist unter gerechter Abwägung der Interessen der All-

[351] RGBl. 1919, 1383f.

[352] BGBl. 1949,1f.

gemeinheit und der Beteiligten zu bestimmen. Wegen der Höhe der Entschädigung steht im Streitfalle der Rechtsweg vor den ordentlichen Gerichten offen.

Art. 140 GG: Die Bestimmungen der Artikel 136, 137, 138, 139 und 141 der deutschen Verfassung vom 11. August 1919 sind Bestandteil dieses Grundgesetzes.

8.7 Vorläufige Niedersächsische Landesverfassung[353]

Art. 29: (1) Das Landesministerium beschließt über die Organisation der öffentlichen Verwaltung, soweit nicht ein Gesetz erforderlich ist.

Art. 32: Allgemein verbindliche Anordnungen der Staatsgewalt, durch die Rechte oder Pflichten begründet, geändert oder aufgehoben werden, bedürfen der Form des Gesetzes.

Art. 38: Verfassungsänderungen bedürfen der Änderung oder Ergänzung des Wortlautes der Verfassung. Ein verfassungsänderndes Gesetz wird vom Landtage mit zwei Dritteln der anwesenden Abgeordneten, mindestens jedoch von der Mehrheit der Abgeordneten, beschlossen.

Art. 43: (1) Die staatliche Verwaltung wird durch die Landesregierung und die ihr unterstellten Behörden ausgeübt. (2) Der allgemeine Aufbau und die räumliche Gliederung der allgemeinen Landesverwaltung bedürfen eines Gesetzes.

Art. 55: (1) Das im Zeitpunkt des Zusammenschlusses des Landes Niedersachsen im Bereiche der ehemaligen Länder Hannover, Oldenburg, Braunschweig und Schaumburg-Lippe in Kraft gewesene Recht gilt mit den inzwischen vorgenommenen Änderungen fort, soweit es dieser Verfassung nicht widerspricht. (2) Soweit es sich dabei um Recht handelt, das in den Verfassungen der ehemaligen Länder geregelt war und für deren Bereich als Landesrecht weitergilt, bedarf es zur Beschlußfassung über Änderung oder Aufhebung solcher Vorschriften der im Artikel 38 vorgeschriebenen Mehrheit. Satz 1 gilt nicht für die im Bereich des ehemaligen Landes Oldenburg geltenden schulrechtlichen Vorschriften. (3) Soweit Befugnisse oberster Landesbehörden auf Rechtsvorschriften beruhen, die vor dem Zusammenschluß des Landes Niedersachsen erlassen worden sind, gehen sie auf das Landesministerium über. Das Landesministerium kann seine Befugnisse auf andere Stellen übertragen.

Art. 56: (1) Die kulturellen und historischen Belange der ehemaligen Länder Hannover, Oldenburg, Braunschweig und Schaumburg-Lippe sind durch Gesetzgebung und Verwaltung zu wahren und zu fördern. (2) Die überkommenen heimatgebundenen Einrichtungen dieser Länder sind weiterhin dem heimatlichen Interesse dienstbar zu machen und zu erhalten, soweit ihre Änderung oder Aufhe-

---

[353] Nds.GVBl. Sb. I, 5f.

bung nicht in Verfolg organisatorischer Maßnahmen, die sich auf das ganze Land Niedersachsen erstrecken, notwendig wird.

8.8 Ergänzungsvertrag des Landes Niedersachsen mit den Evangelischen Kirchen in Niedersachsen (Loccumer Vertrag) vom 4. März 1965[354]

Art. 11: Das Land wird weiterhin bei dem Allgemeinen Hannoverschen Klosterfonds, dem Braunschweigischen Kloster- und Studienfonds und ähnlichen Fonds die Bestimmung dieser Vermögen auch für kirchliche Zwecke angemessen berücksichtigen.

8.9 Neuordnung der Forstverwaltung des AHK

8.9.1 Organisation der Forstverwaltung des Allgemeinen Hannoverschen Klosterfonds

[Gemeinsamer Runderlaß des Ministeriums für Ernährung, Landwirtschaft und Forsten (ML) und des Ministeriums für Wissenschaft und Kultur (MWK) vom 3.4.1998][355]

1. Dem Beschluß der LReg vom 24.2.1998 (n. v.) entsprechend sind ab 1.5.1998 die Klosterforstämter Soltau und Westerhof mit den Klosterrevierförstereien Soltau (Garlstorf, Hützel, Lübberstedt, Luhetal, Niebeck, Sothrieth, Wallerholz, Wehlen) und Westerhof (Auhagen, Borstel, Glashütte, Koppenberg, Lamspringe, Reinsen, Winzenburg, Wülfinghausen) als Landesbetrieb Klosterkammerforstbetrieb´ (KFB) gemäß § 26 LHO zu führen. Mit Ablauf des 30.4.1998 werden die Forstabteilung der Klosterkammer Hannover sowie die Klosterforstämter Miele und wennigsen aufgelöst. Zum 1.5.1998 erfolgt die innere Einteilung der Klosterforstämter Soltau und Westerhof in Klosterrevierförstereien und die Einrichtung von Dienstposteen für Forstfachpersonal entsprechend dem Gutachten der Arbeitsgruppe `§ 26 LHO Klosterkammerforstbetrieb´ (AG 26)

354 Nds.GVBl. 1966, 4.

355 Nds.MBl. 1998, 880-881.

vom 20.11.1997. Die nachstehenden Klosterrevierförstereien werden mit Ablauf des 30.4.1998 aufgelöst: Klosterrevierförsterei Jägerei, Klosterforstamt Miele, Klosterrevierförsterei Rehwinkel, Klosterforstamt Miele, Klosterrevierförsterei Königskrug, Klosterforstamt Soltau, Klosterrevierförsterei Wennigsen, Klosterforstamt Wennigsen, Klosterrevierförsterei Mandelbeck, Klosterforstamt Westerhof. Die Umsetzung der personellen Maßnahmen, die durch die Organisationsänderungen erforderlich sind, werden für das auf Stellen des Einzelplans 10 geführte Personal durch das ML geregelt. Auf die personalwirtschaftlichen Auswirkungen dieser Maßnahmen sind die Kriterien der Vereinbarung nach § 81 Nds. PersVG über die sozialverträgliche Gestaltung der Verwaltungsreform vom 8.3.1995 (Nds.MBl. S. 486) anzuwenden.

2. Der KFB ist ein rechtlich unselbständiger Teil der Klosterkammer Hannover und ihr als Dienststelle nachgeordnet. Das ML übt die Fachaufsicht über den KFB wie folgt aus:
- Genehmigung der mittelfristigen waldbaulichen Planung (Forsteinrichtung),
- Einvernehmliche Bestellung von externen Sachverständigen zur Überprüfung der Betriebsführung,
- Genehmigung des Wirtschaftsplans und des Jahresabschlusses.

Weitere Einzelheiten zur Rechtsform, zur Aufsicht und zur Organisation sowie zu den Aufgaben und den Grundsätzen der Wirtschaftsführung ergeben sich aus der Betriebsanweisung (Anlage), die ab 1.5.1998 mit den folgenden Übergangsregekungen anzuwenden ist: Der KFB wirtschaftet bis 31.12.1998 weiterhin nach Einnahmen und Ausgaben des Kapitels 4 (Forsten) des Haushalts des Allgemeinen Hannoverschen Klosterfonds. Die Bewirtschaftung nach Wirtschaftsplänen, das kaufmännische Rechnungswesen, die Betriebsbuchprüfung einschließlich der Kosten- und Leistungsrechnung werden zum 1.1.1999 eingeführt. Entsprechendes gilt für die Eröffnungsbilanz.

3. Die Genehmigung des Kapitels 4 (Forsten) des Haushaltsplans des Allgemeinen Hannoverschen Klosterfonds gemäß § 108 LHO durch das MWK im Einvernehmen mit dem ML bleibt unberührt.

4. Das Forstfachpersonal dees KFB wird weiterhin auf Stellen des Einzelplans 10 (Landesforstverwaltung) geführt. Die Personalausgaben dafür zuzüglich eines Anteils an den Versorgungsbezügen für Forstbeamtinnen und Forstbeamte und deren Hinterbliebene sind durch den Allgemeinen Hannverschen Klosterfonds zu erstatten. Die Höhe des Versorgungsanteils richtet sich nach dem vom MF jeweils festgelegten Sätzen. Die dienstrechtlichen Befugnisse werden nach näherer Bestimmung eines gesonderten erlasses des ML

der Klosterkammer übertragen. Bis dahin werden sie vom ML ausgeübt.

5. Die Bezugserlasse zu a und c bis e sowie die Nrn. 1 und 3.1 des Bezugserlasses zu b treten mit Ablauf des 30.4.1998 außer Kraft.

8.9.2 Betriebsanweisung für den Landesbetrieb 'Klosterkammerforstbetrieb' (KFB)[356]

[Anlage zum gemeinsamen Runderlaß des Ministeriums für Ernährung, Landwirtschaft und Forsten (ML) und des Ministeriums für Wissenschaft und Kultur (MWK) vom 3.4.1998]

I. Rechtsform und Aufgaben

§ 1 Rechtsform, Aufsicht, Handlungsrahmen.

(1) Zur Bewirtschaftung der Forsten des Allgemeinen Hannoverschen Klosterfonds (AHK) wird ein Landesbetrieb nach § 26 Abs. 1 LHO mit der Bezeichnung Klosterkammerforstbetrieb' (KFB) gebildet.

(2) Der KFB ist ein rechtlich unselbständiger Teil der Klosterkammer Hannover (im folgenden: Klosterkammer).

(3) Die Klosterkammer erstellt einen Katalog der Geschäfte, die ihrer Zustimmung bedürfen und gibt dem KFB in Zielvereinbarungen Handlungsrahmen vor. Allgemeine Regelungen der Landesforstverwaltung sind vom KFB sinngemäß anzuwenden, soweit die Klosterkammer keine hiervon abweichenden Regelungen trifft.

(4) Die Ausweitung der Geschäftstätigkeit auf neue Betriebsfelder und Regelungen über die Beteiligung der Bediensteten am Gewinn oder Umsatz sowie über die Gewähurng von Leistungsprämien bedürfen der Einwilligung des MWK. Soweit Landesforstbeamtinnen und Landesforstbeamte betroffen sind, stellt das MWK das Einvernehmen mit dem ML her.

(5) Der KFB nimmt im übrigen im Rahmen dieser Betriebsanweisung seine Aufgaben grundsätzlich selbständig war.

§ 2 Aufgaben.

(1) Der KFB bewirtschaftet die Forsten des AHK mit dem Ziel -die Nachhaltigkeit der Ertragskraft zu wahren und für die zweckmäßige Erhaltung der Vermögenssubstanz zu sorgen sowie -möglichst hohe

[356] Nds.MBl. 1998, 881-883.

Reinerträge für die Erfüllung der stiftungsmäßigen Zwecke des AHK zu erwirtschaften.

(2) Die Bewirtschaftung erfolgt durch Forstfachpersonal und ist an den Grundsätzen einer ordnungsgemäßen und naturnahen Forstwirtschaft auszurichten:
-Vermeidung großer Kahlschläge,
-Walderschließung unter größtmöglicher Schonung von Landschaft, Boden und Bestand,
-pflegliches Vorgehen, insbesondere bei Verjüngungsmaßnahmen, Holznutzung und-transport,
-Verwendung standortgemäßer Baumsorten,
-Verjüngung oder Begründung und Erziehung von Laub-, Misch- und Nadelwald in einem ausgewogenen Verhältnis,
-optimale und nachhaltige Nutzung der ökologischen Gegebenheiten wie Klima, Boden, Wasserhaltung,
-Gewährleistung besonderer Waldfunktionen,
-Bevorzugung der natürlichen Waldverjüngung,
-Zielstärkennutzung,
-möglichst weitgehender Verzicht auf Pflanzenschutzmittel,
-dem Wald angepaßte Wildbewirtschaftung und Forsttechnik.

(3) Der KFB nimmt in seinen Eigenjagdbezirken die in Artikel 48 Abs. 1 LJagdG genannten Befugnisse war. Hinsichtlich der Beteiligung von Jagdbehörden schließt sich der KFB der Handhabung in der Landesforstverwaltung an.

II. Organisation, Betriebsführung.

§ 3 Organisation.

(1) Der KFB gliedert sich in die Betriebsteile Nord (Klosterforstamt Soltau) und Süd (Klosterforstamt Westerhof).

(2) Dem Klosterforstamt Soltau sind die Klosterrevierförstereien Garlstorf, Hützel, Lübberstedt, Luhetal, Niebeck, Sothrieth, Wallerholz, Wehlen und dem Klosterforstamt Westerholz die Klosterrevierförstereien Auhagen, Borstel, Glashütte, Koppenberg, Lamspringe, Reinsen, Winzenburg, Wülfinghausen nachgeordnet.

§ 4 Betriebsleitung

(1) Die Leitung des KFB obliegt den Leiterinnen und Leitern der Klosterforstämter Soltau und Westerhof. Sie üben die Leitung des Gesamtbetriebes gemeinsam aus und vertreten sich insoweit gegenseitig. Bei Meinungsverschiedenheiten entscheidet die Klosterkammer.

(2) Die Forstamtsleiterinnen oder forstamtsleiter haben für die einheitliche Betriebsführung in den Betriebsteilen (Klosterforstämtern) zu sorgen. Im übrigen handeln sie für die jeweiligen Klosterforstämter selbständig und eigenverantwortlich. Die Forstamtsleiterinnen oder Forstamtsleiter werden insoweit von den Forstamtsdezernetinnen oder Forstamtsdezernenten vertreten.

(3) Oberste Dienstbehörde ist das MWK und für die Lanesforstbeamtinnen und Landesforstbeamten das ML. Die dienstrechtlichen Befugnisse für die Bediensteten des KFB werden durch die Klosterkammer ausgeübt. In bestimmten Fällen (z. B. Einstellungen oder Beförderungen) kann das ML die Ausübung der dienstrechtlichen Befugnisse von seiner Zustimmung abhängig machen.

III. Wirtschaftsführung, Rechnungswesen, Controlling

§ 5 Bilanz

Der KFB stellt für jedes Geschäftsjahr eine Bilanz nach den Grundsätzen des Handelsgesetzbuches (HGB) auf.

§ 6 Aufstellung des Wirtschaftsplans

(1) Für jedes Geschäfts- und Wirtschaftsjahr stellt der KFB einen Wirtschaftsplan auf, der sich in einen Erfolgsplan mit Abschlußergebnis und einen Finanzplan gliedert. Dieser Wirtschaftsplan setzt sich zusammen aus den für jedes Forstamt gesondert erstellten Teilwirtschaftsplänen.

(2) Der Wirtschaftsplan ist der Klosterkammer mit der Anmeldung des Mittelbedarfs vorzulegen. Die Ansätze im Erfolgs- und Finanzplan sind, soweit erforderlich, zu erläutern.

(3) Das voraussichtliche von der Klosterkammer gebilligte Abschlußergebnis ist im Haushaltsplanentwurf des AHK in der Form von Zuführungen oder Abführungen zu veranschlagen. Der Wirtschaftsplan ist als Erläuterung beizufügen.

§ 7 Gliederung des Wirtschaftsplans

(1) Der Erfolgsplan ist nach dem Muster der Gewinn- und Verlustrechnung gemäß HGB in Staffelform aufzustellen. Er enthält die voraussichtlichen Aufwendungen und Erträge sowie das voraussichtliche Abschlußergebnis. Zum Vergleich sind die Soll-Zahlen des Erfolgsplans des laufenden Geschäftsjahres sowie die abgerundeten Ist-Zahlen der Gewinn- und Verlustrechnung des Vorjahres aufzuführen.

(2) Die Anzahl der Beamtinnen, Beamten, Angestellten und dauerhaft beschäftigten Waldarbeiterinnen und Waldarbeiter sind im Erfolgsplan voneinander getrennt darzustellen.

(3) Im Finanzplan sind die beabsichtigten Investitionen und die dafür benötigten Deckungsmittel darzustellen. Zum Vergleich sind die Soll-Zahlen des Finanzplans des laufenden Geschäftsjahres sowie die gerundeten Ist-Zahlen des Finanzplans des Vorjahres aufzuführen.

(4) **§ 8 Inkrafttreten des Wirtschaftsplans**

(5) Der Wirtschaftsplan tritt zum Zeitpunkt der Genehmigung des Haushaltsplans des AHK durch die Stiftungsaufsicht in Kraft.

(6) Liegt die Genehmigung der Stiftungsaufsicht bis zum Beginn des Wirtschafts- und Geschäftsjahres noch nicht vor, so gelten die Ansätze des Entwurfs des erfolgsplans. Investitionen dürfennur bei unaufschiebbarem Bedarf vorgenommen werden.

§ 9 Ausführung des Wirtschaftsplans

(1) Die Ansätze im Erfolgsplan und im Finanzplan (einschließlich der jeweiligen Kontengruppen oder Gliederungspunkte) sind innerhalb der jeweiligen Pläne gegenseitig deckungsfähig. Ansätze im Erfolgsplan können auch im Finanzplan in Anspruch genommen werden.

(2) Die im Wirtschaftsplan vorgesehenen Ansätze werden zur Bewirtschaftung den Forstämtern als Teilbudgets zugewiesen. Sie bewirtschaften diese im Rahmen der für sie geltenden Teilwirtschaftspläne.

(3) Ausgaben, doe höhere als die im Haushalt veranschlagten Zuführungen erfordern oder doe veranschlagten Ablieferungen mindern, bedürfen der Einwilligung der Klosterkammer.

(4) Sind bei der Ausführung des Wirtschaftsplans Minder erträge zu erwarten, die einen erhöhten Zuschußbedarf oder eine Minderung des Abführungsbetrages zur Folge haben, so ist die Klosterkammer unverzüglich zu unterrichten. Der KFB ist zunächst gehalten, alle Anstrengungen zu unternehmen, durch entsprechende Wirtschaftsführung einen erhöhten Zuschußbedarf zu vermeiden oder den geplanten Abführungsbetrag zu erwirtschaften.

(5) Die Versicherung von Risiken bedarf der Zustimmung der Kosterkammer.

§ 10 Rücklagen und Rückstellungen

(1) Rücklagen werden nicht gebildet.

(2) Rückstellungen werden entsprechend den handelsüblichen Vorschriften vorgenommen.

§ 11 Interne Verrechnungen und Forstgrundstock

(1) Vermögensgegenstände, Nutzungen von Vermögensgegenständen und Aufwendungen von und für andere Verwaltungsbereiche der Klosterkammer sind gegenseitig zu erstatten oder zu verrechnen (§ 61 Abs. 3 und § 4 LHO). Hinsichtlich der beschäftigten Beamtinnen und Beamten wird zu den Bezügen ein Versorgungsanteil in Höhe von derzeit 30 v H. zugerechnet.

(2) Beim AHK wird ein Forstgrundstock als Sondervermögen eingerichtet (§ 64 Abs. 6 LHO).

§ 12 Buchführung und Rechnungslegung

(1) Der KFB gestaltet die Buchführung und die Rechnungslegung nach den Grundsätzen der kaufmännischen doppelten Buchführung in Anlehung an die handelsrechtlichen Vorschriften. Die VV zu § 74 LHO sind entsprechend anzuwenden, soweit von der Klosterkammer keine abweichenden Regelungen getroffen werden.

(2) Der KFB führt zusätzlich eine Betriebsbuchführung (Kosten- und Leistungsrechnung).

(3) Das Wirtschafts- und Geschäftsjahr ist das Kalenderjahr.

§ 13 Abwicklung des Zahlungsverkehrs

(1) Der KFB bedient sich zur Abwicklung des Zahlungsverkehrs einer Hausbank.

(2) Für ein Guthaben auf diesen Konten wird durch die Klosterkammer ein Höchstbetrag festgesetzt. Geldbestände, die diesen Höchstbetrag übersteigen, sind verzinslich an die Hauptklosterkasse abzuführen. Sie können im Bedarfsfall wieder abgerufen werden.

(3) Zur Überbrückung von vorübergehenden Zahlungsschwierigkeiten kann der KFB zu verzinsende Vorschüsse auf die Betriebsmittel bei der Kasse der Kosterkammer anfordern.

(4) Zahlungsverkehr mit Bargeld ist zuläsig.

§ 14 Jahresabschluß und Prüfung

(1) Für den Jahresabschluß sind die Regelungen des HGB sinngemäß anzuwenden (BML-Jahresabschluß). Hierzu kann eine Vertreterin oder ein Vertreter der steuerberatenden Berufe hinzugezogen werden.

(2) Der Jahresabschluß besteht aus
- Bilanz mit Anlagennachweis
- der Gewinn- und Verlustrechung
- dem Abschlußergebnis sowie
- entsprechenden Erläuterungen zu den Abschlußbestandteilen.

Er ist auch - mit Ausnahme der Bilanz - für die Forstämter getrennt darzustellen.

(3) Die Klosterkammer bestellt die Abschlußprüferin oder den Abschlußprüfer. Die Abschlußprüferin oder der Abschlußprüfer sollte nach fünf Jahren gewechselt werden.

(4) Der Jahresabschluß ist der Klosterkammer spätestens bis Ende April des folgenden Geschäftsjahres zur Genehmigung vorzulegen.

(5) Mit dem Jahresabschluß ist ein Soll/Ist-Vergleich der Zahlen des Wirtschaftsplans des betreffenden Geschäftsjahres mit einer Erläuterung der wesentlichen Abweichungen vorzulegen. Ausgaben und

Mindererträge gemäß § 9 Abs. 3 und 4, die zu einer Erhöhung der Zuführung oder Minderung der vorgesehenen Abführung geführt haben, sind dabei hervorzuheben.

§ 15 Wirtschaftliches Controlling

(1) An Hand einer monatlich zu erstellenden Deckungsbeitragsrechnung erfolgt bei jedem Klosterforstamt ein laufendes Controlling. Dargestellt wird das kumulierte Ist, das Soll (Budget), die Hochrechnung sowie das kumulierte Ist des Vorjahres.

(2) Der Jahresabschluß wird in gleicher Form dargestellt und zum Abgleich um eine Überleitung zur Finanzbuchhaltung ergänzt, einschließlich des Nachweises der Buchungen, die für die Deckungsbeitragsrechnung nicht oder zusätzlich berücksichtigt wurden.

(3) Zum Jahresabschluß wird zudem ein Kennziffernkatalog erstellt, der Vergleiche der Klosterforstämter untereinander sowie mit den Vorjahren ermöglicht.

(4) Mit ausgewählten Forstbetrieben soll ein Betriebsvergleich und ein Informationsaustausch auf der Basis der Kennzahlen angestrebt werden.

§ 16 Naturales Controlling

(1) Dem naturalen Controlling liegen die Daten der Forsteinrichtung sowie die Betriebs- und Bewirtschaftungsdaten zu Grunde.

(2) Es ist eine Betreibsinventur nach den üblichen Verfahren der Kontrollstichprobe vorzunehmen. Die hierauf aufbauende summarische Nutzungsplanung der Forsteinrichtung hat einen Zeitraum von zehn Jahren zu umfassen. Sie bedarf der Genehmigung des ML.

(3) Die Forstamtsleiterin oder der Forstamtsleiter führt in den Revierförstereien Stichproben durch.

(4) Die dem Forstbetrieb im Rahmen der Wirtschaftsplanung obliegende einzelbestandsweise Umsetzung der Vorgaben der Forsteinrichtung ist jeweils nach drei Jahren durch eine externe Sachverständige oder einen externen Sachverständigen zu prüfen. Die Sachverständigenauswahl erfolgt im Einvernehmen mit dem ML.

IV. Schlußbestimmung

§ 17 Inkrafttreten

Die Betriebsanweisung trifft am 1.5.1998 in Kraft.

Schriften zum Staatskirchenrecht

Herausgegeben von Axel Frhr. von Campenhausen und Christoph Link

Band 1 Christoph Link: Staat und Kirche in der neueren deutschen Geschichte. Fünf Abhandlungen. 2000.

Band 2 Andreas Franitza: Der Allgemeine Hannoversche Klosterfonds und die Klosterkammer Hannover. Untersuchung zur rechtsgeschichtlichen Entwicklung. 2000.

Printed by
CPI books GmbH, Leck

Kolibri 360 GmbH
Ferdinand-Jühlke-Straße 7
99095 Erfurt, Deutschland
produktsicherheit@kolibri360.de